Das *Yoga* KOCH-BUCH

Das *Yoga* KOCH-BUCH

Vegetarische Ernährung für Körper und Geist

Rezepte aus den Internationalen Sivananda Yoga Vedanta Zentren

Herausgegeben von den
Internationalen Sivananda Yoga Vedanta Zentren
Gründer: Swami Vishnu-devananda

Anmerkung der Herausgeber

Dieses Buch beruht auf den Ideen und Anschauungen der Internationalen Sivananda Yoga Vedanta Zentren. Es soll dem Leser nützliche Ratschläge im Hinblick auf die darin behandelte Materie geben. Autor und Herausgeber lehnen jede Haftung für Mangelerscheinungen oder andere gesundheitliche Schäden ab, die tatsächlich oder scheinbar, mittelbar oder unmittelbar auf die Anwendung der in diesem Buch vorgestellten Inhalte zurückgehen.

Die Deutsche Bibliothek – CIP-Einheitsaufnahme

Das Yoga Koch-Buch :
Vegetarische Ernährung für Körper und Geist
Rezepte aus den Internationalen Sivananda Yoga Vedanta Zentren
(Dt. von Elisabeth Liebl)

3. Auflage; Reith bei Kitzbühel: Sivananda, 2005

Einheitssacht.: The Yoga cookbook <dt.>

ISBN 3-930716-03-8

by Sivananda Yoga Vedanta Zentrum GmbH,
Reith bei Kitzbühel

www.sivananda.org/tyrol

Die englische Originalausgabe erschien 1999 bei Gaia-Books, London, unter dem Titel The YOGA Cookbook

Layout: *Sara Matthews*; Photos: *Adrian Swift*

Yoga-Figur: *Ito Joyoatmojo*

Koordination der Sivananda Yoga Vedanta Zentren:
Swami Saradananda

Satz: *Fotosetzerei G. Scheydecker, Freiburg im Breisgau*

Printed by Toppan, China

Dank

Gaia Books und die Sivananda Yoga Vedanta Zentren danken den geprüften Hauswirtschaftslehrern Anne Sheasby, Angela Bogginao und Steven Wheeler und all jenen, die die Rezepte ausprobiert haben; Kate Jay, der Assistentin von Carol Tennant; den Models Naya und Tejas; den Design-Assistenten Phil Gamble und Matt Moate und dem Aurum Verlag für die Erlaubnis, Zitate aus "Das Grosse illustrierte Yoga-Buch" von Swami Vishnu-devananda abzudrucken.

Inhalt

Die Sivananda Yoga Vedanta Zentren danken:
Shakti Warwick (New York), welche die Idee zu diesem Buch hatte, es niederschrieb und die ersten Rezepte dafür sammelte; Shanti Smith (London), die den Entwurf überarbeitete und die Rezepte in eine zur Veröffentlichung geeignete Form brachte; Uma Miller (Quebec), die das *Sivananda Cookbook* erstellte, aus dem wir viele Rezepte entnommen haben; Prema Venugopalan, die uns auf die Idee mit der *South Indian Bandhara* brachte; Nigel Walker, Swami Radhapriyananda, Swami Gayatriananda, Ganesha, Kamala, Prema und Dattatreya und vielen anderen, die uns ihre Rezepte überließen; Jaya und Padmavati für die Organisation; Poorna und ihrem Team von hingebungsvollen Karma-Yogis, die alle Rezepte nachgekocht haben; und all den Schülern des Sivananda Yoga Zentrums in London, die sich als Versuchskaninchen für unsere Rezepte zur Verfügung stellten.

6 Sivananda Yoga

„Gesundheit ist Reichtum. Geistiger Frieden ist Glück. Yoga zeigt den Weg."
Swami Vishnu-devananda (1927 – 1993)

Swami Vishnu-devananda stammt aus Kerala, Südindien und war einer der engsten Schüler von Swami Sivananda (1887 – 1963). Nach intensiver Ausbildung im Ashram seines Meisters in Rishikesh, Himalayas, entsandte Swami Sivananda ihn 1957 in den Westen mit den Worten: „Die Menschen warten."

Swami Vishnu-devananda gilt als eine der größten Autoritäten auf dem Gebiet des Hatha- und Raja-Yoga. Er gründete die Sivananda Yoga Vedanta Zentren, ein weltweites Netzwerk gemeinnütziger Yoga-Institute, die sich der Verbreitung der uralten Wissenschaft des Yoga widmen.

Das moderne Lebens ist voller Stress, unnatürlicher Lebensbedingungen und Krankheiten, die sich anscheinend der Kontrolle des Einzelnen entziehen. Swami Vishnu-devananda gelang es, anhand der klassischen Yoga-Lehren in moderner Form positive Lösungen für körperliche und geistige Gesundheit zu vermitteln. Was in den 60er Jahren noch als experimentelle Lebensform für Individualisten galt, hat sich heute zu einer praktischen Lebenshilfe des Mainstreams entwickelt.

Swami Vishnu-devananda fasste die uralte Weisheit des Yoga in fünf Prinzipien zusammen und veröffentlichte sie als umfassende Lehrwerke in „Das Große Illustrierte Yoga-Buch" sowie „Meditation und Mantras". Er schrieb einen Kommentar zur klassischen Yoga-Schrift „Hatha Yoga Pradipika" und war die Inspiration für die moderne Darstellung „Yoga" der Sivananda Yoga Vedanta Zentren.

Heute gibt es über 30 Sivananda Yoga Vedanta Zentren und Ashrams. 1969 unterrichtete Swami Vishnu-devananda die erste Yogalehrerausbildung im Westen. Inzwischen absolvieren jährlich 1000 Personen weltweit diesen vierwöchigen Lehrgang, in dem alle Aspekte des Yoga intensiv studiert und praktiziert werden. Weitere Informationen finden sich unter www.sivananda.org/ttceurope.

Gerne beantworten wir Fragen zu Yoga-Praxis und Ernährung. Bitte wenden Sie sich hierfür an das Sivananda Yoga Vedanta Seminarhaus, Reith bei Kitzbühel (tyrol@sivananda.net) oder München (munich@sivananda.net)

www.sivananda.org

ASHRAMS:

CANADA
Sivananda Ashram Yoga Camp, Hauptsitz
673, 8th Avenue, Val Morin
Quebec JOT 2R0
Tel. +1 819 322 3226
Fax +1 819 322 5876
E-mail: hq@sivananda.org

ÖSTERREICH
Sivananda Yoga Seminarhaus
Am Bichlachweg 40 A
6730 Reith bei Kitzbühel
Tel. +43 5356 67 404
Fax +43 5356 67 404 4
E-mail: tyrol@sivananda.net

FRANKREICH
Chateau du Yoga Sivananda
26 Impasse du Bignon
45170 Neuville aux Bois
Tel. +33 2 3891 8882
Fax +33 2 3891 1809
E-mail: orleans@sivananda.net

BAHAMAS
Sivananda Ashram Yoga Retreat
P.O. Box N7550, Nassau
Tel. +1 242 363 2902
Fax +1 242 363 1228
E-mail: nassau@sivananda.org

USA
Sivananda Ashram Yoga Ranch
P.O. Box 195, Budd Road
Woodbourne, NY 12788
Tel. +1 845 436 6492
Fax +1 845 434 1032
E-mail: yogaranch@sivananda.org

Sivananda Ashram Yoga Farm
14651 Ballantree Lane, Comp.8
Grass Valley, CA 95949
Tel. +1 530 272 9322
Fax +1 530 477 6054
E-mail: yogafarm@sivananda.org

INDIEN
Sivananda Yoga Vedanta
Dhanwantari Ashram
P.O. Neyyar Dam, Kattakada 93
Thiruvananthapuram Dt.
Kerala 695 576
Tel. +91 471 227 3093
Fax +91 471 227 2291
E-mail: yogaindia@sivananda.org

Sivananda Kutir
P.O. Netala, Uttara Kashi Dt
(near Siror Bridge)
Uttaranchal, Himalayas, 249 193
Tel. +91 1374 22 2624
Fax +91 1374 22 4159
E-mail: sivanandakutir@rediffmail.com

Sivananda Yoga Vedanta
Meenakshi Ashram
Kalloothu, Saramthamgi Village
Vadipati Taluk, Madurai Dt.
Tamil Nadu
Tel. +91 452 252 1170
E-mail: madurai@sivananda.org

ZENTREN:

DEUTSCHLAND
Sivananda Yoga Vedanta Zentrum
Steinheilstr. 1, 80333 München
Tel. +49 89 52 44 76
Fax +49 89 52 91 28
E-mail: munich@sivananda.net

Sivananda Yoga Vedanta Zentrum
Schmiljanstr.24, 12161 Berlin
Tel. +49 30 85 99 97 99
Fax +49 30 85 99 97 97
E-mail: berlin@sivananda.net

International Sivananda Yoga Centre
Kleiner Kielort 8, 20144 Hamburg
Tel. +49 40 41 42 45 46
Fax +49 40 41 42 45 45
E-mail: post@artyoga.de

ÖSTERREICH
SivanandaYoga Vedanta Zentrum
Prinz Eugen-Str.18, 1040 Wien
Tel. +43 1 586 3453
Fax +43 1 587 1551
E-mail: vienna@sivananda.net

ENGLAND
Sivananda Yoga Vedanta Centre
51 Felsham Road, Putney
London SW151AZ
Tel. +44 208 780 0160
Fax +44 208 8246 6450
E-mail: london@sivananda.net

FRANKREICH
Centre de Yoga Sivananda Vedanta
123 Boul. Sebastopol, 75002 Paris
Tel. +33 1 40 26 77 49
Fax +33 1 42 33 51 97
E-mail: paris@sivananda.net

SCHWEIZ
Centre de Yoga Sivananda
1 Rue des Minoteries, 1205 Genf
Tel. +41 22 328 03 28
Fax +41 22 328 03 59
E-mail: geneva@sivananda.net

SPANIEN
Centro de Yoga Sivananda Vedanta
Calle Eraso 4, 28028 Madrid
Tel. +34 91 361 5150
Fax +34 91 361 5194
E-mail: madrid@sivananda.net

ISRAEL
Sivananda Yoga Vedanta Center
6 Lateris St. Tel Aviv 64166
ISRAEL
Tel. +972 6916 793
Fax +972 3696 3939
E-mail: TelAviv@sivananda.org

USA
Sivananda Yoga Vedanta Center
243 W 24th Street, New York,
NY 10011
Tel. +1 212 255 4560
Fax +1 212 727 7392
E-mail: newyork@sivananda.org

Sivananda Yoga Vedanta Center
1246 West Bryn Mawr
Chicago, IL 60660
Tel. +1 773 878 7771
Fax +1 773 878 7527
E-mail: chicago@sivananda.org

Sivananda Yoga Vedanta Center
13325 Beach Ave, Marina del Rey
Los Angeles, CA 90292
Tel. +1 310 822 9642
E-mail: losangeles@sivananda.org

Sivananda Yoga Vedanta Center
1200 Arguello Blvd.,
San Francisco, CA 94122
Tel. +1 415 681 2731,
Fax +1 415 681 51 62
E-mail: SanFrancisco@sivananda.org

KANADA
Sivananda Yoga Vedanta Center
77 Harbord Street
Toronto, Ontario M5S 1G4
Tel. +1 416 966 9642
Fax +1 416 966 1378
E-mail: Toronto@sivananda.org

Sivananda Yoga Vedanta Center
5178 Blvd St.Laurent, Montreal
Quebec H2T 1R8
Tel. +1 514 279 3545
Fax +1 514 279 3527
E-mail: Montreal@sivananda.org

INDIEN
Sivananda Yoga Vedanta Centre
A-41, Kailash Colony
New Delhi 100 048
Tel. +91 11 26 45 3962
Fax +91 11 26 44 0866
E-mail: Delhi@sivananda.org

Sivananda Yoga Vedanta Centre
3/655 (Plot No.131) Kaveri Nagar
Kuppam Road
Chennai (Madras) 600 041
Tel. +91 44 24 51 1626
Tel. +91 44 24 51 2546
E-mail: Madras@sivananda.org

Sivananda Yoga Vedanta Centre
House no.18, TC 36/1238
Subash Nagar
Vallakkadavu PO, Perunthanni,
Tiruvananthapuram (Trivandrum)
695 008, Kerala
Tel. +91 471 24 51 398
Fax. +91 471 2465 368
E-mail: Trivandrum@sivananda.org

Sivananda Yoga Vedanta Centre
23, Hajee Dr. Sathar Road
Anna Nagar
Madurai 625 020, Tamil Nadu
Tel. +91 452 252 1170
Fax. +91 452 539 3445
E-mail: maduraicentre@sivananda.org

URUGUAY
Asociacion de Yoga Sivananda
Acevedo Diaz 1525, #1,
Montevideo
Tel. +598 2 401 0929
Fax +598 2 400 7388
E-mail: Montevideo@sivananda.org

ARGENTINIEN
Centro Int. de Yoga Sivananda
Julian Alvarez 2201
CP 1425 Buenos Aires
Tel. +54 11 4827 9269/9566
Fax +5411 4827 9512
E-mail: buenosaires@sivananda.org

Einführung

Yogis glauben, daß
»die Ausdrucksfähigkeit der Seele mit der Entwicklung von Geist und Körper,
in die sie eingebettet ist, zunimmt. Im Wissen um diesen Zusammenhang zeigt
Yoga Wege auf, Körper und Geist zu trainieren und zu entwickeln.«

Swami Vishnu-devananda
Das Große Illustrierte Yoga-Buch

Im Yoga wird der menschliche Körper als Instrument gesehen, als Fahrzeug, das die Seele auf ihrer Reise zur Vollkommenheit benutzt. Gleich anderen Fahrzeugen stellt auch dieses (der Körper) bestimmte Anforderungen, die erfüllt werden müssen, wenn es problemlos funktionieren und den vorgesehenen Kilometerstand erreichen soll. Diese Anforderungen schlagen sich in den fünf Prinzipien des Yoga nieder: richtige Körperübungen, richtige Atmung, richtige Entspannung, richtige Ernährung sowie positives Denken und Meditation.

Richtige Körperübung ist gleichsam das Schmiermittel. Im Yoga trainiert man den Körper durch sogenannte Asanas (im Sanskrit bedeutet dies wörtlich: »gehaltene Stellung«). Sie erhöhen unsere Beweglichkeit und stimulieren den Kreislauf, so daß Gelenke, Muskeln und die anderen Teile unseres Körpers richtig zusammenarbeiten.

Richtige Atmung hilft dem Körper, die Verbindung zu seiner Batterie, dem Solarplexus, aufrechtzuerhalten. Dort sitzt ein enormes Energiepotential. Wenn dieses durch bestimmte, im Yoga angewandte Atemtechniken (dem Pranayama) erschlossen wird, steht uns die gesamte Energie für die Verjüngung von Körper und Geist zur Verfügung.

Richtige Entspannung verhindert, daß das System sich überhitzt. Das funktioniert wie der Kühler bei einem Auto. Wenn Körper und Geist ständig überlastet sind, arbeiten sie immer weniger effektiv. Die Natur hat uns mit der Entspannung eine Möglichkeit an die Hand gegeben, wie wir Körper und Geist wieder aufladen können.

Richtige Ernährung sorgt für den richtigen Kraftstoff. Alle Energie, die unser Körper braucht, um zu arbeiten, zu wachsen und sich selbst am Leben zu erhalten, fließt ihm aus dem Prana (der Lebensenergie), aus Luft, Wasser und Nahrung zu. Yogische Ernährung ist vegetarisch. Sie besteht aus reinen, natürlichen Nahrungsmitteln, die uns ein Maximum an Vitalität und Gesundheit verleihen.

Positives Denken und Meditation ermöglichen es Ihnen, Ihr Leben zu kontrollieren. Wie jedes Fahrzeug einen intelligenten Fahrer braucht, so benötigt unser Körper einen ausgeglichenen Geist. Regelmäßige Meditation hilft uns, unseren Geist zu klären und ihn bei der Sache zu halten, so daß wir uns schließlich besser konzentrieren können. Positives Denken hingegen reinigt unseren Verstand und hilft uns, zu mehr Weisheit und innerem Frieden zu gelangen.

Was ißt ein Yogi?

In diesem Kochbuch geht es um die Prinzipien, nach denen die yogische Ernährung aufgebaut sein sollte. Traditionellerweise handelt es sich dabei um eine lacto-vegetabile Ernährungsweise, die hauptsächlich aus Getreide, Hülsenfrüchten, Früchten, Gemüse, Nüssen, Samen und Milchprodukten besteht. Diese Ernährungsweise ist bekömmlich, weil sie einfach und natürlich ist. Darüber hinaus berücksichtigt sie aber auch die feinstofflichen Auswirkungen, die unsere Nahrung auf unser Prana und unseren Geist hat.

Ob die Natur den Menschen dazu bestimmt hat, vegetarisch zu essen, beschäftigt mittlerweile ein breites Publikum, den Mediziner genauso wie den Philosophen. Vom rein gesundheitlichen Standpunkt aus gesehen, sollte man jedoch berücksichtigen, daß Fleisch sehr viel Cholesterin enthält, dazu noch Harnsäure, Konservierungsstoffe und allerlei chemische Zusätze – durchweg Stoffe also, die für die verschiedensten Krankheiten verantwortlich sind. Eine Ernährungsweise, die hauptsächlich aus Fleisch besteht, trägt entscheidend zu den sogenannten Zivilisationskrankheiten bei: hoher Blutdruck, Herzinfarkt, Arterienverkalkung, Arthritis und Gicht. Für die Arthritis ist der übermäßige Gehalt an Harnsäure verantwortlich, der sich in Fleisch findet. Das darin enthaltene Cholesterin verklebt zusammen mit anderen Fettstoffpartikeln unsere Arterien, so daß das Blut nicht mehr ungehindert zum Gehirn fließen kann. Dies führt zu Senilität und erhöhtem Blutdruck.

»Die Reinheit der Nahrung bewirkt die Reinigung unserer innersten Natur.«

Swami Sivananda

Wem dies noch nicht genügt, der sollte sich einmal vor Augen führen, daß die Fleischproduktion heutzutage industriell betrieben wird und Tiere nur noch als Schlachtgewicht betrachtet werden, das man verkaufen kann. Solange sie noch leben, werden diese Tiere mit Unmengen von Antibiotika vollgepumpt, um sie vor Krankheiten (und den Eigentümer vor Verlusten) zu bewahren. Diese Hormone und Antibiotika verbleiben nach der Schlachtung natürlich in den Zellen des Tieres und werden vom Körper des Konsumenten aufgenommen. Interessant ist außerdem, daß im Westen sogar leidenschaftliche Fleischesser davor zurückschrecken, fleischfressende Tiere wie Katzen oder Hunde zu verzehren. Vielleicht ist diese Abneigung nur natürlich. Da alle Energie auf der Erde von der Sonne kommt, spüren wir instinktiv, daß wir um so mehr Energie aufnehmen, je näher unsere Nahrungsquelle ihrem ursprünglichen Energiespender ist.

Unser Körper liefert uns eine Menge Gründe, weshalb wir kein Fleisch essen sollten. Doch wollen wir hier nicht näher darauf eingehen. Nur so viel sei gesagt: Tierisches Eiweiß ist für unsere Gesundheit nicht unbedingt notwendig. Es gibt eine Menge anderer Proteinlieferanten wie z.B. Hülsenfrüchte, Nüsse und Samen. Auch Kohlehydrate, Fette, Ballaststoffe, Vitamine und Mineralstoffe finden wir in besserer Qualität in pflanzlicher Nahrung – all die Nährstoffe, die unser »täglich Brot« enthalten sollte. Daher wollen wir uns nun den psychologischen und spirituellen Gründen, die für eine vegetarische Ernährung sprechen, zuwenden.

In der Tierwelt geht es weitgehend um Fressen und Gefressenwerden – die stärkeren oder schlaueren Tiere töten die schwächeren, um überleben zu können, bis sie selbst von einem noch stärkeren Gegner verschlungen werden. Der Mensch hingegen ist mit Verstand und freiem Willen ausgestattet. Er hat die Möglichkeit, einen Schritt aus diesem Teufelskreis herauszutreten und in Harmonie – nicht in dauerndem Kampf – mit anderen Lebensformen zu existieren. Das Gesetz des Karma ist unerbittlich. Es besagt, daß »auf eine Aktion unweigerlich eine ebenso starke Gegenreaktion folgt«. Der Schmerz, den Sie anderen zufügen, wird auf Sie selbst zurückfallen. Genauso wie

Freude, die Sie anderen bereiten, zu Ihnen zurückkommen und Ihre eigene Freude mehren wird.

»Kurz nachdem ich angefangen hatte, in Amerika Kurse im Sivananda Yoga Vedanta Zentrum zu belegen, las ich *Das Große Illustrierte Yoga-Buch* von Swami Vishnudevananda. Vieles darin schien mir ungeheuer einleuchtend, vor allem das Kapitel über ›Natürliche Ernährung des Menschen‹. Ich war erstaunt, daß ich noch nie darüber nachgedacht hatte, kein Fleisch zu essen. Ich hatte noch nie einen Vegetarier getroffen, noch jemals von fleischloser Ernährung gehört – und das 1962 in Amerika.

Eines Tages wollte meine Mutter uns eine besondere Gaumenfreude bereiten. Sie kaufte ein paar Hummer, füllte die Badewanne mit Wasser, so daß sie es wenigstens bequem hatten, während sie ihr schreckliches Schicksal erwarteten, und setzte einen riesigen Topf mit Wasser auf. Als die lebenden Hummer ins kochende Wasser geworfen wurden, konnte ich ihre Schreie hören. Ich dachte: ›Wie kann ich meinen Mit-Lebewesen nur so unaussprechliches Leid zufügen, nur weil ich den Geschmack ihres Fleisches mag?‹ In diesem Augenblick begriff ich das Yoga-Prinzip des *ahimsa* (Nicht-Verletzen) und aß nie wieder Fleisch oder Fisch.«

Swami Saradananda

Die Rezepte dieses Buches stehen in Einklang mit den uralten philosophischen Prinzipien des Yoga und des Vedanta – der nicht-dualistischen Weltsicht, welche die metaphysische Basis des Yoga ist. Ein Yogi ernährt sich lakto-vegetabil, und zwar aus gesundheitlichen, ethischen und spirituellen Gründen. Diese Ernährungsweise ist ein unverzichtbarer Bestandteil der Yoga-Praxis, da sie körperliches und seelisches Wohlbefinden schafft, was die restliche Praxis unterstützt. Die yogische Ernährungsweise ist sowohl körperliche als auch geistige Übung, da sie sich am spirituellen Prinzip der Ehrfurcht vor dem Leben ausrichtet – *ahimsa*.

»Die Reinheit der Nahrung bringt die Reinheit des Geistes mit sich. Auf feinstofflicher Ebene ist der Geist das Wesen der Nahrung. Daher sollte ein Schüler am Anfang seines spirituellen Weges die Bestandteile seiner Ernährung mit großer Sorgfalt auswählen.«

Swami Sivananda

Annamaya kosha (unsere körperliche Hülle) besteht aus Nahrung. Wir können unser ganzes Leben als Ergebnis des Austauschs von Nahrung und Leben sehen. Wir können auch Materie und Energie dazu sagen und finden darin wieder das Bild von der Nahrung und dem, der sie verzehrt. Nahrung wird zu Energie, und Energie braucht Nahrung. Unsere Ernährung ist das Tor zu einem gesünderen Leben. Wenn wir frei von körperlichen Problemen sind, können wir uns besser konzentrieren und geistig wachsen. Der Vorgang des Kochens selbst ist eine ausgezeichnete Übung. Wir können dabei lernen, zu geben, uns zu organisieren und meist auch, unter Druck zu arbeiten, ohne die Ruhe zu verlieren. Kochen lehrt uns Sauberkeit, Verantwortung und Phantasie. Die richtige yogische Ernährung ist reines, vegetarisches Essen, das frisch und mit Liebe zubereitet wurde. Wenn es Ihnen gelingt, die richtige Ernährung einzuhalten, werden Sie sich vielleicht ermutigt den anderen vier Prinzipien des Yoga zuwenden wollen: Körperübungen, Atmung, Entspannung, positives Denken und Meditation. Doch auch wenn Sie sich nur für Yoga-Übungen interessieren, werden Sie feststellen, daß Ihre Praxis sehr viel besser wird, wenn Sie Ihre Ernährung ändern.

Die drei Gunas

»Wahrlich, dieser Mensch besteht aus der Essenz seiner Nahrung.«

Taittiriya Upanishad, II.1

Nach der Yoga-Lehre wird der Geist geformt von den feinstofflichen Essenzen der Nahrung. Wenn die Nahrung, die Sie zu sich nehmen, rein ist, verfügt der Geist über die richtigen »Bausteine«, so daß sich ein scharfer Verstand und ein gutes Gedächtnis entwickeln können. Die yogische Ernährung bringt inneren Frieden sowohl für den Geist als auch für den Körper. Sie fördert unsere spirituelle Entwicklung.

Die gesamte Natur, also auch das, was wir essen, wird in drei verschiedene Prinzipien oder Gunas eingeteilt: Sattva (rein), Rajas (stimulierend) und Tamas (träge und in Verwesung begriffen). Wie der Geist einer Person beschaffen ist, läßt sich daher aus ihren Vorlieben für bestimmte Nahrungsmittel ablesen. Yogis glauben nämlich nicht nur, daß »Sie sind, was Sie essen«, sondern auch, daß Sie das essen, was Ihrem spirituellen und geistigen Entwicklungsstand entspricht. Wenn sich Ihr Leben zum Positiven hin verändert, werden Sie feststellen, daß Sie plötzlich Nahrungsmittel einer höheren Stufe schätzen. Yogische Ernährung basiert vorwiegend auf Nahrungsmitteln, die Sattva-Qualität aufweisen.

»Erst Nahrung macht das Denken möglich. Rechte Ernährung ist somit von ganz entscheidender Bedeutung. Essen Sie nur, wenn Sie in guter Stimmung sind. Und überladen Sie Ihren Magen nicht.«

Swami Sivananda

Nahrungsmittel in Sattva-Qualität

»Sattva-Menschen lieben Speisen, die ihre Lebenskräfte, ihre Energien, Stärke und Gesundheit steigern. Solche Speisen fördern alle Freuden am physischen und geistigen Erleben. Saftig sind sie, köstlich, frisch und angenehm.«

Bhagavadgita, XVII, 8

Reine Nahrungsmittel, die uns Vitalität, Energie, Kraft, Gesundheit und Freude schenken, haben Sattva-Qualität. Diese Nahrungsmittel halten den Geist rein und ruhig. Sie führen zu mehr Gleichmut, Gelassenheit und innerem Frieden. Sattva-Nahrungsmittel liefern ein Maximum an Energie, sie schenken uns Kraft und Ausdauer und nehmen die Erschöpfung von uns, sogar wenn wir anstrengende Arbeit zu erledigen haben. Sie führen zu einer friedliebenden Haltung und fördern unsere Meditationspraxis.

Generell sollte unsere Nahrung so frisch und naturbelassen wie möglich sein, am besten aus kontrolliert biologischem Anbau und nicht genmanipuliert. Wir bevorzugen Nahrungsmittel ohne Konservierungs- und künstliche Aromastoffe. Wir sollten sie sowenig wie möglich weiterbehandeln und sie roh, gedämpft oder nur kurz gekocht genießen.

Zu den Sattva-Nahrungsmitteln gehören:

Getreide wie Mais, Gerste, Weizen, Vollreis, Hafer, Hirse und Quinoa. Achten Sie darauf, daß Ihre Ernährung einen bestimmten Anteil an »groben« Lebensmitteln wie Haferbrei oder Vollkornbrot enthält. Das ist gut für Kiefer und Zähne. Außerdem regt es den Verdauungs- und Ausscheidungsprozeß an. Getreide liefert uns die nötigen Kohlehydrate und ist daher für unseren Körper der wichtigste Energielieferant. Außerdem sind im Getreide etwa die Hälfte aller Aminosäuren (siehe Seite 68) vorhanden, die unser Körper braucht, um daraus Eiweiß herzustellen.

Eiweißhaltige Lebensmittel wie Hülsenfrüchte, Nüsse und Samen. Proteine sind die »Bausteine« des Körpers. Eine gesunde vegetarische Ernährung sollte eine gute

»Unsere moderne Ernährung, die hauptsächlich aus Fast food voller Chemikalien und Zucker besteht, hat unseren Körper aus seinem natürlichen Gleichgewicht gebracht. Yoga kann uns helfen, uns wieder auf die wahren Bedürfnisse unseres Körpers einzustellen.«

Swami Vishnu-devananda

Mischung aller Lebensmittel beinhalten, damit wir sicher sein können, auch alle lebenswichtigen Aminosäuren, die wir zum Aufbau von Proteinen brauchen, aufgenommen zu haben.

Obst – Frischobst, Trockenfrüchte und reine Fruchtsäfte – waren Hauptbestandteil der überlieferten Ernährungsweise von Rishis und Raja-Yogis. Unter den verschiedenen Nahrungsmitteln kommt den Früchten bei der Ernährung eines Yoga-Praktizierenden eine herausragende Bedeutung zu. Die Heilwirkungen frischer, saftiger Früchte sind ganz erstaunlich. Sie geben dem Körper seine lebenspendenden Vitalstoffen wie Vitamine, Mineral- und Ballaststoffe. Darüber hinaus enthalten sie auch basische Elemente, die das Blut reinigen.

Gemüse ist ebenfalls ein wichtiger Bestandteil der yogischen Ernährung, da es viele Vitamine, Mineral- und Ballaststoffe enthält. Fruchtgemüse wie Gurken oder Kürbis, Blattgemüse und Wurzel- oder Knollengemüse sollte dabei gleichermaßen berücksichtigt werden. Am besten ißt man es roh oder nur leicht gekocht.

Kräuter zum Würzen und für Kräutertee.

Natürliche Süßmittel wie Honig, Melasse, Ahornsirup und Apfeldicksaft sind viel besser für Sie als raffinierter Weißzucker. In Indien essen Yogis auch unraffinierten Rohzucker, den wir als Rohrzucker kennen. Wenn Sie sich gesund ernähren wollen, sollten Sie weißen Zucker besser vermeiden.

Milchprodukte wie Milch, Butter, Käse und Joghurt sind für einen Yogi traditionell ein ganz wesentlicher Bestandteil seiner Ernährung. Da aber die moderne Milchwirtschaft die Tiere nur profitgierig ausnützt und ihre Milch sogar mit Hormonen und Antibiotika verseucht, sollten wir darauf achten, woher unsere Milchprodukte stammen. Wir bieten außerdem zu jedem Rezept eine vegane Alternative. Allgemein sollten Sie nicht zu viele Milchprodukte zu sich nehmen. Im Übermaß genossen, verstärken sie die Schleimproduktion und beeinträchten so den natürlichen Fluß unseres Atems.

Nahrungsmittel in Rajas-Qualität

»Der Rajas-Mensch hingegen zieht die Speisen vor, die bitter, sauer, salzig, beißend, scharf und brennend schmecken. Sie sind die Ursache von Beschwerden und von Störungen in Leib und Geist.«

Bhagavadgita, XVII, 9

Die yogische Ernährung meidet Nahrungsmittel in Rajas-Qualität, da diese Körper und Geist zu sehr anregen. Sie sind verantwortlich für unsere Leidenschaften und machen uns ungestüm und unbedacht. Sie verursachen eine Menge körperlichen und geistigen Streß, lassen unseren Geist nicht zur Ruhe kommen und zerstören dadurch genau die Balance zwischen Körper und Geist, die uns glücklich sein läßt. Trotzdem sollten Sie sich vor Augen halten, daß diese Einteilung von Nahrungsmitteln in eine der drei Kategorien von Sattva, Rajas und Tamas nicht absolut zu verstehen ist, sondern nur jeweils im Vergleich mit den beiden anderen Kategorien. Sie soll Ihnen helfen, die Prinzipien, auf denen Ihre Ernährung beruht, besser zu verstehen, damit Sie sie zu Ihren Gunsten verändern können. Aus diesem Grund verwenden wir in unseren Rezepten durchaus Gewürze. Doch je mehr Ihr Geschmack Sattva-Qualität annimmt, um so weniger werden Sie würzen wollen.

In diese Kategorie fallen Zwiebeln, Knoblauch, Rettiche und Radieschen, Kaffee, Tee, Tabak und alle anderen Stimulantien, also auch stark gewürzte oder gesalzene Speisen, chemisch aufbereitete Fertiggerichte und Snacks. Doch können auch Sattva-Gerichte, wenn sie in der falschen Weise verzehrt werden (z. B. »auf dem Sprung«) Rajas-Qualität annehmen. Raffinierter (weißer) Zucker, Limonaden und Kolagetränke, Fertigsenf, pikante Gewürze und kräftig gewürzte Gerichte, mit einem Wort alles, was sehr scharf, bitter, sauer oder salzig ist, gehört zu den Rajas-Nahrungsmitteln und sollte besser vermieden werden.

Stark Gewürztes regt den Geist zu sehr an. Darüber hinaus reizt es die Schleimhäute im Verdauungstrakt. Nahrungsmittel in Rajas-Qualität rufen in uns Gefühle wie Lust, Wut, Gier, Selbstsucht, Gewalt und Egoismus hervor. Diese sind gleichzeitig die Barrieren, die uns von unseren Mitmenschen und von der Erkenntnis des Göttlichen trennen. Rajas ist die Energie, die Meinungsverschiedenheiten im Leben des einzelnen hervorruft und Kriege, wenn ganze Völker betroffen sind.

Nahrungsmittel in Tamas-Qualität

»Der Tamas-Mensch hinwiederum genießt verderbte Freuden an den Speisen, die schal, geschmacklos, faul und unrein sind. Gern ißt er, was die andern übriglassen.«

Bhagavadgita, XVII, 10

Tamas-Nahrungmittel machen uns faul, träge und geistig unbeweglich. Sie stehlen den Menschen ihre Ideale, den Antrieb und die Motivation, sie zu erreichen. Darüber hinaus verstärken sie die Neigung zu chronischen Krankheiten und Depressionen. Sie füllen den Geist mit Dunkelheit, Ärger und unreinen Gedanken. Daher sollten Sie auf diese Nahrungsmittel zuallererst verzichten, wenn Sie Ihre Ernährung ändern wollen.

Fleisch, Fisch, Eier und alle Rauschmittel wie Alkohol, Marihuana und Opium besitzen ihrem Wesen nach Tamas-Qualität. Das Essen von Fleisch und das Trinken von Alkohol hängen eng zusammen. Normalerweise vergeht das Verlangen nach Alkohol von selbst, wenn Sie aufhören, Fleisch zu essen.

Zu den Tamas-Nahrungsmittel gehört alles, was unrein, verfault, vergoren und abgestanden ist. Auch überreife oder unreife Früchte zählen dazu. Darüber hinaus alles, was fermentiert, angebrannt, gebraten oder frittiert, gegrillt oder öfter erhitzt wurde. Auch halbgare, verkochte oder aufgewärmte Speisen haben Tamas-Qualität. Altbackene oder abgestandene Nahrungsmittel gehören ebenso dazu wie solche, die Konservierungsmittel enthalten, also sämtliche Nahrungsmittel in Dosen und Fertiggerichte aller Art.

Auch Pilze haben Tamas-Qualität, da sie im Dunkeln wachsen. Und alle Formen des Essigs, da er aus Fermentation entsteht und die Verdauung verzögert.

Frittierte Nahrungsmittel sind schlichtweg unverdaulich, da sie mit Fett vollgesogen sind und die Magensäfte so keinerlei Wirkung haben. Frittieren und Braten zerstört die feinstoffliche Essenz unserer Lebensmittel, die unserer Gesundheit so zuträglich ist. Auf diese Weise nimmt unsere Nahrung Tamas-Qualität an.

Wenn Sie von den Sattva-Lebensmitteln zuviel essen (sich überessen), nehmen sie Tamas-Qualität an.

Richtlinien für eine gesunde Ernährung

»Alle Wesen sind aus Nahrung entstanden. Einmal entstanden, wachsen sie durch Nahrung. Alle Wesen verzehren Nahrung. Gleichermaßen werden auch sie von der Nahrung verzehrt.«

Taittiriya Upanishad, II, 2.1

Wir alle sind dem Kreislauf von Geburt und Tod unterworfen. Unser Körper kommt zur Welt, wächst, verändert sich, verfällt und stirbt ... um letztlich wiedergeboren zu werden. »Tod« bedeutet, daß wir diesen Körper jetzt verlassen müssen, da unser Karma (unsere früheren Taten) uns ruft. Unser Körper wird dabei aus der Nahrungskette geboren und geht am Ende wieder in sie ein.

Swami Vishnu-devananda erklärt dies so: »Sehen wir uns einmal folgendes Beispiel an: Ich esse eine hübsche, saftige, rote Tomate. Sie bringt meinen Körper zum Wachsen. Was geschieht nun mit der Tomate? Sie verändert sich und wird zu meinem Körper. Und auch mein Körper verändert sich ständig. Eines Tages wird er sterben. Und wenn ihr mich beerdigt, dann pflanzt ihr vielleicht einen Tomatenstock auf mein Grab. Nun sagt die Tomate zu meinem toten Körper: ›Du hast früher meine Schwester gegessen. Dafür esse ich jetzt dich auf.‹ Und dann wachsen an diesem Stock wunderschöne Tomaten. In diesem Fall ist Zerstörung meines Körpers gleichbedeutend mit dem Aufbau der Tomaten. Und wer ißt nicht gerne Tomatensauce?«

Einfache und natürliche nicht stimulierende, aufbauende und energetisierende Nahrungsmittel und Getränke halten den Geist rein und ruhig. Sie helfen dem Yoga-Praktizierenden, sein Lebensziel zu erreichen.

Wenn Ihre Ernährung nicht den Prinzipien gesunden Essens folgt, wird dadurch Ihre körperliche Entwicklung beeinträchtigt. Sie werden krank und sterben schließlich zu früh. Eine ausgewogene Ernährung hingegen verbessert Ihren Gesundheitszustand und schenkt Ihnen Kraft bzw. Vitalität. Diese Ernährung unterstützt Sie bei der vollen Verwirklichung Ihrer Anlagen.

Deshalb sollte eine ausgewogene Ernährung zum einen genügend Kalorien liefern und zum anderen sämtliche Nährstoffe, die unser Körper braucht, in ausreichender Menge enthalten. Wir brauchen nämlich beides: genügend Energie, um unseren Alltag zu bewältigen, und Vitamine und Mineralstoffe, die uns vor Krankheiten schützen und die Produktion lebenswichtiger Hormone fördern.

Auch Wasser ist ein unverzichtbarer Bestandteil unserer Nahrung. Über 70 Prozent unseres Körpergewichts bestehen aus Wasser. Etwa zweieinhalb Liter Wasser verlieren wir täglich über Haut, Nieren, Lungen und den Verdauungskanal. Wasser reinigt unser Gewebe stärker als jede andere Flüssigkeit. Es löst unsere Nahrung in ihre Bestandteile auf und verteilt sie im Körper. Außerdem sorgt es dafür, daß unsere Körpertemperatur immer gleich bleibt, indem es als Schweiß auf unserer Haut verdampft.

Trotzdem sollten Sie Ihre Ernährung langsam umstellen. Wenn Sie irgendein Nahrungsmittel nicht vertragen, sollten Sie davon weniger zu sich nehmen oder es ganz streichen. Mit der Zeit wird Ihre innere Stimme Ihnen sagen, welche Nahrungsmittel für Ihr Temperament und Ihre Konstitution richtig sind. Auf diese Weise wird Ihre Ernährung Sie körperlich gesund und geistig bei Kräften halten.

Das Leben ist ein ständiger Kampf. Genausogut aber können wir es als ständiges Abenteuer sehen. Es gibt nämlich eine ganze Menge Drachen zu bezwingen. Sie werden den Feinden Ihrer Gesundheit den Kampf ansagen müssen – unreinem Wasser, schlechter Luft, Überarbeitung, ungesundem Essen, Krankheitserregern und Schädlingen wie Mücken und Fliegen. Außerdem sind wir von allen Seiten von unsichtbaren Widersachern umgeben, von krankheitserregenden Viren und Bakterien. Natürlich können und sollen Sie über Ihre Feinde alles lernen, was es zu wissen gibt – ihre Wirkungsweise, Gewohnheiten, Stärken. Doch Sie können sich auch wehren, indem Sie Ihre innere Stärke entwickeln und sich an die folgenden Richtlinien für Ihre Gesundheit halten:

- Behandeln Sie Ihre Nahrung mit Respekt. Jede Mahlzeit beginnt mit einem Dankeschön für das, was Sie haben.
- Achten Sie darauf, daß Sie Ihre Mahlzeiten immer in einem friedvollen Geisteszustand zu sich nehmen. Sorgen Sie für Stille, wenn Sie allein sind. Essen Sie mit Freunden oder mit Ihrer Familie, sollten Sie sich während des Essens nicht über unangenehme Erfahrungen unterhalten. Freundliche Worte hingegen schaffen genau die Art von ausgeglichener, liebevoller Atmosphäre, die der Verdauung förderlich ist und unserem Körper hilft, alle Nährstoffe aufzunehmen.
- Essen Sie nicht, wenn Sie wütend sind. Warten Sie, bis Ihr Geist wieder ruhig geworden ist, denn wenn Sie aufgeregt oder verärgert sind, überschwemmen Ihre Drüsen Ihr Blut mit Giftstoffen.
- Nehmen Sie keine Nahrungsmittel zu sich, die zu heiß oder zu kalt sind. Dies bringt den Magen aus dem Gleichgewicht und führt zu Verdauungsstörungen.
- Zwingen Sie sich niemals, Dinge zu essen, die Sie nicht mögen. Andererseits sollten Sie auch nicht nur die Lebensmittel zu sich nehmen, die Sie am liebsten mögen.
- Kombinieren und mixen Sie nicht zuviel, da Ihr Körper dies nur schwer verdauen kann. Es ist eigentlich ganz einfach: Essen Sie von den Sachen, die Sie einigermaßen mögen, keine allzu großen Mengen. Je einfacher, um so besser.
- Essen Sie zu jeder Mahlzeit mindestens einmal Rohkost. Das hält Ihr Blut basisch.
- Versuchen Sie, während der Mahlzeiten nichts zu trinken. Flüssigkeit verdünnt die Magensäfte und verursacht so Magenschmerzen und Verdauungsstörungen.
- Halten Sie Ihren Mund frisch und sauber – er ist das Tor zu Ihrem Verdauungssystem.
- Essen Sie langsam und genießen Sie Ihre Nahrung. Kauen Sie gründlich, denn die Verdauung beginnt bereits im Mund. Appetitanregende Nahrungsmittel und gründliches Kauen führen zu vermehrtem Speichelfluß. Auch andere Verdauungssäfte fließen dann reger.
- Essen Sie nicht zuviel. Für Glück und Gesundheit gibt es nämlich ein Geheimrezept: Bleiben Sie immer ein bißchen hungrig, wenn Sie vom Tisch aufstehen. Auf diese Weise überladen Sie Ihren Magen nicht. Wenn Sie dagegen zuviel essen, dann kann die Nahrung nicht mehr richtig aufgenommen oder ausgeschieden werden, was das Wachstum verhindert. Unsere Organe sind vollständig überlastet und daher anfällig für Krankheiten aller Art.

Einfache, unbehandelte und reine Nahrung hilft Abfälle und Gifte zu neutralisieren und unseren Körper gründlich zu reinigen.

»Gesunde Ernährung bedeutet, daß wir wohlschmeckende und frische Nahrungsmittel zu uns nehmen, den Magen aber höchstens zu drei Viertel füllen. Der Akt des Essens wird sodann dem Herrn gewidmet.«

Hatha Yoga Pradipika, I, 58

- Weder der Vielfraß noch der Gourmet geben einen guten Yogi ab. Im Gegensatz dazu kann jeder Mensch, der bereit ist, seine Ernährung umzustellen, ein Yogi werden. Füllen Sie den Magen nur bis zur Hälfte mit Nahrung, dann bleibt ein Viertel für Wasser und ein Viertel für die natürliche Gasentwicklung.
- Essen Sie nur zu feststehenden Zeiten. Versuchen Sie, das Essen zwischen den Mahlzeiten abzubauen. Wenn Sie sich zur Essenszeit nicht hungrig fühlen, fasten Sie eben bis zur nächsten Mahlzeit. Essen Sie nur, wenn Sie wirklich hungrig sind, und hüten Sie sich vor falschen Hungergefühlen. Das Feuer der Verdauung ist Gott. Warten Sie, bis dieser Gott in Ihrem Inneren auftaucht, um ihm dann etwas von der Nahrung zu opfern.
- Nehmen Sie nur Dinge zu sich, die sowenig wie möglich verarbeitet wurden.
- Alle Nahrungsmittel sollten, wenn überhaupt, nur ganz leicht gekocht werden. Kochen wir sie zu lange, so berauben wir sie ihres Geschmacks und ihres Nährwerts.
- Versuchen Sie, spät am Abend nicht mehr allzuviel zu essen. Auf jeden Fall sollten Sie Reis oder Bohnen vermeiden, da beides schwer verdaulich ist und Sie morgens dann Mühe haben, zur Meditation aus dem Bett zu kommen. Wenn Sie hungrig sind, essen Sie etwas Leichtes, z. B. Obst.
- Sie essen, um zu leben. Sie leben nicht, um zu essen. Sie brauchen Nahrung, um Ihre Körpertemperatur aufrechtzuerhalten, neue Zellen zu produzieren und Verschleißerscheinungen auszugleichen. Ihre Eßgewohnheiten sollten also so einfach wie nur irgend möglich sein. Ein Mensch, der regelmäßig meditiert, braucht außerdem nicht viel zu essen.
- Nehmen Sie am Morgen etwas Honig mit Zitronensaft vermischt zu sich. Das bringt Energie, ist gesund und reinigt das Blut.
- Unmittelbar nach dem Essen sollten Sie keine Yoga-Übungen machen. Es ist auch nicht empfehlenswert, nach dem Essen anstrengende körperliche oder geistige Arbeit zu verrichten. Am Morgen, wenn unsere physischen und psychischen Kräfte auf dem Höhepunkt sind, funktioniert der Magen auch, wenn wir uns nach dem Frühstück leichte körperliche Aktivitäten wie z. B. einen Spaziergang vornehmen. Am Abend aber sollten wir nicht arbeiten, sondern uns erholen, da unsere Körperkräfte zu dieser Zeit an ihrem Tiefpunkt angelangt sind und nicht weiter ausgeschöpft werden sollten.
- Versuchen Sie, nach dem Essen etwa 10 Minuten in der Vajra-Stellung (d. h. mit geschlossenen Knien und Füßen auf den Fersen) zu sitzen. Es fördert die Verdauung.
- Machen Sie sich nicht so abhängig von Ihrer Ernährung. Versuchen Sie, auch diese Ernährungsumstellung ohne allzuviel Tamtam zu vollziehen. Essen Sie ganz einfache, natürlich zubereitete Dinge. Wenn Sie zuviel über das Essen nachdenken, schenken Sie Ihren Körperfunktionen zuviel Beachtung.
- Versuchen Sie, einen Tag pro Woche zu fasten. Fasten beseitigt Giftstoffe, überholt die Körperfunktionen gründlich und schenkt unseren Organen eine Atempause.
- Denken Sie daran, daß Gott in allen Lebensmitteln wohnt. Alles Gute kommt von ihm. Denken Sie während Ihrer Mahlzeiten an Gott, und danken Sie ihm vor und nach dem Essen.

»Wir werden ständig mit Stimulanzien bombardiert. Das macht unsere moderne Ernährung aus. Die Nahrung, die wir zu uns nehmen, die Luft, die wir atmen, die Dinge, die wir hören, sehen, fühlen und berühren, machen unsere Umwelt aus. Umgekehrt formt diese Umwelt unsere innere Welt. Wir sind buchstäblich das, was wir zu uns nehmen, da unser Geist aus den feinstofflichen Bestandteilen unserer Nahrung aufgebaut wird. Aus dem Rest entsteht unser Körper. Um unser Lebensziel zu erreichen und Zufriedenheit und Vollkommenheit zu finden, muß unser Geist friedvoll und konzentriert sein. Doch es ist schwer, den Geist zu bändigen, da er in Wirklichkeit unter der Kontrolle unseres Körpers steht. Aus diesem Grunde versuchen wir, zuerst den Körper zu zähmen. Dann finden wir auch leichter Kontrolle über unseren Geist. Dabei spielt Ernährung eine wichtige Rolle.«

Swami Vishnu-devananda

Wie Sie bestimmte Nahrungsmittel ersetzen können

Die folgende Tabelle soll Ihnen helfen, Ihre Standardrezepte zu einer gesünderen Variante umzuformen.

Nahrungsmittel	Yogischer Ersatz
Käse, gerieben	Hefeflocken
Hüttenkäse	Tofu, zerbröselt
Eier zum Binden	pro Ei 1 EL Erdnußmus, Sesammus oder gemixter Tofu oder 1 TL Soja- oder Kichererbsenmehl
Eier zum Lockern	Backpulver oder Joghurt mit kohlensäurehaltigem Mineralwasser
Eier als Eiweißquelle	Tofu (wenn gewünscht mit einer Prise Kurkuma)
Fleisch- und Wurstwaren	Tofu, Tempeh, Hülsenfrüchte (Bohnen, Erbsen und Linsen)
Sirup	Gerstenmalz
Milch	Sojamilch, Nuß- oder Samenmilch, Hafermilch, Reismilch
Zwiebel	Kohl, Staudensellerie oder Steckrüben, frischer Ingwer
Essig	Zitronensaft

Wie Sie Ihr Leben positiv verändern können

Eine bekömmliche Ernährung ist ein wunderbarer Ausgangspunkt, um weitere Veränderungen in Ihrem Leben vorzunehmen. Sie öffnet Ihnen die Tür zu einem gesünderen und glücklicheren Leben. Einige der vorgeschlagenen Veränderungen sind leicht durchzuführen. Andere wiederum mögen ein wenig länger dauern. Die folgende Tabelle, in der auch einzelne Yoga-Übungen aufgeführt sind, wird es Ihnen erleichtern, Ihr Leben dauerhaft zu verändern. (Die Übungen werden in diesem Buch nicht erklärt; Yoga-Kurse finden heute überall statt, so daß Sie sich bestimmt vor Ort informieren können.) Jede Yoga-Sitzung beginnt mit ein paar Minuten Entspannung in der Totenstellung (Savasana) zubringen. Die Übungen beginnen mit dem Sonnengebet (Suryanamaskar), einer Aufwärmübung. Das zentrale Mantra ist OM, die Keimsilbe, aus der alle anderen Töne und Buchstaben hervorgegangen sind. (Siehe Glossar auf Seite 156)

	1–7 Wochen	2–6 Monate	6 Monate – 1 Jahr	2–3 Jahre	Wie es weiter geht
Richtige Körperübung	Die 12 Grund-Asanas und das Sonnengebet	Nehmen Sie einfachere Variationen der Grundübungen mit auf.	Nehmen Sie einige Übungen von mittlerem Schwierigkeitsgrad dazu.	Üben Sie sich in mittleren und schwierigen Asanas.	Machen Sie nun die Asanas für Fortgeschrittene.
Richtige Atmung	Üben Sie tiefe Bauchatmung	Lernen Sie die grundlegenden Pranayama-Übungen (Yoga-Atmung).	Üben Sie 15–30 Min. täglich Pranayama (Yoga-Atmung).	Üben Sie täglich 30 Min. Pranayama.	Üben Sie jeden Tag 30–40 Minuten die Yoga-Atmung (Pranayama).
Richtige Entspannung	Erlernen Sie die Totenstellung	Entspannen Sie sich mindestens 15 Min. täglich in der Totenstellung.	Entspannen Sie sich mindestens 15 Min. täglich in der Totenstellung.	Entspannen Sie sich mindestens 15 Min. täglich in der Totenstellung.	Entspannen Sie sich mindestens 15 Min. täglich in der Totenstellung.
Negative Ernährungsgewohnheiten, die Sie abstellen sollten	Lassen Sie Fisch und Fleisch weg. Verringern Sie den Konsum gebratener Speisen.	Lassen Sie Eier ganz weg. Verringern Sie Ihren Konsum von Limonaden, Milchmixgetränken und Süßigkeiten.	Verzichten Sie nun auf stark gesalzene Speisen und Fertiggerichte.	Vermeiden Sie alte und angebrannte Speisen sowie Nahrungsmittel mit Tamas-Charakter.	Lassen Sie Zwiebel, Knoblauch und alle anderen Nahrungsmittel mit Rajas-Qualität weg.
Positive Ernährungsgewohnheiten, die Sie verstärken sollten	Trinken Sie 4–5 Gläser Wasser täglich, und essen Sie jeden Tag mindestens einen Rohkostsalat.	Nehmen Sie dafür mehr Hülsenfrüchte und Tofu zu sich.	Essen Sie statt dessen nur Dinge, die so frisch als möglich zubereitet wurden.	Nehmen Sie mindestens einmal pro Woche eine Mahlzeit in vollkommener Stille zu sich.	Üben Sie sich bei jeder Mahlzeit in Dankbarkeit.
Fasten	Ersetzen Sie eine Mahlzeit pro Woche durch ein Glas frisch gepreßten Saft.	Legen Sie einmal pro Woche einen Fasttag mit Mineralwasser und Säften ein.	Einmal im Jahr sollten Sie 3 Tage lang Wasser- oder Saftfasten machen. Praktizieren Sie die *kriyas*, die Yoga-Reinigung des Körpers.	Ein- oder zweimal im Jahr sollten Sie 3 Tage lang Wasser- und Saftfasten machen.	Fasten Sie zweimal pro Jahr: eine Woche lang mit Gemüsesäften und einmal drei Tage lang nur mit Mineralwasser.
Negative Gewohnheiten, die Sie ablegen sollten	Wenn Sie Marihuana oder andere Drogen zu sich nehmen, sollten Sie statt dessen die tiefe Bauchatmung praktizieren.	Hören Sie auf zu rauchen. Praktizieren Sie Yoga-Atmung, wenn Sie Lust auf eine Zigarette haben.	Verzichten Sie auf Alkohol – ganz oder größtenteils.	Verringern Sie Ihren Verbrauch an Tee, Kaffee und anderen Stimulanzien.	Versuchen Sie, Ihre negativen Gewohnheiten richtig einzuschätzen und sie der Reihe nach abzulegen.
Konzentrationsübungen	Denken Sie nicht an Vergangenheit oder Zukunft. Konzentrieren Sie sich auf die Gegenwart.	Hören Sie anderen Menschen aufmerksam zu, damit Sie aufnehmen können, was sie sagen.	Üben Sie einmal täglich *tratak* (das unverwandte Schauen auf eine Kerzenflamme).	Wiederholen Sie das Mantra OM oder ein anderen täglich mindestens 10 Min. lang.	Versuchen Sie, immer nur an eine Sache zu denken.
Positives Denken	Vermeiden Sie Schimpfwörter und andere sprachliche Entgleisungen.	Versuchen Sie, Ihre Zeit mit Menschen zu verbringen, die eine positive Lebenseinstellung haben.	Hören Sie auf zu zögern. Setzen Sie positive Ideen sofort in die Tat um.	Streichen Sie Ausdrücke wie »Ich kann nicht.« aus Ihrem Vokabular. (Auch aus dem geistigen!)	Fangen Sie an, Ihre Fehler als Meilensteine zum Erfolg zu sehen, da sie Ihnen Lernerfahrungen ermöglichen.
Meditation	Sitzen Sie täglich mindestens 20 Minuten, und konzentrieren Sie sich auf Ihren Atem.	Wiederholen Sie im Geist ein Mantra, z. B. OM. Lassen Sie es mit dem Atem fließen.	Erhöhen Sie Ihre Meditationszeit auf 30 Min. täglich.	Durch die regelmäßige Übung wird Ihr Geist weniger sprunghaft.	Wenn Sie weiterhin regelmäßig praktizieren, werden Sie inneren Frieden finden.
Studium	Lesen Sie täglich etwas Inspirierendes.	Beschäftigen Sie sich mit Gedichten, Sprichwörtern oder anderen Schriften, die Sie aufbauen.	Entwickeln Sie eine kontemplative Lebenshaltung. Entdecken Sie, was diese Zeilen mit Ihrem Leben zu tun haben.	Besuchen Sie Diskussionsabende oder Workshops über inspirierende Themen.	Widmen Sie sich weiterhin täglich Ihren Studien, und versuchen Sie, das Gelesene in Ihrem Alltag umzusetzen.

Ein Gebet vor den Mahlzeiten

ब्रह्मार्पणं ब्रह्महविर्ब्रह्माग्नौ ब्रह्मणा हुतम् ।
ब्रह्मैव तेन गन्तव्यं ब्रह्मकर्मसमाधिना ॥ २४ ॥

Brahmaarpanam brahmahavir
Brahmaagnau brahmanaa hutam
Brahmaiva tena gantavyam
Brahmakarmasamaadhinaa.

Der Ritus ist Brahman,
Das Opfer ist Brahman,
Brahman ist, der opfert
Dem Feuer, das Brahman ist.
Wer Brahman sieht
In jeglichem Tun,
Der findet Brahman.

Bhagavadgita, IV. 24

Das Essen ist Brahman.
Die Opfergabe (die Nahrung) ist Brahman.
Die Person (der Esser), die opfert (ißt), ist Brahman.
Und das (gastrische) Feuer, welches die Nahrung verzehrt,
ist ebenso Brahman.
Wer Brahman überall sieht, erreicht den Zustand der Göttlichkeit
(Brahman).

Der yogische Start in den Tag

»Leben Sie nüchtern und maßvoll, dann werden Sie gesund bleiben. Nehmen Sie Sonnenbäder, und verbringen Sie viel Zeit an der frischen Luft. Sonne und Luft sind erstklassige Ärzte. Ernähren Sie sich einfach. Essen Sie nicht zuviel, aber auch nicht zuwenig. Bewegen Sie sich ausreichend. Werden Sie Ihr eigener Arzt.«

Swami Sivananda

Normalerweise vernachlässigen wir das Frühstück. Es besteht dann bestenfalls aus einem schnell verschlungenen Fertigmüsli und ein paar hastig hinuntergestürzten Tassen Kaffee. Doch die meisten Ernährungswissenschaftler betonen immer wieder, daß das Frühstück die wichtigste Mahlzeit des Tages ist. Aus diesem Grund bieten wir Ihnen hier ein paar Rezepte, die Sie mit einem Minimum an Aufwand zubereiten können und die Sie fit für den Tag machen.

Je nach Ihren Eßgewohnheiten kann das Frühstück leicht oder eher nahrhaft ausfallen. Weglassen sollten Sie es auf keinen Fall. Wenn Sie nämlich ein gesundes Frühstück zu sich genommen haben, sinkt zum einen die Wahrscheinlichkeit, daß Sie vor dem ersten ungesunden Vormittags-Snack kapitulieren, der Ihnen begegnet, und zum anderen sind Sie weniger hungrig, so daß Sie sich auch beim Mittagessen nicht allzusehr vollstopfen. Gerade Kinder brauchen ein ordentliches Frühstück, sonst sind sie in der Schule lustlos und haben Schwierigkeiten, sich zu konzentrieren.

In den Sivananda-Ashrams (Klöstern oder stillen Orten, wo man Yoga praktiziert) auf der ganzen Welt werden im Tagesverlauf zwei nahrhafte Mahlzeiten eingenommen, die ganz auf das Meditations- und Yoga-Übungsprogramm abgestimmt sind. Um 10 Uhr morgens wird nach der Frühmeditation und den ersten Yoga-Übungen gefrühstückt. Zu diesem Zeitpunkt hat dann auch jeder Appetit auf eine kräftige Mahlzeit, vor allem weil die nächste erst um 18 Uhr abends serviert wird.

Die morgendliche Mahlzeit ruft uns mehr als jede andere die grundsätzliche Funktion von Nahrung ins Gedächtnis – unserem Körper Brennstoff zu liefern. Meist fallen uns, wenn wir ans Frühstück denken, nur ein paar Nahrungsmittel ein. Hier bieten wir Ihnen jedoch eine ganze Bandbreite interessanter und gesunder Gerichte, aus der Sie wählen können. Wie bei allen Mahlzeiten sollte auch beim Frühstück die Nährstoffzusammenstellung ausgewogen sein. Vollkorn, ob nun in Flocken-, Brot- oder Pfannkuchenform, versorgt uns reich mit komplexen Kohlehydraten. Lust auf Süßes wird durch die Beigabe von Früchten gestillt, und Tofu oder Hülsenfrüchte liefern uns Eiweiß, was unseren Basenhaushalt steigert, so daß wir uns energiegeladen und rundum wohl fühlen.

Ingwer-Karotten-Saft

Ein Tag, der mit naturgemäßer Rohkost beginnt, gibt Ihnen genügend Energie und Durchhaltevermögen, daß Sie es mit dem Streß und den Anforderungen des Tages aufnehmen können. Karotten sind ein gutes Tonikum für das Gehirn, da sie sehr viel Vitamin A und Calcium enthalten. Dieser Saft nährt ganz allgemein Ihren Körper und reinigt die Lungen. Die wärmenden Eigenschaften des Ingwers regen den Kreislauf an und sorgen dafür, daß das Prana frei fließt. Daher eignet er sich super für ein Saftfasten. Wenn Sie möchten, können Sie die Äpfel und/oder den Staudensellerie gerne weglassen. Auch die Ingwermenge können Sie Ihrem persönlichen Geschmack anpassen. Statt der Äpfel können Sie auch ca. 200 g kleingeschnittenen Weißkohl nehmen. Wenn möglich, sollten Äpfel und Karotten aus kontrolliert biologischem Anbau stammen. Ist das nicht der Fall, müssen sie geschält werden. Die angegebenen Mengen reichen für 4 Personen.

2 knackige, saftige Äpfel, in Viertel geschnitten
3 Karotten, geputzt
1 Stange Staudensellerie
1–2,5 cm langes Stück frischer Ingwer, geschält, oder 1 Prise gemahlener Ingwer
200 ml Wasser
Saft einer halben Zitrone oder einer ganzen Limone

1 Wenn Sie einen Entsafter haben, können Sie damit Äpfel, Karotten, Staudensellerie und Ingwer entsaften. Wenn nicht, schneiden Sie die Karotten und den Sellerie in Stücke und zerkleinern diese zusammen mit den Apfelvierteln in einer Küchenmaschine oder einem Mixer zu einer breiigen Masse. Durch ein Sieb streichen, so daß der Saft zurückbleibt.

2 Den so gewonnen Saft mit Wasser verdünnen. Falls gewünscht, so können Sie jetzt den gemahlenen Ingwer zusammen mit dem Zitronensaft unterrühren. Sofort servieren.

Minziger Tomatensaft

Ein erfrischender und reinigender Morgendrink. Fasten Sie jedoch, dann sollten Sie darauf verzichten, denn Tomaten enthalten zu viel Säure. Die wärmenden Kräfte von Tomaten, Limonen und Cayennepfeffer machen aus diesem Mix ein wunderbar stärkendes Getränk für den Winter. Frische Säfte enthalten von allen Nahrungsmitteln am meisten Energie. Sie führen dem Körper blitzschnell neue Kraft zu, da ihre Energie für die Zellen schnell verfügbar ist. Für 4–6 Personen

1 Liter Tomatensaft
3 EL frischer Limonensaft
2 EL feingehackte frische Minze
1 Prise Cayennepfeffer (nach Wunsch)
Limonenscheiben zum Garnieren

Tomaten- und Limonensaft mit der Minze und – wahlweise – dem Cayennepfeffer verrühren. In mit Limonenscheiben garnierten Gläsern sofort servieren.

Mandelmilch Swami Vishnu-devananda entwickelte dieses nahrhafte, wohlschmeckende Getränk, während er intensiv Yoga-Sadhana, eine Yoga-Praxis, im Himalaya übte. Während der Sivananda-Sadhana-Intensivkurse für Yoga-Lehrer kommt es täglich auf den Tisch, da es eine Menge leicht verdaulicher Nährstoffe enthält, die schnell Energie liefern. Mandeln enthalten in konzentrierter Form Proteine, Vitamine und Mineralstoffe wie Eisen, Magnesium, Kalium und Zink. Ihr Fettgehalt macht sie zum idealen Nahrungsmittel bei Problemen mit der Haut und den Muskeln. Auch im Ayurveda (dem traditionellen indischen Medizinsystem) werden sie hochgeschätzt, da sie die Atmung stärken und die Eingeweide »schmieren«. Wollen Sie die Mandelmilch für mehrere Personen zubereiten, müssen Sie nur mit der entsprechenden Anzahl malnehmen. Für 1 Person

10 Mandeln, die über Nacht in Wasser eingeweicht wurden
1 Prise gemahlener Kardamom
1 Prise Pfeffer
250 ml warme Milch, Wasser oder Sojamilch
1 TL Honig

1 Die Mandeln abgießen und das Einweichwasser beiseite stellen. Dann den Mandeln die Haut abziehen. Zusammen mit dem Einweichwasser, dem Kardamom und dem Pfeffer in einen Mixer geben. Mixen Sie 5 Minuten lang auf höchster Stufe.

2 Die Mandelmischung mit der warmen Milch, dem Wasser oder der Sojamilch aufgießen. Den Honig unterrühren und sofort servieren.

Zitrusfrüchte mit Granatapfelkernen Ein bildschöner Fruchtsalat wie dieser kann einen grauen Morgen wirklich aufhellen! Die Granatapfelkerne beleben den Körper, kühlen und stärken ihn. Außerdem reinigen sie das Blut. Der Ingwer gibt dem Obstsalat einen gewissen Biß und belebt die Verdauung. Für 4–6 Personen

1 Orange
1 rosarote Grapefruit
1–2 Kiwi (nach Wunsch)
1/2 Granatapfel
1 TL feingehackter kandierter Ingwer (nach Wunsch)

1 Die Zitrusfrüchte schälen und entweder in 6 mm dicke Scheiben schneiden oder in Schnitze teilen. Dabei die weißen Hautteile und die Kerne entfernen, soweit es geht. Falls Sie Kiwi dazugeben, auch diese in Scheiben oder Viertel schneiden.

2 Die Früchte hübsch auf einem Servierteller anrichten. Die Granatapfelkerne auslösen und von den weißen Hautteilen befreien. Die Kerne zusammen mit dem feingehackten Ingwer über das Obst streuen. Sofort servieren.

- Wenn Sie keine Granatäpfel auftreiben können, nehmen Sie blaue Trauben, damit das Gericht ein wenig Farbe bekommt.
- Den kandierten Ingwer können Sie auch durch gehackte Minzeblättchen ersetzen.
- Auch frische, in Scheiben geschnittene Ananas paßt sehr gut in diesen feinen Salat.

Apfel-Feigen-Salat Für 6 Personen

6 getrocknete oder frische Feigen
2 Äpfel und 2 Bananen, in Scheiben geschnitten
200 g gehackte Walnüsse
2 EL ungesüßte Kokosraspel
1 EL Zitronensaft
4 EL heller Honig
125 ml Joghurt, Crème fraîche oder Nußtraum (Seite 115) – nach Belieben

Verwenden Sie getrocknete Feigen, dann weichen Sie sie 1–2 Stunden in kaltem Wasser ein. Abgießen und in Viertel schneiden. Nüsse, Kokosraspel, Äpfel, Bananen, Zitronensaft und Honig dazugeben und alles gut durchmischen. Sofort servieren. Wenn Sie mögen, können Sie dem Fruchtsalat noch ein Häubchen Joghurt, Crème fraîche oder Nußtraum aufsetzen.

Gebackene Bananen

Es gibt ein altes indisches Sprichwort: »Bananen sind Gold am Morgen, Silber am Mittag und Blei am Abend.« Ihr hoher Kohlehydratgehalt macht sie zum vollkommenen Frühstück für Menschen, die einen aktiven Lebensstil pflegen. Außerdem hält ihr hoher Kaliumgehalt unsere Muskeln geschmeidig. Wenn Sie unter Muskelkrämpfen leiden, lindern Bananen Ihre Probleme erheblich. Aus diesem Grund werden in Yoga-Zentren und Ashrams Unmengen von dieser Frucht verzehrt. Für 4–8 Personen

4 Bananen
125 ml Ahornsirup
125 ml Orangensaft
50 g Mandeln, gehackt oder blättrig geschnitten
1/4 TL gemahlener Kardamom
50 g zerlassene Butter oder Margarine
ein wenig frische Kokosnuß, gerieben, oder geröstete Kokosraspel zum Bestreuen (nach Belieben)

1 Den Backofen auf 200 °C vorheizen (Gas Stufe 6). Die Bananen schälen und der Länge nach halbieren.

2 Den Ahornsirup mit dem Orangensaft und der geschmolzenen Butter oder Margarine verrühren. Die Mandeln unterziehen und die Mischung über die Bananen gießen. Im Backofen etwa 30 Minuten backen. Mit den frischen oder gerösteten Kokosraspeln bestreuen und sofort servieren.

Winterkompott Für 4–6 Personen

200 g getrocknete Aprikosen
100 g Backpflaumen
100 g getrocknete Birnen
100 g getrocknete Äpfel
6 Gewürznelken
1 Zimtstange
1 EL Apfeldicksaft
600 ml Wasser

1 Die getrockneten Früchte mit den Gewürzen und dem Apfeldicksaft in Wasser einweichen und über Nacht ziehen lassen.

2 Geben Sie diese Mischung am nächsten Morgen in einen flachen Topf. Zum Kochen bringen. Die Hitze zurücknehmen und bei halb geschlossenem Deckel etwa 25 Minuten simmern lassen (auf kleiner Flamme köcheln lassen). Vor dem Servieren alle Gewürze entfernen.

• **Winterfruchtshake** Wenn Sie nicht genügend Zeit für das Kompott haben, können Sie daraus einen schnellen Shake machen, der die geballten Nährstoffe der Trockenfrüchte mit der ganzen Energie der eiweißreichen Sojamilch verbindet. Ein richtiger Energy-Drink für den Morgen! Lassen Sie einfach die Gewürze, den Apfeldicksaft und das Wasser weg. Die Trockenfrüchte in einen Mixer geben und mit 250–500 ml Sojamilch (oder Milch, wenn Ihnen das lieber ist) aufgießen. Mit 1/2 TL gemahlenem Zimt würzen und so lange mixen, bis die Flüssigkeit glatt ist. Sofort servieren.

Granola

Für Granola gibt es viele verschiedene Rezepte. Dieses enthält kein zusätzliches Öl, dafür aber eine großartige Mischung aus Getreide, Nüssen und Samen – ein wirklicher Schatz an natürlichen Ölen, Mineralstoffen und Vitaminen! In unserem Yoga-Zentrum auf Paradise Island (der Paradiesinsel, die zu den Bahamas gehört) holen wir dazu frische Kokosnüsse von den Bäumen. Nachdem wir sie geöffnet haben, nehmen wir etwa 50 g von dem weißen Fleisch und raspeln es. Dann wird es zusammen mit den anderen Zutaten für das Granola geröstet. Natürlich können Sie auch getrocknete Kokosnuß verwenden. Wenn Sie Kokosraspel zufügen, dann können Sie das flüssige Süßmittel etwas reduzieren. Sie können das Rezept vereinfachen, wenn Sie Zutaten, die Sie nicht bekommen können, einfach weglassen und dafür die Menge der anderen erhöhen. Granola kann gut im voraus zubereitet werden. Es hält sich ein paar Wochen lang, wenn es in einem luftdicht verschlossenen Behälter an einem kühlen Ort aufbewahrt wird (allerdings nicht im Kühlschrank). Man kann es mit Milch, Joghurt oder Sojamilch essen. Für 12–16 Mahlzeiten.

175 ml Ahornsirup
125 ml heißes Wasser
1/2 TL Vanille
300 g Haferflocken
150 g Roggen-, Hirse- oder Weizenflocken
50 g Kleie oder Weizenkeime
100 g Haselnüsse, Mandeln oder andere Nußsorten
75 g Sonnenblumenkerne
50 g Sesamsamen
75 g Sultaninen oder Rosinen
50 g grobgewürfelte Datteln oder andere Trockenfrüchte

1 Den Backofen auf 120 °C vorheizen (Gas Stufe 1/2). Den Ahornsirup mit dem heißen Wasser und dem Vanillepulver verrühren.

2 In einer großen Schüssel Flocken, Nüsse und Samen vermengen. Den Ahornsirup-Vanille-Mix unterheben und alles gut durchmischen. Die Mischung auf einem ganz leicht eingeölten Backblech verteilen und etwa 1 Stunde lang im Backofen trocknen lassen. Zwischendurch 3–4mal umrühren, damit das Granola nicht anbrennt. Aus dem Ofen nehmen, wenn es hellbraun ist.

3 Die Trockenfrüchte untermischen, solange das Granola noch warm ist. Nun die größeren zusammengebackenen Stücke auseinanderbrechen und das Granola in luftdicht verschließbare Behälter füllen.

Hafer-Joghurt-Creme

Das Hauptzentrum der Sivananda Yoga Vedanta Zentren liegt in der kanadischen Provinz Quebec, so daß wir immer reichlich Ahornsirup zur Verfügung haben. Wenn Sie keinen Ahornsirup zur Hand haben, können Sie genausogut Gersten- oder Reismalz, Dattelsirup oder Honig nehmen. Für 3–4 Personen.

50 g Mandeln, feingehackt
50 g mittelgrob gemahlenes Hafermehl (keine Flocken)
Saft und geriebene Schale von 1/2 Zitrone oder Orange
2 EL Ahornsirup oder ein anderes Süßmittel
300 ml cremiger Naturjoghurt
1 EL gehackte Mandeln, geröstet

1 Den Grill des Backofens vorheizen. Die feingehackten Mandeln unter das Hafermehl ziehen und die Mischung dünn auf einem Backblech verteilen. Das Blech etwa 2 Minuten lang unter den heißen Grill schieben und dabei ständig umrühren, um eine gleichmäßige Bräunung zu gewährleisten. Abkühlen lassen.

2 Das Süßmittel in den Zitronen- bzw. Orangensaft rühren, danach die Zitrusschale und den Joghurt unterziehen. Am Ende die Hafer-Mandel-Mischung hinzugeben. Die fertige Creme in Gläser füllen und bis zum Servieren kühlstellen.

3 Mit gerösteten Mandeln bestreut servieren.

Apfelmüsli Ein schnelles und einfaches Rezept, wenn die Zeit knapp ist. Haferflocken sind dafür bekannt, daß sie dem Körper viel Energie und Wärme liefern. Sie enthalten viele basische Grundstoffe und beseitigen so Verspannungen. Auf diese Weise können Sie sich besser der »richtigen Entspannung« hingeben. Für 4–6 Personen.

50 g Rosinen
150 ml ungesüßter Apfelsaft
2 Äpfel, entkernt und grobgeraspelt
250 g Haferflocken
1 EL Honig
25 g blättrig geschnittene Mandeln
Milch, Joghurt, Sojamilch zum Servieren

1 Die Rosinen etwa 20 Minuten lang im Apfelsaft ziehen lassen. Die geraspelten Äpfel in eine Schüssel geben, die Rosinen und den Apfelsaft hinzufügen und gut durchrühren.

2 Nun die Haferflocken und den Honig unterziehen. Die Mandeln hinzugeben und alles gut durchmengen. Mit Milch, Joghurt oder Sojamilch sofort servieren.

- Nehmen Sie doppelt soviel Apfelsaft, und lassen Sie Rosinen und Haferflocken über Nacht darin ziehen. Am Morgen geben Sie die anderen Zutaten hinzu.

Orangen-Couscous Wenn Sie Ihren Tag einmal erfrischend anders beginnen wollen, sollten Sie dieses Gericht probieren. Im Sommer können Sie natürlich auch frische Aprikosen oder Pfirsiche nehmen. Die geröstete Kokosnuß macht das ganze üppiger. Sie können es als Einzelgericht servieren oder wahlweise mit Joghurt, Milch bzw. Sojamilch. Für 4–6 Personen

12 getrocknete Aprikosen, in dünne Scheiben geschnitten
500 ml Orangensaft
1/4 TL Salz
175 g Couscous
3 EL frische oder getrocknete Kokosnuß, geraspelt und geröstet
1 Orange, geschält und filetiert zum Garnieren (nach Belieben)

1 In einem flachen Topf die Aprikosen, den Orangensaft und das Salz zum Kochen bringen. Den Couscous einrühren und den Topf vom Herd nehmen. Den Deckel darauf legen und 5 Minuten stehen lassen, bis die Flüssigkeit vom Couscous völlig aufgesogen wurde. Der Couscous sollte leicht und locker sein, noch körnig im Biß.

2 In Schalen verteilen. Jede Portion wird mit gerösteter Kokosnuß und Orangenschnitzen verziert. Warm servieren.

- **Apfel-Zimt-Bulgur** 2 grobgeraspelte Äpfel, 500 ml ungesüßten Apfelsaft, 50 g Rosinen oder Sultaninen, 1/4 TL gemahlenen Zimt und 1/4 TL Salz in eine Kasserolle geben und zum Kochen bringen. 200 g Bulgur einrühren und das Ganze dann im geschlossenen Topf auf kleiner Flamme etwa 20 Minuten leise köcheln lassen, bis die gesamte Flüssigkeit aufgesogen ist. Mit gehackten Nüssen oder Sonnenblumenkernen bestreuen und warm servieren.

Uppama mit Gemüse

Ein Gericht aus Südindien, das man dort zum Frühstück oder Abendessen ißt. Servieren Sie es mit Kokosnuß-Chutney (siehe S. 125) oder Joghurt. Für 6 Personen

450 g grober Weizengrieß
300 g Kartoffeln, in Würfel geschnitten
3/4 TL Paprika
3/4 TL Kurkuma
Salz
125 ml Öl
1 1/2 TL schwarzer Senfsamen
1 1/2 TL Kreuzkümmel
3 Tomaten, in kleine Stücke geschnitten
4 cm frische Ingwerwurzel, geschält und feingehackt
3 frische grüne Chilischoten, entkernt und feingehackt (nach Belieben)
300 g gemischtes Gemüse (Karotten, Kohl, grüne Paprikaschoten), geraspelt oder feingeschnitten
750 ml kochendes Wasser
ein paar frische Korianderblätter, feingewiegt

1 Eine große Pfanne oder einen Wok heiß werden lassen. Den Weizengrieß hineingeben und unter ständigem Rühren rösten, bis er ein wenig dunkler ist als normal. Den Grieß auf einen Teller schütten und beiseite stellen.

2 Die Kartoffelwürfel mit Paprika, Kurkuma und einer Prise Salz würzen. Das Öl in der Pfanne erhitzen, die Kartoffeln hineingeben und braten, bis sie braun sind. Mit einem Schaumlöffel aus der Pfanne nehmen und beiseite stellen.

3 Nun die Senfsamen und den Kreuzkümmel in die Pfanne geben. Beides so lange erhitzen, bis die Gewürze anfangen zu platzen. Tomaten, Ingwer und wahlweise auch die Chilischote hinzufügen und alles unter ständigem Rühren auf kleiner Flamme garen. Das Gemüse zugeben und weitere 5 Minuten kochen lassen.

4 Das kochende Wasser in die Pfanne gießen und 1 TL Salz hinzufügen. Nach und nach den gerösteten Weizengrieß zugeben. Ständig weiterrühren, damit die Mischung leicht und krümelig wird und keine Klümpchen bildet. Ist sie zu trocken, müssen Sie noch ein wenig Wasser zugießen. Am Ende vorsichtig die gebratenen Kartoffeln unterheben und mit den frischen Korianderblättern garnieren. Sofort servieren.

Dosas

Diese leichten Crêpes sind in Südindien ein typisches Frühstücksgericht. Reis und Urad Dal (halbe, geschälte Mungbohnen, die es in indischen Feinkostläden gibt) bieten uns eine wundervolle Proteinkombination. Servieren Sie die Dosas mit Kokosnuß-Chutney (siehe S. 125) und Sambar (S. 140). Sie können es auch mit Kartoffelcurry (S. 88) zu einem Masala Dosa machen. Für 4–6 Personen

150 g Urad Dal, gewaschen
300 g Basmatireis
800 ml Wasser
1 TL Salz
nach Belieben 1 TL Bockshornkleesamen, im Mörser zerstoßen (in der Apotheke oder im indischen Feinkostladen erhältlich)
Ghee (geklärte Butter) oder Öl zum Braten

1 Urad Dal und Reis in getrennte Schüsseln geben. Das Dal mit 300 ml Wasser aufgießen und nach Belieben mit dem Bockshornkleesamen würzen. Den Rest des Wassers über den Reis gießen. Beides sollte mindestens 12 Stunden stehen. Dal und Reis dann getrennt im Mixer zu einer glatten Masse pürieren. Wenn nötig, noch etwas Wasser hinzugeben. Am Ende Dal- und Reismasse so vermischen, daß Sie einen flüssigen Teig erhalten, der vom Löffel rinnt. Die Teigmischung mindestens 8 Stunden, besser noch über Nacht, stehen lassen. Dadurch wird sie dicker und »geht«.

2 Eine schwere Bratpfanne oder ein Crêpe-Eisen bei mittlerer Hitze heiß werden lassen und danach ganz dünn mit geöltem Pergamentpapier einfetten. Den Teig, der jetzt dickflüssig sein sollte, salzen. Einen Schöpflöffel (etwa 3 EL) davon in die Pfanne geben und mit einem Löffel zu den Rändern der Pfanne hin ausstreichen, um hauchdünne, crêpeähnliche Dosas zu bekommen.

3 Bei mittlerer Hitze garen lassen, bis die Ränder sich leicht heben (1–3 Minuten). Vor dem Wenden die Oberfläche des Dosa ganz dünn mit Ghee oder Öl einpinseln. Wenden Sie sie zu früh, bevor eine Seite festgeworden ist, werden die Dosas brechen. Fertigbacken lassen, bis sie goldbraun sind. Sofort servieren.

Crêpes (glutenfrei)

Als Frühstück oder leichter Snack zwischendurch. Diese leichten, knusprigen Crêpes sind so gut, daß Sie sie ohne alles oder nur mit ein bißchen Ahornsirup auf den Tisch bringen können. Wollen Sie jemandem ein fürstliches Frühstück bereiten, servieren Sie die Crêpes zusammen mit den Gebackenen Bananen von Seite 24. Natürlich können Sie die Crêpes auch mit süßer oder pikanter Füllung zubereiten und zusammengefaltet mit Sirup oder Sauce reichen. Für 4–6 Personen

100 g Sojamehl
225 g Reismehl
3 TL Weinsteinbackpulver
1 Prise Salz
350 ml Wasser
1–2 TL Honig
4 EL Öl
Öl zum Braten
Ahornsirup oder Rosinensauce (S. 114) zum Garnieren

1 Das Sojamehl mit dem Reismehl, dem Backpulver und dem Salz verrühren. Nach und nach löffelweise das Wasser zugeben, so daß keine Klumpen entstehen, während Sie rühren. Den Honig und 4 EL Öl unterziehen. Der Teig sollte am Ende eine flüssige Konsistenz haben.

2 Eine schwere Pfanne zunächst bei starker Hitze heiß werden lassen, dann auf mittlere Hitze zurückgehen und mit einem feuerfesten Pinsel einölen. Mit einem Schöpflöffel etwa 3 Eßlöffel von dem Teig in die Pfanne geben und mit dem Löffelrücken bis zu den Rändern ausstreichen. Den Pfannkuchen backen, bis er in der Mitte Blasen wirft, wenden und weiterbacken, bis er goldbraun ist. Mit dem restlichen Teig genauso verfahren, bis Sie etwa 10–12 knusprige Crêpes haben. Mit Ahornsirup oder Rosinensauce übergießen und heiß servieren.

• **Buchweizen-Pfannkuchen** Dieses traditionelle amerikanische Gericht gibt es auf unserer im Staat New York gelegenen Catskill Mountain Yoga Ranch häufig zum Frühstück. Verrühren Sie miteinander in einer Schüssel: 150 g Vollweizenmehl, 75 g Buchweizenmehl, 40 g Milchpulver und 1 TL Weinsteinbackpulver. Nach und nach soviel Wasser zugeben, bis der Teig flüssig ist. 4 EL Melasse, 2 EL Naturjoghurt und 2 EL Öl unterziehen. Etwas dickere Pfannkuchen von etwa 10–12,5 cm Durchmesser backen, und zwar am besten 3 oder 4 auf einmal. Den Pfannkuchen aus der Pfanne gleiten lassen und mit einem Stück Butter bestreichen. Den nächsten darauflegen und genauso verfahren, bis Sie einen Stapel aus 4–6 Pfannkuchen pro Person aufgeschichtet haben. Mit Ahornsirup oder in etwas Wasser verdünnter Rosinensauce (S. 114) übergießen und servieren. Pro Person wird ein solcher Stapel Pfannkuchen zubereitet. Zum Essen wird er wie ein Kuchen in Stücke geschnitten und nicht Pfannkuchen für Pfannkuchen verzehrt.

Fruchttoast

Die Zubereitung nimmt ein wenig Zeit in Anspruch, doch gerade am Wochenende gibt das ein wundervolles Frühstück. Je nach Jahreszeit können Sie alle Früchte nehmen. Für 1 Person

1 TL Butter oder Margarine
1 Pfirsich, Nektarine oder Apfel, oder 2 Aprikosen, in Scheiben geschnitten
2 TL Aprikosen- oder Pfirsichmarmelade ohne Zuckerzusatz und aus der ganzen Frucht
1 TL Zitronensaft (wahlweise)
1 Scheibe helles Roggen- oder Sonnenblumenbrot, leicht getoastet

1 Den Backofen auf 200 °C vorheizen (Gas Stufe 6). Die Butter oder Margarine in einer großen Pfanne mit schwerem Boden zergehen lassen. Die Fruchtscheiben darin etwa 2–3 Minuten garen, bis sie weich sind. Die Pfanne vom Herd nehmen und die Marmelade sowie – falls gewünscht – den Zitronensaft einrühren.

2 Den Toast auf ein Backblech legen und die Fruchtmischung daraufgeben. Etwa 5–10 Minuten im Backofen überbacken und sofort servieren.

Karottenmuffins mit Melasse

Für diese Muffinrezepte bedanken wir uns herzlich bei Martha und Swami Premananda. Die Muffins sollten, wenn wir sie aus dem Backofen holen, goldbraun und in der Mitte noch feucht sein. Probleme gibt es dann, wenn der Teig entweder zu trocken oder zu feucht ist. Daher sollten Sie, wenn nötig, noch ein wenig Wasser, Öl oder Mehl hinzufügen, um dem Teig genau die feuchte Klebrigkeit zu verleihen, die er braucht. (Er muß vom Löffel »reißen«, nicht rinnen.) Richtig ist er, wenn er sich anfühlt wie Schlamm. Wollen Sie die Muffins etwas üppiger haben, können Sie einen Teil des Wassers durch Milch oder Sojamilch ersetzen. Auch Buttermilch ist gut, weil sie den Teig besser gehen läßt. Dieser Teig wird mit speziellem Vollkornmehl gemacht, das zum Backen besonders fein ausgemahlen wird. Fragen Sie in Reformhäusern danach. Reicht aus für 12 große Muffins

250 g feingeraspelte Karotten oder 450 g gekochte Karotten, püriert
450 g feingemahlenes Weizenmehl
100 g Sojamehl
1 TL gemahlener Zimt
400 g Datteln, feingeschnitten
200 g Nüsse, feingehackt (nach Belieben)
125 ml Melasse (ersatzweise Rübensirup)
175 ml Öl
4 EL Wasser

1 Den Backofen auf 180 °C vorheizen (Gas Stufe 4). Dann die rohen oder gekochten Karotten mit dem Mehl, dem Zimt, den Datteln und – wahlweise – den Nüssen vermengen. Melasse, Öl und Wasser in einer Extra-Schüssel verrühren.

2 Nun die flüssige Mischung unter den Mehl-Karotten-Mix ziehen, bis alle Zutaten gleichmäßig feucht und gut vermengt sind.

3 Den Teig löffelweise in gefettete Muffin-Förmchen geben und etwa 20–30 Minuten lang backen. Machen Sie die Nadelprobe: Stechen Sie mit einer Gabel oder einer Stricknadel in die Muffins (möglichst in der Mitte). Wenn nichts daran kleben bleibt, können Sie das Gebäck aus dem Ofen nehmen.

Würzige Käsemuffins

Für 12 große Muffins

200 g ohne Kälberlab fermentierter Cheddarkäse oder mittelalter Gouda, gerieben
2 TL getrockneter Oregano
600 g Vollweizenmehl
100 g Karotten, geraspelt
100 g Zucchini, feingewiegt, oder grüne Paprikaschoten, von Kernen und Stielansatz befreit und kleingeschnitten
100 g Maiskörner
1 TL getrocknetes Basilikum
3 TL Weinsteinbackpulver
1 TL Salz
½ TL Pfeffer
500 ml Sojamilch oder Buttermilch
250 ml Öl

1 Den Ofen auf 180 °C vorheizen (Gas Stufe 4). Etwa 50 g geriebenen Käse und 1 TL Oregano zur Seite stellen. Alle restlichen Zutaten bis auf das Öl und die Soja- bzw. Buttermilch in einer Schüssel vermengen. In einer zweiten großen Schüssel Milch und Öl verrühren.

2 Die feuchte Mischung in die trockene gießen und beides zusammenrühren, bis alle Zutaten gut feucht und schön vermengt sind.

3 Den Teig löffelweise in die gefetteten Muffinformen geben. Den verbliebenen Käse mit dem Oregano vermischen und über die Muffins streuen. Etwa 20–30 Minuten backen, bis die Gabelprobe das gewünschte Ergebnis anzeigt (siehe oben).

- Für die vegane Ernährung sollten Sie Sojakäse verwenden.
- Eine glutenfreie Variante erhalten Sie, wenn Sie das Weizenmehl durch Buchweizen- oder Dinkelmehl ersetzen.
- Sie können die Hälfte des Weizenmehls auch durch Maismehl ersetzen.
- Und natürlich können Sie andere Kräuter verwenden.

Suppen Samskaras

*»Essen Sie von allem,
was Ihnen schmeckt und bekommt,
doch nur geringe Mengen.
Eine einfache Ernährung ist
die beste.«*

Swami Sivananda

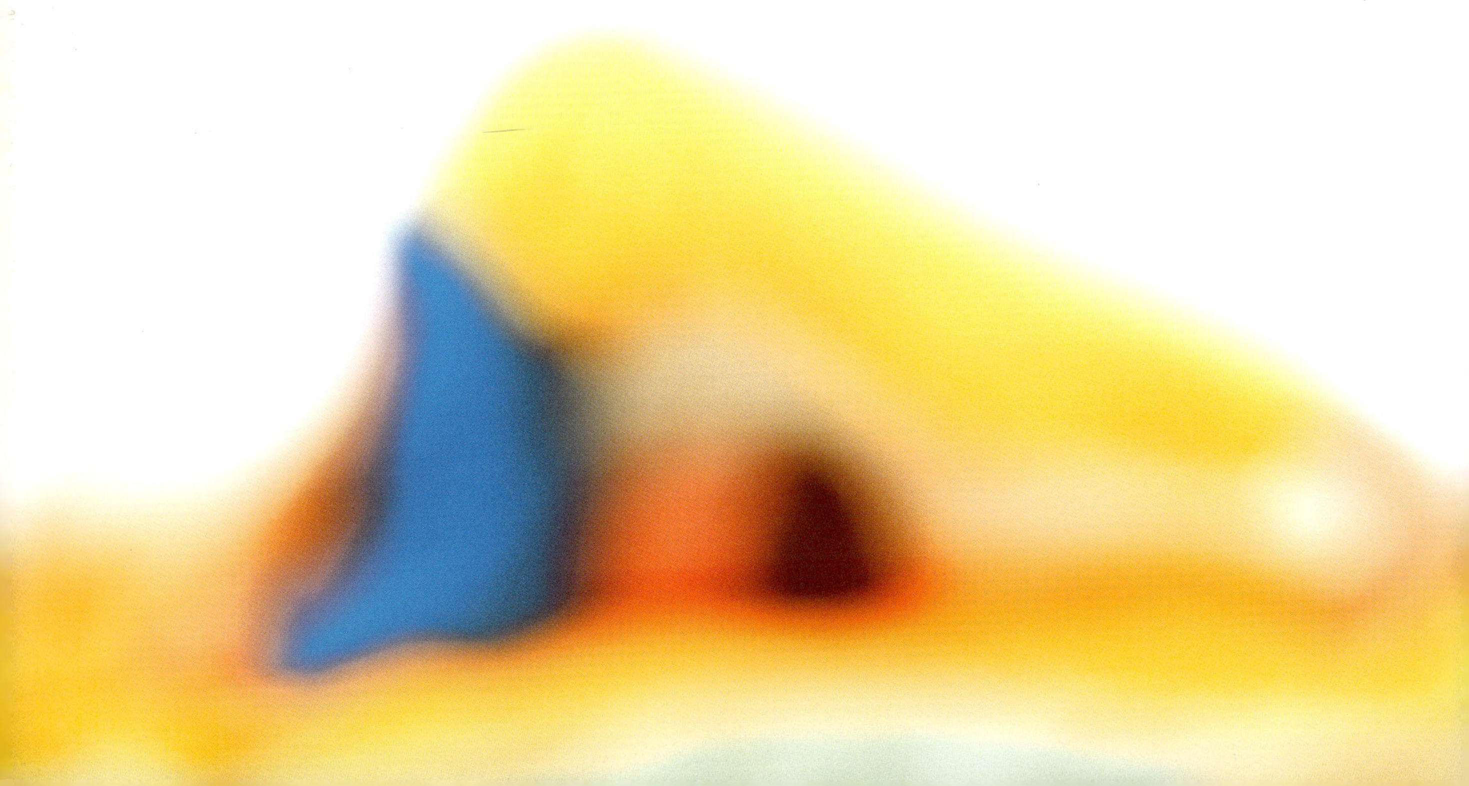

»Samskaras« sind die feinstofflichen Prägungen, die unser tägliches Tun und Erleben im Bewußtsein und Unbewußten hinterlassen. Ernähren wir den Körper richtig, so wird er von den Samskaras der Stärke geprägt. Dadurch werden wir besser mit den Anforderungen des Lebens fertig.

Suppen sind nahrhaft, bekömmlich und einfach zuzubereiten. Sie können als Vorspeise dienen oder als Hauptmahlzeit. Nichts ist herzhafter und wohltuender als ein dampfender Teller Suppe an einem kalten Tag – das nährt Körper und Geist gleichermaßen. An einem warmen Sommertag hingegen wirkt eine leichte Suppe erfrischend. Sie stärkt das Prana. Suppen weisen uns einen sehr kreativen und sparsamen Weg, unsere Familie oder eine Gruppe von Freunden satt zu machen. Da sie einfach zuzubereiten sind, können auch vielbeschäftigte Menschen daraus ein nahrhaftes Mahl zaubern.

Basisrezept für eine Gemüsesuppe Die Variationen, die wir aus diesem Basisrezept herausholen können, sind endlos. Im Winter schenkt uns Wurzelgemüse wie Pastinaken, Steck- und gelbe Kohlrüben eine erdig-warme Suppengrundlage. Im Sommer treten leichtes Grüngemüse und Kräuter auf den Plan. Diese Suppe ist einfach zuzubereiten und kann für beliebig viele Personen gekocht werden. Wenn Sie einen intensiveren Geschmack wünschen, können Sie für je 4 Personen ein Lorbeerblatt hinzugeben. Hier haben wir die Zutatenmenge für eine Person angegeben, damit Sie die Menge nach Belieben vervielfachen können, wenn Sie mehr brauchen. Für 1 Person

50 g verschiedene Gemüsesorten (Staudensellerie, Zucchini, Karotten, Rüben, Kartoffeln)
1/2 EL Öl oder 7 g Butter (nach Belieben)
250 ml Wasser
Meersalz oder Tamari zum Abschmecken
Petersilie oder Korianderblätter, feingewiegt, zum Garnieren (nach Belieben)

1 Das Gemüse putzen und in eine ansprechende Form schneiden.

2 Eine Pfanne heiß werden lassen und – wahlweise – Öl oder Butter hineingeben. Das Gemüse sautieren, bis es etwas weicher geworden ist.

3 Das Wasser in einem Suppentopf aufsetzen und zum Kochen bringen. Das Gemüse hineingeben, den Topf zudecken und auf kleiner Flamme etwa 20 Minuten leise köcheln lassen.

4 Mit Tamari oder Meersalz würzen und mit ein wenig gewiegten Petersilien- oder Korianderblättchen bestreut servieren.

• **Velouté (Pürierte Gemüsesuppe)** Die Suppe nach dem Kochen ein wenig abkühlen lassen und danach in den Mixer geben. Pürieren, bis sie glatt ist. In den Kochtopf zurückgeben und nochmals erhitzen. Mit feingewiegten Petersilien- oder Korianderblättchen garniert servieren.

• **Herzhafte Gemüsesuppe** Hülsenfrüchte einweichen und ins kochende Wasser geben. Kochen, bis sie fast weich sind. Erst dann das Gemüse hinzufügen.

• **Frühlingssuppe** Pro Person noch etwa 25 g grünes Saisongemüse wie Sauerampfer, Spinat, Löwenzahn oder Brunnenkresse hinzufügen, bevor Sie die Suppe abschmecken. Auch 3 EL feingewiegte frische Kräuter wie Basilikum, Fenchel, Dill oder Estragon sind nicht schlecht. Lassen Sie die Suppe danach noch etwa 5 Minuten auf dem Feuer, bevor Sie mit Salz oder Tamari würzen.

• **Cremige Gemüsesuppe** Ein wenig Wasser durch Milch oder Sojamilch ersetzen. Fügen Sie die Milch oder Sojamilch jedoch erst gegen Ende des Kochvorgangs zu, da beides nicht gekocht, sondern nur erhitzt werden soll. Alternativ können Sie auch 1–2 EL Sahne, Sauerrahm oder Joghurt zugeben, bevor Sie die Suppe servieren.

• **Cremige Gemüsesuppe für Veganer** Sautieren Sie pro Person 1 EL feine Haferflocken mit den kleingeschnittenen Gemüsesorten. Das gibt eine leichte, cremige, überaus nahrhafte Suppe.

Wärmende Wintersuppe

Diese Abwandlung unserer Basisgemüsesuppe wird durch Hinzufügen von Gerstenkörnern zu einer herzhaften Mahlzeit. Gerste ist leicht verdaulich und gibt, wenn sie mit den entsprechenden Gewürzen kombiniert wird, ein wundervolles Mittel gegen die frostige Kälte des Winters. Versuchen Sie, statt der üblichen Rollgerste (Perlgraupen) ballaststoffreiche Vollgerste zu bekommen. Für 6–8 Personen

3 EL Öl
4 Stangen Staudensellerie, feingeschnitten
4 Karotten, in mundgerechte Würfel geschnitten
1 kleine gelbe Kohlrübe, in mundgerechte Würfel geschnitten
2 l kochendes Wasser
2 Lorbeerblätter
100 g Gerstenkörner
1 TL Kreuzkümmel, gemahlen
1 TL Koriander, gemahlen
1/2 TL Pfeffer
Meersalz zum Würzen
1 EL frische Petersilien- oder Korianderblätter, feingewiegt

1 Das Öl in einer großen Pfanne erhitzen, dann den Staudensellerie hineingeben und etwa 2 Minuten anbraten. Die Karotten- und die Kohlrübenwürfel hinzufügen und weitere 5 Minuten sautieren.

2 Mit dem Wasser aufgießen. Lorbeerblätter, Gerste, Kreuzkümmel und Koriander zugeben. Etwa 30 Minuten lang köcheln lassen, bis das Gemüse und die Gerste weich sind.

3 Die Hälfte der Suppe herausnehmen und im Mixer oder mit dem Pürierstab glattmixen. In den Kochtopf zurückgeben und mit Pfeffer und Salz würzen. Mit Petersilie- oder Korianderblättchen garniert sofort servieren.

Karottensuppe

Traditionell steht Orange oder Safrangelb für das Feuer der Entsagung, das alles Karma (frühere Handlungen) verbrennt. In dieser energiegeladenen Suppe hellt der Geschmack des Orangensaftes und der frischen Minze den tief erdigen Geschmack der Karotten ein wenig auf. Für 4–6 Personen

25 g Butter oder Margarine
600 g Karotten, geraspelt
500 ml Wasser
500 ml Orangensaft
Salz und Pfeffer
2 TL frische Minze, feingewiegt

1 Butter oder Margarine in einer großen Pfanne erhitzen. Die Karottenraspel sautieren, bis sie anfangen, weich zu werden. Mit dem Wasser aufgießen. Den Topf halb zudecken und das Ganze bei schwacher bis mittlerer Hitze etwa 20 Minuten köcheln lassen, bis die Karotten ganz weich sind.

2 Topf vom Herd nehmen und ein wenig abkühlen lassen. Die Karotten zusammen mit dem Kochwasser in den Mixer geben und pürieren, bis die Masse glatt ist. Wenn kein Mixer vorhanden ist, durch ein großes Sieb streichen.

3 Suppe in den Kochtopf zurückgießen, mit Salz und Pfeffer würzen. Ein zweites Mal erhitzen, ohne sie zum Kochen zu bringen. Mit gehackten Minzeblättchen servieren.

- Den Orangensaft weglassen. Dafür die doppelte Menge Wasser nehmen. Statt mit Minzeblättchen mit frisch gemahlener Muskatnuß garnieren.

Nussige Pastinakensuppe

Diese ungewöhnlich wärmende Suppe, nach deren Genuß man sich sofort behaglich fühlt, wurde von Stephen Cooke erfunden, der bei uns als Küchenchef zu Gast war. Mittlerweile ist er nach Australien zurückgekehrt. Das Erdnußmus verleiht der sanften, apfelgleichen Süße der Pastinaken ein wenig mehr Substanz.

2 Karotten, feingeschnitten
2 Stangen Staudensellerie, feingeschnitten
3 Pastinaken, feingeschnitten
1 EL frische Thymian- oder Korianderblättchen
1,5 l Wasser
1–2 EL grobes Erdnußmus
Salz oder Tamari
Saft 1 Zitrone (nach Belieben)

1 Das Gemüse zusammen mit den Kräutern und dem Wasser in einen großen Topf geben. Zum Kochen bringen und bei halb geschlossenem Deckel etwa 15–20 Minuten leise kochen lassen, bis das Gemüse weich ist.

2 Ein wenig abkühlen lassen, dann in den Mixer gießen. Das Nußmus dazugeben und mixen, bis die Masse glatt ist.

3 Die Masse nun zurück in den Topf geben. Mit Tamari oder Salz abschmecken und nach Belieben ein wenig Zitronensaft zufügen. Noch einmal erhitzen, ohne die Suppe jedoch zum Kochen zu bringen. Sofort servieren.

Suppe aus gegrillten Tomaten

Eine einfache und bekömmliche Suppe wie diese trägt dazu bei, daß unser Körper gesund und unser Geist ausgeglichen bleibt. Versuchen Sie, möglichst reife, rote Tomaten zu bekommen. Doch auch wenn Ihnen dies nicht gelingt, sorgen die Karotten dafür, daß Ihre Suppe nicht zuviel Säure enthält. Daß die Tomaten vorher gegrillt werden, bringt einen Hauch von Exotik in unsere Mahlzeit. Für 4–6 Personen

450 g Tomaten
2 EL Öl
1 rote Paprikaschote, von Kernen und Stielansatz befreit und feingeschnitten
1 Karotte, geraspelt
2 Stangen Staudensellerie, in Scheiben geschnitten
1 EL frischer, feingewiegter oder 3/4 EL getrockneter Oregano
1 EL frisches, feingewiegtes oder 1 TL getrocknetes Basilikum
1 TL Salz
1/4 TL Pfeffer
frische Basilikum- oder Oreganoblättchen zum Garnieren, wahlweise 2 TL feingewiegte frische Petersilie

1 Den Backofen auf 200 °C vorheizen (Gas Stufe 6). Die Tomaten darin grillen, bis die Schalen aufplatzen. Dabei häufig wenden. (Dauert etwa 15 Minuten.) Etwas abkühlen lassen, dann schälen und in kleine Stücke schneiden.

2 Das Öl in einer Pfanne erhitzen. Die Paprika-, Karotten- und Selleriestückchen bei mittlerer Hitze ein paar Minuten lang anbraten. Oregano und Basilikum hinzugeben, gut umrühren und wieder ein paar Minuten lang schmoren lassen.

3 Wasser und Tomaten hinzufügen. Mit Salz und Pfeffer würzen. Bei halb geschlossenem Deckel etwa 20 Minuten leise köcheln lassen. Danach im Mixer oder mit dem Rührstab ein paar Sekunden lang mixen. Wieder in den Topf gießen und noch einmal erhitzen, falls nötig. Mit gehackter Petersilie oder ganzen Basilikum- bzw. Oreganoblättchen bestreut servieren.

- Wenn die Suppe dicker werden soll, ca. 200 g gekochte Kartoffeln zugeben.
- Noch herzhafter wird sie, wenn Sie ca. 10 Minuten vor Ende der Kochzeit ein paar Löffel gekochte Getreidekörner zufügen.
- Eine cremigere Variante erhalten Sie, wenn Sie kurz vor dem Servieren noch ein wenig Sojamilch oder süße Sahne hineinrühren.

Borschtsch

Dieses Gericht stammt aus Osteuropa. Es kann entweder als Sommer- oder als Wintersuppe serviert werden. Wenn die Temperaturen fallen, reichen wir dazu einen Teller gekochte Kartoffeln. Das gibt ein nahrhaftes Abendessen. Rote Bete ist ein ausgezeichnetes Tonikum für das Blut. Für 6–8 Personen

1 EL Öl
1 Stange Staudensellerie, kleingeschnitten
1 Lorbeerblatt
4 rohe rote Bete, mit der Gemüsebürste geschrubbt und in mundgerechte Stücke geschnitten
1 Karotte, geraspelt
1 Kartoffel, in mundgerechte Stücke geschnitten
2 l Wasser
100 g Mangold, Spinat oder Grünkohl, kleingeschnitten (nach Belieben)
Saft einer halben Zitrone
1 TL Salz
1 Prise Pfeffer
1 Prise Paprika
1 TL frischer oder 1/4 TL getrockneter Dill
Sauerrahm, Sojacreme (ungesüßt) oder Joghurt zum Servieren
feingewiegte Petersilie zum Garnieren

1 Das Öl in einer großen Pfanne erhitzen. Den feingehackten Sellerie sautieren, bis er weich ist. Lorbeerblatt, rote Bete, Karotte, Kartoffeln und Wasser zugeben. Bedecken und ca. 45 Minuten köcheln lassen, bis die Rote-Bete-Stückchen gar sind. Nun das grüne Gemüse zugeben und weitere 10 Minuten kochen lassen. Am Schluß mit Zitronensaft, Salz, Pfeffer, Paprika und Dill abschmecken.

2 Heiß servieren. Einen Löffel Joghurt, Sauerrahm oder ungesüßte Sojacreme daraufgeben und mit gehackter Petersilie bestreuen.

• **Rote-Bete-Suppe mit Tomaten** Geben Sie zusammen mit den grünen Gemüsesorten 175 g kleingeschnittene Tomaten und eine Zimtstange hinzu. Lassen Sie dafür Paprika und Dill weg. Statt mit Petersilie wird mit Minze garniert.

• **Kalter Sommerborschtsch** Bereiten Sie die Suppe ein paar Stunden früher zu. Das Lorbeerblatt entfernen. Würzen. Dabei die doppelte Menge Zitronensaft verwenden. Im Mixer zu einer glatten Masse rühren und kühl stellen. In Schüsseln füllen und mit einem Löffel Joghurt, Sauerrahm oder ungesüßter Sojacreme servieren.

Goldene Blumenkohlsuppe

Wenn Sie jemals das Glück hatten, ein wenig Zeit im Sivananda-Ashram in Kerala im Süden Indiens zu verbringen, wird diese wundervolle Komposition aus Kreuzkümmel, Kurkuma und Kokosnuß Sie immer an diese glückliche Zeit erinnern. Achten Sie darauf, daß Sie den Kreuzkümmel nicht zu lange kochen lassen. Sein feines Aroma geht leicht verloren, wenn er zu lange geröstet wird. Für 4–6 Personen

1 Blumenkohl
15 g Butter oder Margarine
1 EL Kreuzkümmelsamen
1/2 TL Kurkuma
2 bis 3 Kartoffeln, geschält und grobgeraspelt
1 l Wasser
1 EL getrocknete Kokosnuß, die in gerade so viel Wasser eingeweicht wurde, daß sie leicht bedeckt ist
Salz und Pfeffer

1 Den Blumenkohl putzen und in einzelne Röschen brechen. Den Strunk kleinschneiden. Alles zur Seite stellen. Butter oder Margarine in einer großen Pfanne erhitzen, den Kreuzkümmel zugeben und ca. 1 Minuten rösten, bis Sie das Aroma riechen können. Die Hitze zurücknehmen. Blumenkohl und Kurkuma zugeben und 5 Minuten sautieren. Gut umrühren, damit der Kurkuma die Röschen umhüllen kann. Mit einem Schaumlöffel die Hälfte der Röschen herausnehmen und zur Seite stellen.

2 Nun Kartoffeln und Wasser in die Pfanne geben. 15 Minuten leicht köcheln lassen. Abkühlen lassen und dann pürieren, bis die Masse glatt ist. In die Pfanne zurückgeben. Die Kokosraspel zusammen mit dem Einweichwasser zugeben. Nun die vorher zur Seite gestellten Röschen wieder zugeben und noch etwa 5 Minuten köcheln lassen. Mit Salz und Pfeffer abschmecken. Sofort servieren.

Suppe aus Knollensellerie mit Cashew-Nüssen

Dies gibt eine zauberhafte Wintersuppe, vor allem für festliche Gelegenheiten wie Weihnachten und Sylvester. Für 6–8 Personen

15 g Butter oder Margarine
450 g Knollensellerie, kleingeschnitten
4 Stangen Staudensellerie
100 g Cashew-Nüsse
1 l Wasser
1 Kartoffel, kleingeschnitten
500 ml Sojamilch
Salz und Pfeffer zum Würzen
geröstete Cashew-Nüsse und Petersilienzweiglein zum Garnieren

1 Butter oder Margarine in einem schweren Topf schmelzen lassen. Knollen- und Staudensellerie zugeben und mit den Nüssen bei mittlerer Hitze rösten, bis diese leicht gebräunt sind.

2 Wasser und Kartoffelwürfel hinzufügen, bedecken und bei mittlerer Hitze etwa 25 Minuten kochen lassen, bis das Gemüse noch einen zarten Biß aufweist.

3 Sojamilch zufügen und im Mixer oder mit dem Pürierstab glattmixen. Mit Salz und Pfeffer würzen. In den Topf zurückgeben und noch einmal erhitzen. Mit Petersilienzweiglein und gerösteten Cashew-Nüssen bestreuen und sofort servieren.

Vichyssoise

Unter den Nahrungsmitteln wird die Kartoffel für ihre erdenden Qualitäten gerühmt. Bei den Yoga-Übungen schreibt man diese Eigenschaft vor allem den Übungen zu, die auf mehr Balance abzielen (Krähe, Pfau, Baum). Traditionell ist die Vichyssoise eine köstliche Sommersuppe, doch unser Rezept kann ohne Geschmacksverlust auch erhitzt werden. Achten sie darauf, daß die Milch bzw. Sojamilch nicht kocht. Für 6 Personen

450 g Kartoffeln, geschält und in Würfel geschnitten
200 g Steckrüben, in Würfel geschnitten
1 Stange Staudensellerie, kleingeschnitten
25 g Butter oder 2 EL Öl
500 ml Wasser
400 ml Milch oder Sojamilch; wenn es nötig ist, auch etwas mehr
3–4 EL feingewiegte frische Petersilie
1/2 TL Salz
Pfeffer zum Abschmecken

1 Kartoffeln, Steckrüben und Staudensellerie in einen großen Topf geben. Mit Wasser aufgießen und Butter oder Öl zufügen. Das Wasser sollte das Gemüse bedecken. Zugedeckt 15–20 Minuten leise köcheln lassen, bis das Gemüse weich ist.

2 Das gekochte Gemüse zusammen mit dem Kochwasser in den Mixer geben und pürieren. Dabei 400 ml Milch oder Sojamilch zugeben, bis die Masse glatt ist.

3 Die Suppe in eine große Schüssel gießen und soviel Milch oder Sojamilch zugeben, bis sie die von Ihnen gewünschte Konsistenz hat. Mit Salz und Pfeffer würzen und die feingewiegte Petersilie unterrühren. Vor dem Servieren mindestens 1 Stunde lang kühl stellen.

• **Vichyssoise mit Käse** Ersetzen Sie ein wenig Milch oder Sojamilch durch 50 g geriebenen Käse oder 25 g Hefeflocken. Mit ein wenig Gewürzpaprika bestreuen und heiß servieren.

• **Potage Cressonière (Kressesuppe)** Nach dem Mixen die Suppe zurück in den Topf geben und etwa 150 g feingehackte Brunnenkresse zugeben. Nach Belieben mit 1/4 TL frischgemahlener Muskatnuß würzen. Fünf Minuten lang leise köcheln lassen, dann Milch oder Sojamilch zugeben. Statt der Kresse können Sie auch Spinat oder frisches Frühlingsgemüse (z. B. Löwenzahn) nehmen. In diesem Fall mit Paprika statt mit Muskatnuß würzen.

Mais-Chowder

Chowder ist eine herzhafte, dicke Suppe aus Nordamerika. Diese hier ist schnell und leicht zuzubereiten. Im Winter servieren Sie sie am besten mit einem Salat zum Mittagessen. Auch für ein festliches Mahl ist sie gut geeignet. Für 4–6 Personen

4 frische Maiskolben
15 g Butter oder Margarine
250 g Staudensellerie oder Kohl, kleingeschnitten
3 Kartoffeln, kleingeschnitten
500 ml Sojamilch
1 TL Salz
Pfeffer

1 Die Maiskörner mit einem scharfen Messer vom Kolben schaben.

2 Butter und Margarine in einem großen Topf erhitzen und den Kohl oder Staudensellerie bei mittlerer Hitze 5 Minuten sautieren. Nun Kartoffeln und Maiskörner zufügen und das Ganze mit Wasser bedecken. (Sie können die Maiskolben mitkochen, um der Suppe einen intensiveren Geschmack zu geben.) Bei halb geschlossenem Deckel köcheln lassen, bis die Maiskörner weich sind.

3 Die Suppe in einen Mixer geben. Die mitgekochten Maiskolben vorher entfernen. Zu einer groben Masse pürieren. (Die Maiskörner lassen sich nicht glattmixen.) Dann in den Topf zurückgeben, mit Sojamilch aufgießen und mit Salz und Pfeffer würzen. Nochmals erhitzen und sofort servieren.

• **Mexikanischer Mais-Chowder** Diese kräftige Suppe ersetzt eine Mahlzeit. Nehmen Sie statt Staudensellerie und Kohl 1 rote und 1 grüne Paprikaschote (ohne Kerne und Stielansatz, kleingeschnitten). Fügen Sie 1 TL gemahlenen Kreuzkümmel, 2 TL getrockneten Oregano und 1/4 TL Cayennepfeffer zu. Die Suppe wird nicht gemixt, die Sojamilch weggelassen. Mit Korianderblättchen garnieren und heiß servieren. Nach Belieben können Sie jeden Teller mit geriebenem Käse (ohne Kälberlab fermentiertem Cheddar oder mittelaltem Gouda) bestreuen.

Kubanische Bohnensuppe

Sie besteht aus schwarzen Bohnen, die klein und mattschwarz sind und nicht mit den Bohnen mit schwarzen Augen verwechselt werden dürfen. Schwarze Bohnen haben viel wärmende Energie und stärken außerdem die Nieren. In diesem traditionellen kubanischen Rezept wird ihr erdiger Geschmack durch die heiße Schärfe des Ingwers und die sanfte Süße der Kartoffeln perfekt ergänzt. Wollen Sie die Mahlzeit noch etwas nahrhafter machen, fügen Sie braunen Reis hinzu, entweder in der Suppe oder in einer Extra-Schüssel. Ein wenig mehr Farbe erhält sie, wenn Sie sie mit ein paar Streifen blanchierter Süßkartoffel und ein wenig Petersilie dekorieren. Für 4–6 Personen

250 g getrocknete schwarze Bohnen, vorher etwa 3–4 Stunden lang einweichen
1 l Wasser
1 Süßkartoffel oder Yamswurzel, in Scheiben geschnitten
1 Lorbeerblatt
1 EL frische Ingwerwurzel, geraspelt (nach Wunsch)
25 g Butter oder Margarine
Salz
Joghurt, Frischkäse oder geriebener Hartkäse zum Garnieren (nach Belieben)

1 Die Bohnen abtropfen lassen und in einem großen Topf mit dem Wasser aufsetzen. Zum Kochen bringen und 10 Minuten lang kräftig kochen lassen. Die Hitze zurücknehmen.

2 Die Süßkartoffelscheiben, das Lorbeerblatt und (nach Wunsch) den Ingwer zufügen. Zugedeckt etwa 1 Stunde kochen lassen, bis die Bohnen weich sind. Wenn nötig, mehr Wasser hinzufügen. Ein wenig abkühlen lassen, dann in einem Mixer oder mit einem Pürierstab pürieren, bis die Mischung glatt ist. (Falls gewünscht, können Sie ein paar ganze Bohnen beseite stellen und nach dem Mixen wieder in die Suppe rühren.)

3 Die Masse wieder in den Topf zurückgeben und Butter oder Margarine unterrühren. Mit Salz würzen. Etwa 10 Minuten leicht köcheln lassen. Einen Löffel Joghurt, Frischkäse oder geriebenen Hartkäse darübergeben und sofort servieren.

Linsensuppe

Linsen sind reich an Eisen und Proteinen. Sie können für leichte Sommersuppen ebenso verwendet werden wie für herzhafte Wintereintöpfe. Sie müssen nicht unbedingt eingeweicht werden, aber wenn man sie etwa 30 Minuten in Wasser legt, werden dadurch die Phytate ausgeschwemmt, die die Aufnahme von Eisen ins Blut behindern. Für 6 Personen

1–2 EL Öl, Butter oder Ghee (geklärte Butter)
2 Karotten, in Würfel geschnitten
1 mittelgroße Steck- oder Kohlrübe, in Würfel geschnitten
2 Stangen Staudensellerie, kleingeschnitten
400 g Linsen, die 30 Minuten eingeweicht wurden
2 Lorbeerblätter
1 EL Tomatenmark (nach Wunsch)
1,5 l heißes Wasser
1 TL Salz oder 1 EL Tamari
je 1 TL getrockneter Oregano und Thymian

1 Öl, Butter oder Ghee in einem Topf mit schwerem Boden erhitzen und die Karotten- und Rübenwürfel zusammen mit dem Staudensellerie 3–4 Minuten sautieren. Die Linsen abgießen und zusammen mit dem Tomatenmark (wahlweise) und den Lorbeerblättern in den Topf geben. Mit 1 l heißem Wasser aufgießen. Zum Kochen bringen, dann die Hitze herunternehmen und bei halb geschlossenem Deckel 15–20 Minuten kochen lassen, bis die Linsen weich sind.

2 Mit Salz, Tamari, Oregano und Thymian abschmecken. Soviel von dem restlichen Wasser zugießen, bis die Suppe die gewünschte Beschaffenheit hat. Weitere 2–3 Minuten köcheln lassen und servieren.

Suppe aus getrockneten Erbsen

Im Sivananda Zentrum in Quebec, wo die Temperaturen oft bis auf –40 °C fallen, gehört diese Suppe zu den beliebtesten Wintergerichten. Für 8 Personen

225 g getrocknete Erbsen (grün oder gelb)
1,5 l Wasser
2 EL Öl, Butter oder Margarine
2 Karotten, in dünne Scheiben geschnitten
2 Stangen Staudensellerie, feingeschnitten
2 Kartoffeln, in große Würfel geschnitten
1 TL getrocknetes Basilikum
1/2 TL gemahlener Ingwer
1 TL gemahlener Kreuzkümmel
1 TL Honig (wahlweise)
1 TL Zitronensaft (nach Belieben)
1 TL Salz und 1/4 TL Pfeffer

1 Die Erbsen waschen und zusammen mit dem Wasser in einen großen Topf geben. Zugedeckt etwa 40 Minuten lang kochen, bis sie etwas weicher sind.

2 In einem zweiten Topf Öl, Butter oder Margarine erhitzen. Bei mittlerer Hitze Gemüse, Kräuter und Gewürze 5 Minuten sautieren. Zu den gekochten Erbsen geben. Erneut zum Kochen bringen, die Hitze zurücknehmen und zugedeckt weitere 20 Minuten köcheln lassen, bis die Erbsen butterweich sind. Nach Belieben Honig oder Zitronensaft zufügen, mit Salz und Pfeffer würzen und sofort servieren.

Orientalische Tofu-Gemüse-Suppe

Eine einfache, aber wohlschmeckende Suppe, die Sie gut als leichte, appetitanregende Vorspeise vor üppigeren Hauptgerichten einsetzen können. Für 4–6 Personen

1 EL Öl
50 g Wasserkastanien, in Scheiben geschnitten
50 g Bambussprossen, in Scheiben geschnitten
75 g Kohlrabi, feingeschnitten
250 Tofu, in mundgerechte Stücke geschnitten
1,5 l kochendes Wasser
75 g Zuckererbsenschoten, geputzt und in Scheiben geschnitten
50 ml Tamari

1 Das Öl in einem großen Topf erhitzen. Wasserkastanien, Bambussprossen, Kohlrabi und Tofu zugeben. 4 Minuten unter ständigem Rühren anbraten.

2 Kochendes Wasser hinzufügen und 10 Minuten köcheln lassen. Zuckererbsen zugeben und weitere 2–3 Minuten simmern lassen. Mit Tamari würzen und sofort servieren.

Miso Miso ist eine salzige Paste aus Bohnen und/oder Getreide, die dazu dient, Suppen oder Saucen mehr Geschmack zu geben. Da es hochwertige Proteine enthält, gilt es als wertvolles Nahrungsmittel. Man schreibt ihm sogar bemerkenswerte medizinische Eigenschaften zu. In Japan setzt man es zur Heilung von Erkältungskrankheiten und Verdauungsstörungen ein. Es klärt Hautunreinheiten und verbessert die Widerstandskraft gegen Parasiten und die von ihnen ausgelösten Krankheiten. Jede Sorte Miso verleiht den damit gewürzten Gerichten einen anderen Geschmack. Miso sollte möglichst aus kontrolliert biologischem Anbau kommen. Sie finden es in jedem Naturkostladen. Da man nur wenig davon braucht, macht sich dieser Schritt bezahlt. Helles Miso duftet und schmeckt leicht süßlich. Bräunlich-rotes Miso ist aromatisch und schmackhaft, dunkles Miso hingegen salzig und pikant. Miso darf niemals gekocht werden, da der Kochvorgang all seine nützlichen Mikroorganismen zerstört. Misosuppe sollte auch nicht aufgewärmt werden, da sie dann ihren Nährwert verliert.

Misosuppe

An kalten Tagen ist Misosuppe einfach wunderbar tröstlich, an warmen Tagen erfrischt sie uns. Sie können dieses Grundrezept abändern, indem Sie gekochte Körner oder Nudeln zugeben. Für 6 Personen

ein paar Stück Arame- oder Wakame-Algen (siehe Paella), die 5 Minuten lang in gerade so viel Wasser eingeweicht wurden, daß sie davon bedeckt sind
2 TL Sesamöl
175 g feingeschnittenes Gemüse (Kohl, Staudensellerie, Karotten, Steckrübe, gelbe Kohlrübe)
2 TL frische Ingwerwurzel, geraspelt
1 l Wasser
4 EL dunkles Miso
2 EL frische Petersilie oder Korianderblätter

1 Die Arame- oder Wakame-Algen abgießen und in 2,5 cm breite Streifen schneiden. Zur Seite stellen. Das Öl in einem Wok oder einer schweren, hohen Pfanne erhitzen. Das Gemüse und den Ingwer zugeben und 5 Minuten anbraten.

2 Algen und Wasser zufügen und zum Kochen bringen. Bei halb geschlossenem Deckel 15 Minuten simmern lassen. Vom Feuer nehmen. Das Miso vorher mit ein wenig Suppe verrühren und dann in den Topf geben. Mit Petersilie oder Koriander garnieren und sofort servieren.

Salmoreio

Dieses Rezept stammt von Elizabeth, der Mutter eines unserer Mitarbeiter. Es wurde während eines einmonatigen Trainingslehrgangs für Yogalehrer in Spanien zu einem festen Bestandteil unseres Repertoires. Die pranageladenen, vollreifen Tomaten bringen den Charakter dieser traditionell gekühlt servierten andalusischen Suppe so richtig zur Geltung. Die Menge des Tomatensafts hängt davon ab, wie dick Sie die Suppe haben wollen. Sie sollte mit frischem Brot, Reiskuchen oder Gemüserohkost serviert werden. Für 4–6 Personen

450 g reife Tomaten, kleingehackt
2 EL feingewiegtes Basilikum
50 g Brotkrumen von frischem Brot
3 EL Olivenöl extra vergine
2 EL Zitronensaft
1 EL Tomatenmark
1 TL frische Ingwerwurzel, geraspelt
1/2 TL Cayennepfeffer
1 TL Salz
Pfeffer zum Abschmecken
125–250 ml Tomatensaft oder Wasser

Alle Zutaten in einen Mixer geben. 125 ml Tomatensaft oder Wasser hinzufügen und glattmixen. Wenn die Suppe zu dick ist, den restlichen Tomatensaft oder noch ein wenig Wasser zufügen. Vor dem Servieren kalt stellen.

• **Gazpacho** Lassen Sie den Ingwer und die Hälfte der Brotkrumen weg. Dafür 1/2 kleingeschnittene Salatgurke, 1/2 geputzte und kleingeschnittene grüne Paprikaschote, 1 kleingeschnittene Stange Staudensellerie und 2 EL feingewiegte Petersilie zugeben. Kein Wasser, sondern nur Tomatensaft nehmen. Mixen und kalt stellen. Vor dem Servieren ein paar Eiswürfel zugeben und mit gehackten Gurken- oder Paprikastückchen garnieren. Wahlweise mit Vollkorncroûtons bestreuen.

Kraftvolle Körner

Der Mensch reift wie die Saat,
wie die Saat ersteht er wieder.«

Katha Upanishad, I.6

»Viele Menschen denken, das Leben sei eine gerade Linie von A nach B, von der Geburt bis hin zum Tod. Yogameister hingegen sprechen von einem Dreieck. Der erste Punkt steht für die Geburt. Von dort aus geht eine Linie nach oben. Diese Linie symbolisiert unser Wachstum. Die Spitze des Dreiecks steht für die Jugend. Von dort aus geht es nach unten – der Verfall, das Alter, dessen Endpunkt der Tod ist. Die Grundlinie des Dreiecks steht für das Leben nach dem Tod. Sie führt uns zurück zum ersten Punkt, der Geburt – genauer gesagt der Wiedergeburt. Danach erleben wir erneut Wachstum, Jugend, Altern, Tod und wieder das Leben danach. Und wieder eine neue Geburt. So geht das Leben immer weiter und weiter, jetzt und für alle Zeit.«

Swami Vishnu-devananda

Die Ernährung eines Yogi besteht in erster Linie aus Getreide. Ganze Getreidekörner sind unsere wichtigsten Kohlehydratlieferanten, die ursprünglichste Energiequelle des menschlichen Körpers. Komplexe Kohlehydrate kommen in der Natur sehr häufig vor, daher sind sie billig. Darüber hinaus machen sie satt. Das volle Korn enthält eine Menge an Ballaststoffen und Vitaminen der B-Gruppe. Über die Hälfte der Aminosäuren, die zur Eiweißbildung nötig sind, finden wir im Getreide. Daher sollte man jeden Tag Vollkorngetreide essen, möglichst mit Nahrungsmitteln ergänzt, die uns die restliche Palette an Proteinen liefern können wie z. B. Hülsenfrüchte. Der größte Teil der Menschheit lebt hauptsächlich von Getreide und Hülsenfrüchten in den verschiedensten Kombinationen.

Das Getreide messen oder abwiegen. Die Körner 2–3mal waschen, bis das Wasser klar bleibt. Abgießen und in einen schweren Topf füllen. Mit der nötigen Menge Wasser aufgießen (siehe Tabelle unten). Aufkochen lassen, die Hitze zurücknehmen und so lange leise köcheln lassen, bis alle Flüssigkeit aufgesogen ist.

Sie können die Körner vorher einweichen, um die Kochzeit zu verringern. Oder Sie rösten sie im Backofen bei 190 °C (Gas Stufe 5) etwa 15–30 Minuten. Auch in der Pfanne können sie einige Minuten lang auf großem Feuer rösten, bevor sie gekocht werden. Dies verleiht ihnen einen angenehm nussigen Geschmack.

Körner kochen

Meist werden die Körner mit der doppelten bis viereinhalbfachen Menge Wasser zum Kochen aufgesetzt.

Getreide	Menge	Wassermenge	Kochzeit	Personen
Gerste	200 g	2,5fache Menge	35–40 Min.	4–6
Buchweizen	200 g	2fache Menge	15–25 Min.	4–6
Bulgur	200 g	2fache Menge	kochendes Wasser darübergießen, 15–20 Min. stehenlassen	4–6
Maisgrieß	200 g	3–3,5fach	15 Min.	4–6
Couscous	200 g	2fach	kochendes Wasser darübergießen, 15–20 Min. bedeckt stehenlassen	4–6
Hirse	200 g	2,5–3fach	30–45 Min.	4–6
Haferflocken	100 g	2,5–3fach	15–30 Min.	2–3
Quinoa	200 g	2fach	15 Min.	4
Basmatireis	200 g	2fach	20–35 Min.	4–6
Vollreis	200 g	2–2,5fach	40–50 Min.	4
Roggen	200 g	3,5fach	2 Stunden	4
Weizen	200 g	4,5fach	45–60 Min.	4–6

Reis Reis ist eines der bedeutendsten Grundnahrungsmittel der Welt und spielt auch in der yogischen Ernährung eine wichtige Rolle. In ganz Asien gilt Reis als Symbol für Wohlstand (in materieller und spiritueller Hinsicht), Glück und Nahrung. In Indien ist Reis heilig und wird bei allen religiösen Ritualen eingesetzt. Wenn Gäste eintreffen, fragt man sie: »Hatten Sie schon Ihren Reis?« Die erste Pflicht eines Gastgebers ist, seinen Gästen zu essen anzubieten. Reis übt einen ausgleichenden Einfluß auf unser Verdauungssystem aus und beruhigt darüber hinaus noch die Nerven. Da Reis für sich weder kühlend noch erhitzend wirkt, kann er mit allen möglichen Kräutern und Gewürzen kombiniert werden. Die Tausende von Gerichten, die so entstehen, helfen, Störungen des physischen Gleichgewichts auszubalancieren. Brauner Rundkornreis liefert uns eine große Bandbreite an kostbaren Vitaminen und Mineralien. Der im Ayurveda so gerne eingesetzte Basmatireis hingegen ist eine leichte und aromatische Langkornsorte, die eine kühlende Wirkung auf unseren Körper hat. Er ist leichter verdaulich als Vollreis und kann auch bei Verdauungsstörungen gegessen werden.

Bevor Sie Vollreis kochen, sollten Sie ihn zunächst gründlich waschen. Dann in einen Topf mit schwerem Boden und gut schließendem Deckel geben. Generell nimmt man auf einen Teil Reis 2–2 1/2 Teile kaltes Wasser. Aufkochen lassen, dann die Hitze zurücknehmen und zugedeckt 40–50 Minuten kochen lassen. Nehmen Sie den Deckel während des Kochvorgangs nicht ab, da der beim Kochen entstehende Dampf für den Garvorgang überaus wichtig ist. Nach etwa 45 Minuten dürfte der Reis das Wasser aufgesogen haben und weich sein. Vollreis behält immer einen guten Biß. Sie können den Reis natürlich auch vor dem Kochen kurz anrösten.

Wenn Sie Basmatireis kochen, sollten Sie ihn zunächst vorsichtig in kaltem Wasser spülen, um die ihn umgebende Stärke zu entfernen. Wechseln Sie das Wasser so oft, bis es klar bleibt. Die doppelte Menge Wasser zum Kochen bringen, den Reis hineingeben und leicht salzen. Die Hitze zurücknehmen und zugedeckt 10–15 Minuten kochen, bis alles Wasser aufgesogen ist. Vom Feuer nehmen und noch 5 Minuten stehenlassen, bevor Sie den Deckel öffnen.

Reispilaw

Basmatireis gilt als der beste Reis unter allen indischen Sorten. Sein Name bedeutet »Königin des Dufts«. Aus diesem Grund wird er auch bei den meisten Festessen in Indien verwendet. Brauner Basmatireis ist nahrhafter als weißer. Wenn Sie das Reispilaw mit Dal kombinieren, haben Sie ein einfaches Mahl. Aber Sie können es natürlich auch innerhalb einer gehobeneren Gangfolge reichen. Für 4–6 Personen

300 g Basmatireis
50 ml Ghee (geklärte Butter) oder Pflanzenöl
50 g Cashew-Kerne, Mandeln oder Pistazien, gehackt
1 TL Kreuzkümmelsamen
2 cm frische Ingwerwurzel, geschält und geraspelt
1–2 grüne Chilischoten, von den Samen befreit und feingehackt
600 ml heißes Wasser
150 g frische Erbsen oder in kleine Stückchen geschnittene grüne Bohnen
1/2 TL Garam Masala (indische Gewürzmischung, in Spezialgeschäften erhältlich)
1 TL Salz
50 g Rosinen (nach Belieben)

1 Den Reis waschen und 15–20 Minuten in kaltem Wasser einweichen, dann das Wasser abgießen. In einem schweren, flachen Topf über kleiner Flamme Ghee oder Pflanzenöl erhitzen. Die Nüsse zugeben und unter ständigem Rühren sautieren, bis sie goldbraun sind. Aus dem Topf nehmen.

2 Dann Hitze auf mittlere Flamme stellen, Kreuzkümmel, Ingwer und die Chilischoten zufügen und im Topf unter ständigem Rühren rösten, bis der Kreuzkümmel goldbraun ist. Nun den Reis hineingeben und unter Rühren 2 Minuten anbraten. Heißes Wasser zugeben. Erbsen, Garam Masala, Salz und – wahlweise – Rosinen unterrühren. Aufkochen lassen, die Hitze zurücknehmen und auf kleiner Flamme bei fest geschlossenem Deckel 10–15 Minuten kochen, bis der Reis alles Wasser aufgesogen hat. Er sollte weich und körnig sein. Sofort servieren.

Reissalat

Poornima, die Vollmondnacht, gilt unter Yogis traditionell als günstiger Zeitpunkt für spirituelle Praxis. Und Guru Poornima, die Vollmondnacht zur Julimitte, ist dem spirituellen Lehrer gewidmet. Aus diesem Anlaß macht das Sivananda Zentrum in London jedes Jahr eine Bootsfahrt auf der Themse, und zwar komplett mit Chanting und Fest. Dieses Gericht, das gut im voraus zubereitet werden kann, ist normalerweise einer der Höhepunkte dieser Feier. Wir servieren es zusammen mit anderen Salaten oder mit einzelnen Gerichten aus dem Kapitel »So feiert man im Nahen Osten«. Für 8 Personen

300 g Vollreis oder Basmatireis
600 ml Wasser
75 ml Olivenöl
3 EL Zitronensaft
2 EL feingehackte frische Kräuter wie Petersilie, Basilikum, Minze, Zitronengras
450 g gemischte Gemüsesorten wie blanchierter Spargel oder Erbsen, Avocado, Paprikaschoten, Karotten, Staudensellerie, Gurke, Fenchel, entsteinte Oliven – wenn nötig, in Würfel geschnitten
1 TL Salz
1/4 TL Pfeffer

1 Den Reis zusammen mit dem Wasser in einen schweren Topf schütten. Zum Kochen bringen und zugedeckt 35–40 Minuten (bei Vollreis) oder 20–35 Minuten (bei weißem Reis) leicht köcheln lassen, bis alles Wasser aufgesogen ist.

2 Den Reis abkühlen lassen, dann mit einer Gabel das Olivenöl und den Zitronensaft unterrühren. (Ein Löffel würde die feinen Reiskörner zerquetschen.) Dabei die Kräuter und die Gemüsestückchen unterziehen. Mit Salz und Pfeffer abschmecken.

3 Der Reissalat kann sofort serviert werden. Besser schmeckt er allerdings, wenn er etwa 2 Stunden durchzieht, so daß die Aromen sich vollkommen vermischen können. Servieren Sie ihn portionsweise auf einem Salatblatt oder in einer ausgehöhlten Tomate oder Paprikaschote. Sie können ihn auch in eine leicht geölte Form geben und nach ein paar Stunden im Kühlschrank stürzen.

• **Reissalat mit kernigen Samen** Ersetzen Sie Gemüse und Kräuter durch 2 TL Sesamsamen und je 2 EL Sonnenblumen- und Kürbiskernen, die Sie separat in der Pfanne geröstet haben. Statt des Olivenöls nehmen Sie 3 EL Tahin.

Congee

Diese Reissuppe wird von Yogis seit Tausenden von Jahren geschätzt. Sie ist leicht zuzubereiten, nahrhaft und wohlschmeckend. Im Sivananda Yoga Vedanta Nataraja Zentrum in Neu-Delhi gehört sie – vor allem im Winter – zu den Lieblingsgerichten der Praktizierenden. Congee (mitunter auch *Kanji* geschrieben) wird in ganz Asien zum Frühstück oder Abendessen verzehrt. Diese Suppe hat eher beruhigende Qualitäten. Sie stärkt und beruhigt die Verdauung, daher ist sie ein hervorragendes Nahrungsmittel für Kinder und Kranke. Für 4–6 Personen

200 g Vollreis
2,5 cm frische Ingwerwurzel, geschält und geraspelt oder in Scheiben geschnitten
3 l Wasser
Salz, Tamari oder Gomasio zum Abschmecken oder ein Blatt geröstete und zerkrümelte Nori-Algen

1 Reis und Ingwer mit dem Wasser in einem schweren Topf aufsetzen. Zum Kochen bringen und zugedeckt bei mittlerer Hitze etwa 1 Stunde kochen, bis der Reis eine suppige Beschaffenheit hat. Den Topf vom Herd nehmen und die Suppe in Schüsseln verteilen.

2 Mit Salz, Tamari oder Gomasio abschmecken oder zerkrümelte, geröstete Noriblätter darüberstreuen und sofort servieren.

Gebratener Reis mit Bohnensprossen

Dieses allseits bekannte chinesische Gericht ist schnell und leicht zuzubereiten. Es stellt eine vollwertige Mahlzeit dar. Für 4–6 Personen

3 EL Öl
2 TL frische Ingwerwurzel, geraspelt oder feingehackt
1 rote Paprikaschote, von Kernen und Stielansatz befreit und grobgehackt
175 g Bohnensprossen (entweder von Mung- oder Sojabohnen)
200 g Kohl, geraspelt
200 g Wasserkastanien, in Scheiben geschnitten
200 g Bambussprossen, in Scheiben geschnitten
100 g Zuckermais
100 g Zuckererbsen, in 2,5 cm lange Stücke geschnitten
250 g fester Tofu, zerbröselt oder in Würfel geschnitten
350 g gekochter Reis
Tamari

1 Das Öl in einem Wok oder einer schweren hochwandigen Pfanne erhitzen. Die Ingwerwurzel darin etwa 1 Minute lang anbraten. Die Paprikastückchen dazugeben und weitere 2 Minuten lang unter ständigem Rühren braten.

2 Das restliche Gemüse zusammen mit dem Tofu zugeben und 2 Minuten garen lassen. Dann den Reis einrühren und gut durchmischen. Vom Feuer nehmen und mit Tamari würzen. Sofort servieren.

Paella

Wir verleihen diesem traditionsreichen spanischen Gericht einen Hauch von Yoga, indem wir Vollreis und Arame dazu verwenden, eine milder schmeckende Algensorte. Wie alle Algen, so haben auch Arame eine kühlende Wirkung auf Körper und Geist. Sie helfen, den Körper von Giftstoffen zu reinigen. Bevor wir sie verwenden, sollten wir alle Algensorten in Wasser einweichen, um das überschüssige Salz auszuschwemmen. Mit einem grünen Salat ist diese Paella eine schmackhafte Mahlzeit. Für 6 Personen

300 g Vollreis
600 ml Wasser
300 g fester Tofu, in Würfel geschnitten
50 ml Tamari
2 EL Arame-Algen, die 5 Minuten in gerade so viel Wasser eingeweicht wurden, daß das Wasser sie bedeckt
Öl zum Frittieren
1 Aubergine, der Länge nach halbiert und in dünne Scheiben geschnitten
2 EL Olivenöl
2 Karotten, diagonal in Scheiben geschnitten
1 rote Paprikaschote, von Kernen und Stielansatz befreit und in Streifen geschnitten
1 TL Kurkuma
3–4 EL Zitronensaft
24 entsteinte schwarze Oliven
2 EL feingehackte frische Petersilie

1 Den Vollreis mit dem Wasser in einem schweren, mittelhohen Topf aufsetzen. Zum Kochen bringen, die Hitze zurücknehmen und zugedeckt 35–40 Minuten simmern lassen, bis alles Wasser aufgesogen und der Reis weich ist.

2 Unterdessen den Tofu in Tamari etwa 30 Minuten marinieren. Abgießen. Die Arame aus dem Wasser nehmen.

3 Das Öl zum Frittieren in einer schweren Pfanne erhitzen. Die Auberginenscheiben und Tofuwürfel nach und nach hinzugeben. Rundum anbraten, bis alles knusprig ist. Aus der Pfanne nehmen und auf Papiertüchern ablaufen lassen.

4 Nun das Olivenöl in der Pfanne erhitzen. Karotten, Paprika und Kurkuma hineingeben und sautieren, bis das Gemüse weich ist. Den gekochten Reis zusammen mit dem Zitronensaft einrühren. Vorsichtig die Tofuwürfel, Auberginenscheiben und die Aramestückchen unterheben. Mit feingewiegter Petersilie und schwarzen Oliven garnieren und heiß servieren.

Gebackener Reis

Sankar und Tejas, unsere »Männer in Toronto« haben uns dieses Rezept mit folgendem Kommentar geschickt: »Dies ist ein Körnerrezept, das einfach ist, toll schmeckt und leicht verdaulich ist. Am besten schmeckt es mit kurz in der Pfanne gebratenem Gemüse. Viel Spaß beim Kochen!« Für 4–6 Personen

3 EL Hijziki-Algen, die 15 Minuten in gerade so viel Wasser eingeweicht wurden, daß das Wasser sie bedeckt
100 g Cashew-Kerne, gehackt
1 EL Öl
2 Karotten, in streichholzdünne Stifte geschnitten
200 g Kohl, feingeschnitten
100 g Aubergine, in Würfel geschnitten
250 g Vollreis
100 g rote Linsen
750 ml Wasser
100 g frische Erbsen oder grüne Bohnen, in Stückchen geschnitten
1 TL Salz

1 Die Hijziki-Algen abgießen. Die Cashew-Kerne in der heißen Pfanne ohne Öl rösten, bis sie braun sind. Aus der Pfanne nehmen und beiseite stellen. Das Öl in einem großen, flachen Topf erhitzen. Die Karotten, den Kohl und die Auberginenwürfel darin bei mittlerer Hitze 5–7 Minuten braten, bis alles etwas weicher geworden ist. Den Reis einrühren und etwa 1 Minute lang sautieren. Die Hijziki-Algen dazugeben und nochmals etwas garen lassen. Mit dem Wasser aufgießen und die Linsen zugeben. Aufkochen lassen, die Hitze zurücknehmen und bei fest geschlossenem Deckel über niedriger Hitze 30 Minuten kochen.

2 In der Zwischenzeit den Backofen auf 180 °C (Gas Stufe 4) vorheizen. Den Deckel vom Topf nehmen und, wenn nötig, noch 50–125 ml Wasser zufügen, bevor Sie die Erbsen bzw. Bohnen einrühren. Salzen und die Cashew-Kerne zugeben. Dann das Ganze in eine gefettete Auflaufform füllen, zudecken und im Ofen etwa 20 Minuten backen. Heiß servieren.

Quinoa Quinoa (»Kinwa« gesprochen) ist ein uraltes Getreide, das mittlerweile ein Comeback erlebt. Es enthält sehr viele Aminosäuren, ist leicht zu kochen und zu verdauen. Außerdem ist es glutenfrei, d. h. es ist eine prima Alternative für Menschen, die Weizen- oder Maisallergien haben. Für fast alle Gerichte, die Hirse oder Reis erfordern, können Sie auch Quinoa nehmen. Quinoa muß sehr gründlich gewaschen werden. Geben Sie die Körner in ein sehr feines Netzsieb, und halten Sie es so lange unter fließendes Wasser, bis das Wasser klar ist.

Auberginen-Quinoa-Braten

Dieses saftige Gericht verleiht den energiereichen Körnern aus den Anden Südamerikas ein gewisses internationales Flair. Sie sollten es nur mit einem einfachen grünen Salat reichen. Für 4 Personen

4 EL Sesamöl
350 g Aubergine, in 8 dicke Scheiben geschnitten
2 EL Tamari
50 ml Zitronensaft
125 ml Wasser
1 TL frisch geraspelte Ingwerwurzel
200 g Quinoa, gewaschen
1 große rote Paprikaschote, von Kernen und Stielansatz befreit und in Ringe geschnitten
2 Zucchini, grobgeraspelt
Petersilienzweiglein zum Garnieren

1 Den Backofen auf 180 °C vorheizen (Gas Stufe 4). Das Sesamöl in einer Pfanne erhitzen und die Auberginenscheiben darin braun anrösten. Eine Auflaufform damit füllen. Sie sollten eine einzige Lage bilden. Tamari, Zitronensaft, Wasser und Ingwer verrühren und über die Auberginenscheiben gießen. Im Ofen 10 Minuten lang überbacken, dann herausnehmen und die Auberginen wenden. Erneut 10 Minuten überbacken, bis alle Flüssigkeit aufgesogen ist.

2 Quinoa in einen großen Topf geben. Die doppelte Menge Wasser dazugießen. Zum Kochen bringen und zugedeckt etwa 15 Minuten leise köcheln lassen, bis die Körner weich sind. Wenn nötig, abgießen. Danach den roten Paprika und die Zucchiniraspel im restlichen Sesamöl in der Pfanne braten, bis das Gemüse weich ist. Quinoa zugeben, gut durchrühren und mit dem Löffel über die Auberginenscheiben verteilen. Gut andrücken. Im Backofen 5–10 Minuten überbacken. Mit Petersilie garnieren und sehr heiß servieren.

Weizen Vollweizen ist reich an Mineralstoffen und Vitaminen. In der Ernährung eines Yogi stellt er deshalb ein unverzichtbares Nahrungsmittel dar, gleichgültig ob Sie ihn nun in Körnerform, als Brot oder Nudelgericht genießen. Ausgemahlenes weißes Weizenmehl sollte weitgehend vermieden werden, da es durch den Mahlprozeß die meisten Nährstoffe verloren hat. Weizen wirkt kühlend auf unseren Körper. Er hilft, Entzündungen zu bekämpfen. Außerdem stimuliert er die Leber, was deren Selbstreinigungsprozeß fördert. Leider sind Weizenallergien sehr verbreitet, doch gewöhnlich handelt es sich dabei um allergische Reaktionen auf die Qualität bzw. Quantität des Getreides, das die meisten von uns verzehren. Kontrolliert biologisch angebauter Weizen verursacht weit weniger allergische Reaktionen. Gluten ist ein Eiweißstoff im Weizenmehl, der Luft im Teig bindet und ihn gehen läßt. In geringerer Menge kommt er auch in Roggen und Gerste vor. Wenn Sie feststellen, daß Sie nach dem Genuß von Weizen, Roggen oder Gerste Verdauungsstörungen wie Aufstoßen, Blähungen, Magenschmerzen bekommen oder verschleimt sind, dann sollten Sie diese Getreide von Ihrer Speisekarte streichen, vor allem während der Schwangerschaft. Reis, Hirse, Quinoa oder Dinkel sind eine vollwertige Alternative. Doch viele Menschen, die Probleme mit Weizen haben, vertragen Roggen bzw. Gerste ohne weiteres oder stellen fest, daß Vollweizen aus kontrolliert biologischem Anbau ihnen nicht schadet.

Dinkel ist ein alter Verwandter des Weizenkorns, der sich in letzter Zeit wieder größerer Beliebtheit erfreut. Menschen, die Weizen- oder Glutenallergien haben, vertragen Dinkel gewöhnlich problemlos. Dinkel enthält mehr Protein und Ballaststoffe als die meisten Weizensorten. Sie finden ihn in jedem Naturkostladen. Aus Dinkel werden heute Brot und Nudeln gemacht. Sie können aber auch die ganzen Körner bzw. Mehl kaufen. In jedem Rezept, das Weizen enthält, können Sie statt dessen – ohne Veränderung der Menge – Dinkel nehmen.

Vollkorn-Weizenbrot

Unser tägliches Brot steht mehr als jedes andere Nahrungsmittel für die menschliche (und göttliche) Liebe, die uns zuteil wird. So hat das Essen von Brot eine mystische und eine alltägliche Bedeutung. Frisches Brot, das mit Liebe gebacken wurde, besitzt die geheimnisvolle Kraft, Wärme und ein Gefühl von Zusammengehörigkeit in jedes Heim zu bringen. Gott ist überall, doch das tägliche Ritual des »Brotbrechens« bringt uns dies erst richtig zu Bewußtsein. Kauen Sie das Brot gut, und denken Sie darüber nach, wie glücklich Sie doch sind. Viele Menschen auf der Welt haben weder genug zu essen noch sauberes Wasser zu trinken. So können sie ihren Körper nicht gesund halten, damit sie ihr Karma abtragen können. Oder wie Swami Sivananda sagt: »Unser erster Schatz ist Gesundheit. Von allen Besitztümern ist dies der größte. Alle Tugenden entstehen aus ihr. Ein gesunder Mensch hat Hoffnung. Und dem Menschen, der hoffen kann, gehört die ganze Welt.« Für 2 Laibe à ca. 900 g

2 EL Trockenhefe
900 ml lauwarmes Wasser
50 ml Öl
3 EL Gerstenmalz
1,5 kg Vollkornweizenmehl
2 TL Meersalz

1 Die Hefe in das Wasser einrühren und an einem warmen Ort 10 Minuten stehenlassen. Öl, Gerstenmalz und die Hälfte des Mehls zugeben und gut vermengen. Zudecken und etwa 30 Minuten gehen lassen.

2 Den Rest des Mehls und das Salz unterrühren und zu einem glatten Teig verkneten. Wenn der Teig klebrig wird, noch etwas Mehl zugeben. Noch einmal 45–60 Minuten gehen lassen, bis der Teig das doppelte Volumen hat.

3 Drücken Sie nun mit beiden Handflächen den Teig nieder, um größere Luftblasen zu entfernen. Zu 2 Laiben formen und in 2 schwach eingeölte Brotformen geben. Lassen Sie den Teig in der Form gehen, bis die Mitte des Laibs auf gleicher Höhe mit dem oberen Rand der Backform ist. Der Teig sollte nun nicht weiter gehen, da sonst die Oberfläche aufreißt. Den Backofen auf 230 °C vorheizen (Gas Stufe 8) und 15 Minuten lang auf der obersten Einschubleiste backen. Die Hitze auf 190 °C zurücknehmen (Gas Stufe 5) und noch 1 Stunde backen. Lassen Sie das Brot abkühlen, bevor Sie es anschneiden – frischgebackenes Brot schmeckt wunderbar, ist aber schwer verdaulich.

• **Brot mit Mohnsamen** Geben Sie zum Basisrezept noch 50 g Mohnsamen, 1 TL Mandelaroma, 1 EL Rosinen oder gehackte Datteln.

• **Kerniges Brot** Je 2 EL Mohn- und Sesamsamen sowie Sonnenblumen- und Kürbiskerne unter das Mehl mischen.

• **Sesam-Honig-Brot** Für den Grundteig Sesamöl benutzen und 100 g Sesamsamen sowie 1–2 EL Honig hinzufügen.

• **Haferbrot** Nehmen Sie nur 1,3 kg Weizenmehl, und geben Sie dafür 200 g Haferflocken oder 75 g Maismehl und 100 g Haferflocken zu.

• **Roggenbrot** Nehmen Sie nur 750 g Weizenmehl und fügen Sie dafür 750 g Roggenmehl und 1 EL gemahlenen Kümmel hinzu.

Chapatis

In Nordindien wird dieses Fladenbrot für jede Mahlzeit frisch zubereitet. Im Sivananda Kutir, unserem kleinen Ashram im Himalaya, gehört es zu den schönsten Momenten, wenn man auf der Küchenveranda sitzen und heiße frischgebackene Chapatis genießen kann. Unmittelbar vor der Veranda rauscht der Ganges vorbei, während über dem Ashram die Adler am Himmel ziehen. Im Norden Indiens gehören Chapatis zu den Grundnahrungsmitteln. Sie sind das Herz jeder Mahlzeit. Man ißt sie, indem man mit der rechten Hand ein Stück davon abbricht und damit Gemüse, Dal, Pickles, Joghurt oder Raita (eine pikant gewürzte Joghurtspeise) aufnimmt. Für 18 Fladenbrote

250 g Vollkornweizenmehl
1 TL Salz
etwa 175 ml Wasser
Ghee (geklärte Butter) oder Öl für die Pfanne (nach Wunsch)

1 Mehl und Salz in einer Schüssel verrühren. Löffel für Löffel Wasser unterrühren, bis der Teig bindet, aber nicht zu naß oder klebrig ist. Etwa 10 Minuten kneten, bis er fest und elastisch ist. Eine Schüssel dünn einölen, den Teig darin 2mal umdrehen und dann mit einem feuchten Tuch bedeckt 1 Stunde stehen lassen. Danach noch einmal durchkneten.

2 Aus dem Teig Kügelchen von 1 cm Durchmesser formen. Flachdrücken und mit einem geölten Nudelholz zu ca. 3 mm dicken Scheiben ausrollen. Während des Ausrollens umdrehen, damit die Fladen nicht am Nudelbrett kleben bleiben. Die Fladen sollten überall gleich dick sein, damit sie gut aufgehen können.

3 Die Fladen in einer ungefetteten, sehr heißen Pfanne über großer Flamme auf jeder Seite ein paar Sekunden lang braten, bis sie leicht gebräunt sind. Von jeder Seite ein leicht angefeuchtetes Tuch auf die Fladen pressen, so daß sie in der Mitte schön aufgehen. Wenn Sie die Chapatis aus der Pfanne nehmen, nach Belieben leicht mit Öl oder Ghee bepinseln und aufeinandersetzen. Bis zum Servieren mit einem feuchten Tuch bedecken.

• **Puris** Die Chapatis in heißem Öl ausbacken. Dabei mit einem großen Löffel kurz untertauchen, so daß sie gut aufgehen. Puris sind für Feste besser als Chapatis, da man sie im voraus zubereiten kann.

• **Paratha** Bereiten Sie den Teig nach dem Chapati-Rezept zu. Den Teig ausrollen und darauf achten, daß er überall gleich dick ist. Die Oberfläche mit geschmolzenem Ghee einpinseln, mit Mehl bestäuben. Die Ränder nach innen falten, so daß ein etwa handtellergroßer Umschlag entsteht. Flachklopfen und wieder ausrollen. Den Teig umdrehen und dieselbe Prozedur von der anderen Seite wiederholen. Je öfter Sie den Teig auf diese Weise »tournieren«, um so lockerer wird der Fladen – 2mal ist das absolute Minimum. In einer sehr heißen Pfanne ohne Fett ein paar Sekunden backen, die Oberseite mit etwas Ghee bepinseln und wenden. Den Vorgang auf der anderen Seite wiederholen. Der Fladen ist fertig, wenn er leicht gebräunt ist. Parathas können Sie mit allen möglichen Gemüsecurrys füllen. Zum Frühstück oder Abendessen serviert man sie in Nordindien mit Joghurt.

Bananenbrot

Halb Brot, halb Kuchen – und doppelter Geschmack! Mit Butter bestrichen, schmeckt es sogar noch besser. So das einhellige Urteil der Mitglieder des Sivananda Yoga Zentrums in London. Da Bananenbrot ziemlich feucht ist, muß es in einem gut regulierbaren Ofen gebacken werden, sonst verbrennt die Oberfläche, während das Innere noch nicht gar ist. Wenn Ihnen das passiert, sollten Sie entweder Ihren Backofen nachsehen lassen oder einfach auf niedrigerer Temperatur backen. Gibt 1 Laib

3 sehr reife Bananen
100 g heller Honig
200 g Vollkornweizenmehl
1/2 TL Salz
1 TL Weinsteinbackpulver
2 EL geschmolzene Butter oder Öl
75 g gehackte Nüsse (nach Belieben)

1 Den Backofen auf 180 °C vorheizen (Gas Stufe 4). Die Bananen mit dem Mixer oder Pürierstab glattmixen oder mit der Gabel fein zerdrücken. Den Honig zugeben und erneut durchmixen oder mit einem Schneebesen unterrühren. Mehl, Salz und Backpulver miteinander verrühren. Das Mehl in die Honig-Bananen-Mischung schütten und mit dem Schneebesen durchrühren. Butter oder Öl zugießen und – wahlweise – die Nüsse hinzufügen.

2 In eine 23 x 12,5 cm große geölte Brotbackform füllen und etwa 1 Stunde lang backen. Zur Garprobe entweder das Brot mit dem Finger eindrücken, um zu sehen, ob die Vertiefung wieder verschwindet, oder mit einer Nadel in der Mitte anstechen. Wenn nichts daran hängen bleibt, ist das Bananenbrot fertig. Auf einem Drahtgitter auskühlen lassen.

Friedvolle Pizza

Dieses Rezept kommt von Ganesha, unserem Yogi des Nordens. Er ist vielleicht der beste vegetarische Pizzabäcker in Schottland, auf jeden Fall ist er der beste Yogalehrer dort. Wenn Sie unter einer Weizenallergie leiden, ersetzen Sie den Weizen einfach durch Dinkel. Die Vielfalt der möglichen Beläge ist nahezu unendlich.

Für den Teig:
350 g fein ausgemahlenes Mehl zum Brotbacken
4 g Trockenhefe
1 EL Olivenöl
2 TL Rohrzucker
1/2 TL Meersalz
etwa 200 ml lauwarmes Wasser

Für den Belag:
1 Rezept Tomatensauce (S. 123)
100 g nicht mit Kälberlab fermentierter Käse, gerieben, oder Tahin
2 rote oder gelbe Paprikaschoten (oder 1 von jeder Farbe), von Kernen und weißen Hautteilen befreit und in Ringe geschnitten (nach Belieben)
12 Oliven (nach Belieben)
Olivenöl zum Darübersprenkeln

1 Für den Teig alle Zutaten bis auf das Wasser in einer Schüssel verrühren. Das Wasser löffelweise zugeben und mit der Hand untermischen, bis aus dem Teig ein leicht klebriger Ball geworden ist. Wieviel Wasser Sie genau brauchen, hängt vom verwendeten Mehl ab.

2 Den Teig auf ein mit Mehl bestreutes Nudelbrett geben und 10 Minuten kneten. Dabei Mehl zugeben, wenn nötig. Sie können ihn auch in der Küchenmaschine durchkneten, bis er leicht klebrig ist. Dann herausnehmen und etwa 1 Minute kneten. Den Teig in eine dünn geölte Schüssel geben, mit einem feuchten Tuch bedecken und an einem warmen Ort 1 Stunde gehen lassen, bis er sein Volumen verdoppelt hat.

3 Den Backofen auf 230 °C vorheizen (Gas Stufe 8). Den Teig in 2 Hälften teilen. Jede Hälfte zu einem Ball verkneten, dann so ausrollen, daß sie je ein 32,5 x 25 cm großes Backblech bedecken. Die Teighälften auf die leicht eingefetteten Bleche geben. Die Tomatensauce gleichmäßig auf die Pizzas verteilen und verstreichen. Den Käse über der Sauce verteilen. Jede Pizza mit den Paprikaringen und den Oliven garnieren und einen Spritzer Öl darübergeben. Beide Pizzas etwa 15 Minuten backen. Wenn sie auf verschiedener Höhe backen, nach einer Viertelstunde austauschen und weiterbacken lassen, bis der Boden leicht gebräunt ist (ca. 5–10 Minuten).

Vollkornspaghetti mit Misosauce

Ein ungewöhnliches und köstliches Gericht, das westliche und östliche Küche in sich vereint. Trotzdem sollte man nicht vergessen, daß Nudeln ursprünglich aus Asien kommen. Für die Misosauce sollten Sie entweder rotes Ake-Miso oder dunkles Hatcho-Miso verwenden (siehe Glossar S. 156). Wenn möglich, sollten Sie die Sauce 6–8 Stunden vor dem Servieren zubereiten, damit die verschiedenen Aromen sich vollkommen vermischen können. Für 4–6 Personen

2 EL Öl
2 Stangen Staudensellerie, kleingeschnitten
100 g Fenchel, kleingeschnitten
3 Tomaten, in Würfel geschnitten
3 grüne Paprikaschoten, von Kernen und Stielansatz befreit und in Würfel geschnitten
1/2 Karotte, geraspelt
400 ml Wasser
4 Lorbeerblätter
5 EL Miso
15 g Butter oder Margarine
1 EL frisches Basilikum, feingewiegt
Pfeffer zum Abschmecken
500 g Vollkornspaghetti
geriebener Käse oder Hefeflocken zum Bestreuen (nach Belieben)

1 Das Öl in einem schweren Topf erhitzen und darin Staudensellerie und Fenchel 10 Minuten sautieren. Tomaten, Paprika und Karotten zugeben und weitere 15 Minuten anbraten.

2 Mit Wasser aufgießen und Lorbeerblätter zugeben. Zum Kochen bringen und ohne Deckel 10 Minuten lang köcheln lassen. Vom Herd nehmen und das Miso zusammen mit der Butter unterrühren. Basilikum zugeben, mit Pfeffer abschmecken.

3 Die Spaghetti in siedendem Wasser *al dente* (d. h. weich, aber noch bißfest) kochen. Abgießen. Die Lorbeerblätter aus der Sauce nehmen und die heißen Spaghetti hineingeben. Mit Käse bzw. Hefeflocken bestreuen und sofort servieren.

- Sie können auch noch 150–200 g in Würfel geschnittenen Tofu zugeben, wenn Sie das Gemüse sautieren.

Vegetarische Lasagne

Es gibt viele Arten, Lasagne zu machen. Diese hier gehört zu den Lieblingsgerichten von Swami Mahadevananda, dem in Italien gebürtigen Leiter des Sivananda Dhanwanthari Ashrams im südindischen Kerala. Servieren Sie dazu grünen Salat. Für 4–6 Personen

175 g Spinat, gedämpft und in einem Tuch gut ausgepreßt
250 g fester Tofu, abgegossen und zerkrümelt
Salz und Pfeffer
2 EL Olivenöl
1 rote Paprikaschote, von Kernen und Stielansatz befreit und in streichholzdünne Stifte geschnitten
2 Zucchini, in streichholzdünne Stifte geschnitten
1 Rezept Tomatensauce (S. 123)
6 Blätter Lasagne, gekocht und abgegossen
100 g ohne Kälberlab fermentierter Cheddar oder mittelalter Gouda, gerieben
2 EL Sesamsamen oder Sonnenblumenkerne
2 EL Hefeflocken (nach Wunsch)

1 Den Backofen auf 180 °C vorheizen (Gas Stufe 4). Den Spinat kleinhacken und mit dem Tofu vermischen. Mit Salz und Pfeffer würzen. Das Öl erhitzen und darin die Paprika- und Zucchinistreifen bei mittlerer Hitze 3 Minuten anbraten.

2 In eine geölte Auflaufform von 25 x 20 cm eine Lage Tomatensauce geben. Darauf eine Schicht gekochte Lasagneblätter. Auf die Nudeln kommt dann die Hälfte der Tofu-Spinat-Mischung und ebenso die Hälfte der Paprika-Zucchini-Mischung. Mit der halben Menge geriebenem Käse bestreuen.

3 Den Vorgang in dieser Reihenfolge wiederholen. Auf die letzte Schicht die Sonnenblumenkerne oder Sesamsamen und – falls gewünscht – Hefeflocken geben. 50–60 Minuten backen, bis die Oberfläche goldbraun ist und Blasen wirft. Sofort servieren.

- Sie können den Käse auch weglassen.

Couscous mit pikantem Gemüse

Couscous besteht aus winzigen Teigperlen aus ganz feingemahlenem Weizenmehl. Er wird hauptsächlich in den Ländern Nordafrikas verwendet. Dort gibt es auch ein Gericht, das so heißt, wobei das Getreide mit einem leckeren Gemüseeintopf serviert wird. Reichen Sie dazu nur einen leichten, grünen Salat. Sie können den Couscous auch durch Bulgur ersetzen. Für 4–6 Personen

225 g Kichererbsen, eingeweicht
1 l kaltes Wasser
225 g Couscous
400 ml heißes Wasser
2 EL Olivenöl
100 g Weißkohl, feingeschnitten
1 EL Cayennepfeffer
1 EL Paprika
2 TL gelben Senfsamen
2 Kartoffeln, in Würfel geschnitten
2 grüne Paprikaschoten, von Kernen und Stielansatz befreit und in Würfel geschnitten
350 g Zucchini, in dicke Scheiben geschnitten
175 g Okra, in Scheiben geschnitten
2 Karotten, in dicke Scheiben geschnitten
350 g Tomaten, kleingeschnitten
50 g Rosinen (nach Belieben)
Salz und Pfeffer
2 EL frische Petersilie, feingewiegt
Petersilienzweige zum Garnieren

1 Die Kichererbsen abgießen und in einem Topf mit dem kalten Wasser aufsetzen. Bei halb geschlossenem Deckel bei mittlerer Hitze etwa 1–1 1/2 Stunden kochen, bis sie weich sind. Abgießen und zum Abkühlen beiseite stellen.

2 Den Couscous in eine Schüssel geben, mit heißem Wasser übergießen, bis er ganz bedeckt ist und 15 Minuten stehen lassen. In der Zwischenzeit das Öl in einem großen Topf erhitzen, der einen Dämpfeinsatz hat. Den Weißkohl in den Topf geben und unter ständigem Rühren sanft anbraten, bis er weich ist. Die Gewürze einrühren und bei mittlerer Hitze etwa 1 Minute weiterbraten. Die Kartoffeln zugeben und 3–4 Minuten garen lassen, bis sie anfangen, weich zu werden. Dann Paprika, Zucchini, Okra, Karotten, Tomaten, die gekochten Kichererbsen und – nach Belieben – Rosinen zufügen.

3 Den Couscous gut abgießen und in einen Dämpfeinsatz oder ein mit weißem Musselin ausgekleidetes Sieb geben. Hängen Sie dies über das Gemüse in den Topf. Der Boden des Einsatzes darf das Gemüse nicht berühren. Den Deckel auflegen und den Couscous 20 Minuten dämpfen. Dabei das Gemüse hin und wieder umrühren, bis es weich ist. Ist der Couscous gar, wird beides mit Salz und Pfeffer abgeschmeckt. Das Gemüse mit der gehackten Petersilie bestreuen.

4 Den Couscous in eine große, runde Servierschüssel geben und mit einer Gabel lockern. Bringen Sie das Gemüse getrennt auf den Tisch, oder machen Sie ein Loch in der Mitte des Couscous und servieren Sie es darin. Mit Petersilie garnieren und sofort servieren.

Gerste Sie gehört zu den ältesten Getreidesorten und ist auch heute noch in vielen Kulturen der Welt eines der wichtigsten Nahrungsmittel, und das mit gutem Grund. Ihr leicht süßlicher Geschmack und ihr fester Biß passen gut zu den meisten Gemüsesorten und Gewürzen, vor allem in Suppen oder Eintöpfen. Gerste ist ein sehr nahrhaftes Getreide. Es enthält sehr viel Eisen, Calcium, Kalium, Proteine, Faserstoffe und Vitamine der B-Gruppe. Auf den Körper wirkt es kühlend, so daß es uns vor Entzündungen jeglicher Art bewahrt. Früher gab man Rekonvaleszenten Gerstenwasser, das im übrigen auch Bestandteil von kühlenden Sommerdrinks war. Sie sollten auf jeden Fall Vollgerste kaufen und nicht die üblicherweise in Supermärkten erhältlichen Perlgraupen, da diesen beim Ausmahlen die nahrhafte Kleie- und Keimschicht verlorengeht. Gerste ist einfach zu kochen, wenn Sie nach der Methode vorgehen, die wir für Vollreis beschrieben haben (S. 46). Wenn Sie sie vorher kurz anrösten, wird sie noch schmackhafter und gesünder. Da Gerste viele Säuren bildet, wirkt sie auf den Körper alkalisch, wenn sie geröstet wird. Geröstete Gerste wird gemahlen über das morgendliche Müsli gestreut. Auch als Kaffee-Ersatz findet sie Verwendung. Sie keimt auch gut. Und Gerstensprossen enthalten eine Menge Chlorophyll, Beta-Carotin und Mineralstoffe.

Gerste kreolische Art

Dies ist ein Gerstenrezept mit Pep. Gesundes, schmackhaftes Essen hängt eben doch nicht vom Geldbeutel ab. Für 6 Personen

1 EL Olivenöl
2 1/2 TL Kreuzkümmelsamen
1 große rote Paprikaschote, von Kernen und Stielansatz befreit und in Würfel geschnitten
2 Stangen Staudensellerie, in Würfel geschnitten
1/4 TL zerstoßene getrocknete Chilischoten
2 TL getrockneter Oregano
3 Tomaten, in Würfel geschnitten
300 g Vollgerste, gewaschen
900 ml Wasser
1 TL Salz
1–2 TL frische Korianderblätter, feingehackt

1 Das Öl in einem schweren Topf erhitzen und bei starker Hitze die Kreuzkümmelsamen ein paar Sekunden lang sautieren. Achten Sie darauf, daß sie nicht verbrennen. Die Paprika- und Staudenselleriewürfel zugeben. Chilischoten und Oregano einstreuen und unter ständigem Rühren 2 Minuten anbraten.

2 Die Tomatenwürfel zusammen mit der Gerste, dem Wasser und dem Salz zugeben. Aufkochen lassen und dann bei halb geschlossenem Deckel 35–40 Minuten simmern lassen, bis die Flüssigkeit ganz aufgesogen und die Gerste weich ist. Mit den gehackten Korianderblättern bestreuen und sofort servieren.

Gerste mit Tomaten, Oliven und Dill

Auf diese Weise bekommt das herzhafte Getreide einen eleganten Anstrich. Wenn Sie dieses Gericht mit Ratatouille servieren, haben Sie ein wunderbar mediterranes Festmahl. Eine weitere leckere Möglichkeit ist es, die Gerste nicht im Öl, sondern trocken anzurösten, bis sie aromatisch duftet, und dann erst das Wasser zuzugeben. Dies verleiht dem Gericht einen leicht rauchigen Geschmack und wirkt entwässernd. Für 4–6 Personen

1 EL Öl
225 g Vollgerste, gewaschen
600 ml kochendes Wasser
500 g Tomaten, kleingeschnitten
50 g schwarze Oliven, entsteint und feingehackt
2 TL getrockneter Dill
150 ml Crème fraîche oder Frischkäse
Salz und Pfeffer zum Abschmecken
100 g ohne Kälberlab fermentierter Cheddar oder mittelalter Gouda
100 g Tomaten, in Scheiben geschnitten

1 Das Öl in einem großen Topf erhitzen und die Gerste darin 3–4 Minuten anrösten. Kochendes Wasser zugießen und 35–40 Minuten kochen, bis die Gerste weich ist. In der Zwischenzeit den Backofen auf 190 °C vorheizen (Gas Stufe 5).

2 Die Gerste abgießen. Die Hälfte des geriebenen Käses und die Tomatenscheiben beiseite stellen. Alle anderen Zutaten vermengen und löffelweise in eine Auflaufform geben. Die Tomatenscheiben darauf verteilen und den restlichen Käse darüberstreuen.

3 10–15 Minuten backen, bis der Käse geschmolzen ist und zu bräunen beginnt. Sofort servieren.

- In der veganen Form bereiten Sie dieses Gericht mit 200 g Tofu anstelle des Frischkäses bzw. der Crème fraîche. Nehmen Sie Hefeflocken statt Käse, oder lassen Sie beides ganz weg.
- Wenn Sie mehr Gemüse haben wollen, nehmen Sie eine Mischung kleingeschnittener Gemüsesorten wie Staudensellerie, roten oder grünen Paprika, Karotten und Zucchini. In ein wenig Butter sautieren, bis sie weich sind, und unter die Gerste heben, bevor Sie sie in den Ofen schieben.

Hafer Hafer ist reich an Ballaststoffen. Da er wärmende Qualitäten hat, gehört er in vielen kalten Gegenden der Erde zu den Grundnahrungsmitteln. Er enthält viel Vitamin B und E sowie die Mineralstoffe Calcium, Kalium und Magnesium. Diese erhöhen ganz allgemein die Vitalität und wirken beruhigend auf das Nervensystem, da sie Streß und Anspannung bekämpfen. Sein hoher Siliziumgehalt macht den Hafer so wertvoll im Hinblick auf den Schutz der Arterienwände und die Neubildung von Gewebe. Hafer beruhigt den Magen und die Eingeweide. Er hilft auch, zu hohe Cholesterinwerte zu senken. Für Saucen, Suppen und Eintöpfe kann Hafer zum Andicken benutzt werden. Vollkornhaferflocken und Haferschrot sind normalerweise in Reformhäusern und Naturkostläden erhältlich. Sie sollten diese der Schnellkochvariante, die in den Supermärkten angeboten wird, vorziehen.

West-Östlicher Eintopf

Dieser knackige Eintopf gibt ein ungewöhnliches Mittagessen und beweist, wie vielseitig Hafer ist. Für 4–6 Personen

1 EL Öl
100 g Haferschrot, grob
50 g geschälte Erdnüsse
100 g frische Erbsen oder grüne Bohnen
100 g Karotten, geraspelt
1/2 TL Cayennepfeffer oder 4–5 grüne Chilischoten, von den Kernen befreit und feingewiegt
1 kleine Tomate, kleingeschnitten
1 TL Salz
400 ml kochendes Wasser
1 EL ohne Kälberlab fermentierter Käse (nach Belieben)
15 g Butter oder Margarine
Kokosnuß- oder Minz-Chutney (S. 125) zum Garnieren

1 Das Öl in einem schweren Topf erhitzen. Haferschrot und Erdnüsse zugeben und bei mittlerer Hitze etwa 1 Minute anbraten. Das Gemüse einrühren, mit Salz, Cayennepfeffer oder gehackten Chilischoten würzen und mit dem Wasser aufgießen. Zugedeckt bei mittlerer Hitze etwa 5 Minuten kochen, bis das Gemüse weich ist.

2 Den Topf vom Feuer nehmen und den geriebenen Käse zusammen mit der Butter oder Margarine unterrühren. Mit Kokosnuß- oder Minz-Chutney servieren.

Goldener Haferflockenlaib

Yoga wird zu Recht als »Balance des Geistes« definiert. Das folgende Gericht paßt hier gut ins Bild, da es ausgesprochen ausgleichende Qualitäten hat. Zucchini üben – wie Hafer – einen beruhigenden Einfluß auf das Nervensystem aus. Mit den pikanten Frühlingskarotten von Seite 84 haben Sie ein wohlschmeckendes Mahl, das an kalten Wintertagen die Seele wärmt.

3 EL Öl
50 g Staudensellerie, feingeschnitten
200 g grober Haferschrot oder Vollkornhaferflocken
300 g Zucchini, geraspelt
50 g ohne Kälberlab fermentierter Käse, gerieben, oder 3–4 EL Hefeflocken und 15 g Margarine
2 EL Sojamehl mit 2 EL Wasser verrührt
25 g Weizenkeime
50 g Sonnenblumenkerne, geröstet
1/4 TL frisch geraspelte Muskatnuß
1 TL Salz

1 Den Backofen auf 190 °C vorheizen (Gas Stufe 5). Das Öl in einem flachen Topf erhitzen und den Staudensellerie bei mittlerer Hitze sautieren, bis er weich ist. Alle anderen Zutaten zugeben und gut durchmengen.

2 Die Mischung in eine gut ausgefettete Brotform für einen 900-g-Laib geben. Etwa 30 Minuten backen. Zum Servieren stürzen.

- Ersetzen Sie die Zucchini durch 2 große Karotten. Statt der Sonnenblumenkerne und der Muskatnuß nehmen Sie 1/2 TL gemischte Kräuter und 1/2 TL Selleriesamen.

Hirse Hirse gehört zu den wenigen Getreidearten, die glutenfrei sind und deshalb Menschen mit Glutenallergien keine Probleme verursachen. Hirse ist leicht verdaulich und hat einen kühlenden, beruhigenden Einfluß auf das Verdauungssystem. Der hohe Vitamin- und Mineralstoffgehalt der Hirse (besonders Eisen, Magnesium, Kalium und Silizium) sowie der hohe Anteil an Ballaststoffen unterstützen den Körper in seinen Reinigungs- und Ausscheidungsfunktionen sowie bei der Bildung neuer Gewebe. Hirse kann man auf zwei Arten zubereiten. Wird sie mit viel Wasser aufgesetzt, wird sie dick und klebrig und kann wunderbar als Füllung, Bratling oder auf Gemüse serviert werden. Röstet man sie vor dem Kochen und gießt nur wenig Wasser an, so wird sie leicht und körnig wie Couscous.

Hirseküchlein aus der Pfanne

Diese Küchlein ähneln dicken Pfannkuchen. Mit Tomatensauce (S. 123) oder Salsa (S. 124), gedünstetem Gemüse und gemischtem Salat geben sie eine vollwertige Mahlzeit. Statt der Zucchini können Sie auch andere Gemüsesorten nehmen. Die fertigen Küchlein können übrigens im Toaster aufgebacken werden. Für 4–6 Personen

400 g Hirse
900 ml Wasser
eine Prise Salz
175 g Zucchini, geraspelt
1 TL geriebene Zitronenschale
3 EL Vollkornweizenmehl
2 EL Öl
200 g fester Tofu, zerkrümelt

1 Geben Sie die Hirse mit dem Wasser und dem Salz in einen großen Topf. Aufkochen und dann zugedeckt 30 Minuten leise köcheln lassen. Die Zucchini zufügen, noch einmal aufkochen und weitere 10 Minuten kochen. Abkühlen lassen. Nach dem Abkühlen die Hirse und die Zucchiniraspel durch den Wolf drehen oder mit einem Stampfer zerkleinern. Die restlichen Zutaten zugeben und verrühren, so daß daraus ein dicker Teig wird. Wenn nötig, noch etwas Wasser zugeben.

2 Eine schwere Pfanne dünn mit Öl auspinseln und erhitzen. Immer 2–3 Küchlein auf einmal braten. Pro Küchlein etwa eine Handvoll der Hirsemischung in die Pfanne geben und mit einem nassen Spatel flachdrücken. Bei mittlerer Hitze 3–4 Minuten auf jeder Seite braten, bis die Küchlein goldbraun sind. Warm halten, bis alle Küchlein fertig sind.

Hirse mit Blattgemüse

In Grünkohl findet sich 14mal mehr Eisen als in rotem Fleisch (und zwar in jedem einzelnen Gramm) und in Spinat 11mal mehr. Jeder, der sich also Sorgen macht, ob er mit einer rein vegetarischen Ernährung genügend Eisen zu sich nimmt, sollte dieses ausgezeichnete Rezept versuchen. Servieren Sie dieses Gericht mit einem grünen Salat und den pikanten Frühlingskarotten von Seite 84. Für 6 Personen

50 g Butter und Margarine
300 g Hirse
750 ml kochendes Wasser
100 g Staudensellerie, feingehackt
250 g Spinat und/oder junger Grünkohl, feingeschnitten
1 EL Vollkornweizenmehl
250 ml warme Milch oder Sojamilch
2 EL ohne Kälberlab fermentierter Käse, gerieben, ersatzweise Hefeflocken
Salz
eine Prise frisch gemahlener Muskatnuß

1 Die Hälfte der Butter oder Margarine in einem flachen Topf schmelzen lassen und die Hirse darin über mittlerer Flamme etwa 5 Minuten unter ständigem Rühren anrösten. Das kochende Wasser hinzugeben und 20 Minuten sanft köcheln lassen, bis alles Wasser aufgesogen und die Hirse weich ist. Beiseite stellen.

2 Die restliche Butter oder Margarine in einem zweiten Topf zum Schmelzen bringen und den Staudensellerie 5–10 Minuten weich garen. Spinat und/oder Grünkohl einrühren und sautieren, bis er weich ist. Das Mehl einrühren und mit der warmen Milch unter ständigem Rühren aufgießen, um Klumpenbildung zu vermeiden. Die Hitze zurücknehmen und ein paar Minuten kochen. Die gekochte Hirse zusammen mit dem Käse oder den Hefeflocken einrühren. Mit Salz und Muskatnuß würzen. Gut durchrühren und servieren.

Buchweizen Buchweizen wird vor allem in Osteuropa häufig verwendet. Seine energiegeladenen Körner enthalten alle acht essentiellen Aminosäuren. Er ist reich an Vitamin B, E und dem Bioflavonoid Rutin, das bei Kreislaufproblemen hilft. Sein hoher Gehalt an Kieselsäure und Ballaststoffen erzeugt im Körper eine trockene innere Wärme. Er wirkt außerdem adstringierend, d. h. zusammenziehend, und säurebindend.

Buchweizen gart schnell. Für Menschen mit einem etwas hektischen Lebensstil ist er ein wahrer Segen. Sie können ihn geröstet kaufen (als Kasha) oder ungeröstet. Gerösteter Buchweizen hat ein reicheres Aroma. Er kann wie Reis verwendet werden. Kochen Sie ihn in Eintöpfen mit oder reichen Sie ihn als Beilage zu Gemüse. Wenn er weichgekocht ist, kann er in verschiedene Formen gebracht und im Ofen gebacken werden. Buchweizenmehl wird – vor allem in der orientalischen Küche – gerne zu Pfannkuchen oder Nudeln verarbeitet.

Buchweizen-Burger

In unserem Zentrum in Kanada veranstalten wir jeden Sommer ein Kinder-Camp. Die Kinder meditieren, machen Yoga-Übungen und helfen bei der Arbeit (Karma-Yoga). Sie gehen schwimmen und wandern, wovon sie meist einen sagenhaften Appetit auf unsere Burger bekommen, die von Kindern aller Altersstufen heiß geliebt werden. Reichen Sie sie mit Saucen (S. 122–125) oder auf einem Brötchen. Für 6 Personen

200 g ungerösteter Buchweizen
450 ml heißes Wasser
1–2 Karotten, feingewürfelt
15 g Dulse-Algen, die 5 Minuten in gerade so viel Wasser eingeweicht wurden, daß das Wasser sie bedeckt; nach dem Einweichen kleinschneiden
175 g Haferflocken
3 EL Tamari
ein wenig Weizen-, Roggen- oder Reismehl
Öl zum Einpinseln
Sesamsamen (nach Belieben)

1 Den Buchweizen sanft in einem trockenen, schweren Topf anrösten. Wenn er zu bräunen beginnt, mit heißem Wasser aufgießen. Zugedeckt etwa 15 Minuten kochen. In der Zwischenzeit den Ofen auf 200 °C vorheizen (Gas Stufe 6).

2 Den Topf vom Feuer nehmen und Karotten, Algen, Haferflocken und Tamari einrühren. Gut durchmischen und dann den Teig zu Küchlein formen. Das Mehl auf einem Nudelbrett verteilen und die Burger darin auf jeder Seite wenden, bis sie mit Mehl überzogen sind. Das überschüssige Mehl abklopfen und die Burger auf ein schwach geöltes Backblech legen. Die Oberfläche mit ein wenig Öl bepinseln und – nach Wunsch – Sesamsamen darüber streuen. Etwa 20 Minuten backen, bis sie braun sind. Sofort servieren.

Kasha Varnishkas

Eine osteuropäische Spezialiät und Swami Saradanandas Lieblingsgericht, als sie noch klein war. Für 4–6 Personen

100 g Farfalle (Schmetterlingsnudeln)
100 g gerösteter Buchweizen
750 ml kochendes Wasser
1 TL Salz
50 g Butter oder Margarine
Dicke braune Sauce mit Gemüse (S. 122) zum Anrichten

1 Die Nudeln in einem großen Topf mit Salzwasser weichkochen. Abgießen und zur Seite stellen. In der Zwischenzeit den Buchweizen in einem großen, schweren Topf über kleiner Flamme ein paar Minuten unter ständigem Rühren anrösten. Sobald die Körner zu bräunen beginnen, nach und nach unter ständigem Rühren das kochende Wasser zugießen. Zugedeckt auf kleiner Flamme 10–15 Minuten kochen, bis sie weich sind.

2 Den Buchweizen vom Herd nehmen. Salz und Butter bzw. Margarine unterrühren. Dann die Nudeln unterheben. Heiß mit Sauce servieren.

Japanische Buchweizennudeln

Soba-Nudeln, wie sie in Japan heißen, sind eine köstliche Abwechslung für all jene, die eine glutenfreie Diät einhalten müssen und die Freuden des Pasta-Essens vermissen. Für 4–6 Personen

250 g Buchweizennudeln
ein 7,5 cm langes Stück Kombu-Algen
200 g Weißkohl, kleingeschnitten, oder Brunnenkresse
100 g Erbsen oder Zuckermais
1 Karotte, geraspelt
1 l Wasser
2–3 EL Tamari
geröstete Nori-Algen zum Garnieren (nach Wunsch)

1 Die Nudeln in einem großen Topf mit kochendem Wasser weichkochen, abgießen und zur Seite stellen.

2 Das Stück Kombu-Alge mit einem feuchten Tuch abreiben, um das überschüssige Salz zu entfernen. Danach zusammen mit dem Gemüse und dem Wasser aufsetzen und zum Kochen bringen. Die Hitze wegnehmen und zugedeckt 5 Minuten leise köcheln lassen.

3 Das Algenstück herausnehmen, die gekochten Nudeln zugeben und mit Tamari würzen. Noch einmal etwa 2 Minuten lang erhitzen, bis die Nudeln wieder warm sind. Nach Belieben mit ein wenig Nori-Algen garnieren und sofort servieren.

- Statt der Buchweizennudeln können Sie auch Vollkornspaghetti nehmen.

Buchweizensalat mit Arame

Arame-Algen sind sehr mild und enthalten viel Kalium und Calcium. Mit Buchweizen zusammen erhalten Sie einen leckeren Salat. Mit Gurke läßt er sich ausgezeichnet kalt servieren. Mit den Sonnenblumenkernen hingegen kommt ein knuspriges Element dazu. Für 4–6 Personen

100 g gerösteter Buchweizen
450 ml Wasser
2 EL Öl
1 EL Zitronensaft
1–2 EL Tamari
2 cm frische Ingwerwurzel, geschält und geraspelt
1/4 TL Pfeffer
1–2 TL Arame, die 10 Minuten in gerade so viel Wasser eingeweicht wurden, daß das Wasser sie bedeckt
150 g Karotten, in streichholzdünne Stifte geschnitten
1/4 Gurke, ebenfalls in streichholzdünne Stifte geschnitten, oder 1–2 EL geröstete Sonnenblumensamen
1 EL frische Petersilie, feingewiegt

1 Den Buchweizen zusammen mit dem Wasser in einen schweren Topf geben und zum Kochen bringen. Die Hitze zurücknehmen und zugedeckt 15 Minuten lang sanft köcheln lassen, bis alles Wasser aufgesogen ist und die Körner weich sind. Abkühlen lassen.

2 Öl, Zitronensaft, Tamari, Ingwer und Pfeffer zu einer Salatsauce verrühren.

3 Die Arame-Algen in 5 cm lange Stücke schneiden und zusammen mit den Karotten und den Gurkenstäbchen bzw. den Sonnenblumenkernen unter den Buchweizen ziehen. Das Dressing darübergießen und gut vermengen. Mit der gehackten Petersilie garnieren und sofort servieren.

Mais Man kann Mais als Getreide oder als Gemüse betrachten. Doch gleichgültig, in welcher Form Sie ihn zu sich nehmen, er wirkt auf jeden Fall anregend auf den Körper. Er ist glutenfrei, liefert wichtige Baustoffe für Knochen und Muskeln und hat einen ausgezeichneten Einfluß auf das Nervensystem bzw. das Gehirn. Der Genuß von Mais senkt sogar das Risiko von Herzkrankheiten. Er ist erhältlich als Maiskolben, als Zuckermais, als Maisgrieß und Maismehl. Maisgrieß kann zum Backen verwendet oder zu Brei gekocht werden. Da er relativ reich an Ölen ist, hält er nicht besonders lange. Kaufen Sie daher nur kleine Mengen, und verbrauchen Sie ihn bald. In manchen Gegenden Indiens gehört Maisgrieß zu den Grundnahrungsmitteln. Er wird dort zu *roti* verarbeitet, einem Fladenbrot, das zu jeder Mahlzeit frisch zubereitet wird. Er wird auch zum Andicken von Currys benutzt oder Pfannkuchenteig bzw. Gemüsegerichten zugesetzt. Gelber Maisgrieß, auch Polenta genannt, ist feingemahlener Mais. Er wird zu einem Brei verarbeitet, den Sie heiß genießen können. Sie können ihn aber auch auskühlen lassen, in Scheiben schneiden und dann grillen. Maismehl ist feinst vermahlene Maisstärke, die aus dem Korn gewonnen wird. Man benutzt sie hauptsächlich zum Andicken.

Kräuterpolenta mit frischem Mais

Die Polenta kommt aus Norditalien. In diesem Rezept wird der Maisgeschmack durch die Verwendung von frischen Maiskörnern noch betont. Der Rosmarin verleiht dem Ganzen seine vibrierende Würze. In der Antike galt Rosmarin den Griechen und Römern als heiliges Kraut. Er soll die Leber reinigen und ihr neue Energie zuführen. Gleichzeitig verbessert er das Gedächtnis und wirkt gegen Depressionen. Für 4–6 Personen

1 Maiskolben
175 g Maisgrieß (Polenta)
750 ml Wasser
1 TL Salz
2 TL feingehackter frischer Rosmarin
2 EL Olivenöl
Tomatensauce (S. 123) oder Ratatouille (S. 89) zum Servieren

1 Den Maiskolben in kochendem Wasser 8–10 Minuten lang garen, bis die Körner weich sind. Mit einem scharfen Messer abschaben und beiseite stellen.

2 Den Maisgrieß in 250 ml Wasser einrühren und zu einem dicken Teig rühren. In einem großen, schweren Topf das restliche Wasser mit dem Salz zum Kochen bringen. Den Maisteig auf einmal einrühren und weiterrühren, bis alle Zutaten gut vermengt sind. Nun den feingehackten Rosmarin zugeben.

3 Die Hitze zurücknehmen und auf kleiner Flamme unter ständigem Rühren 10–15 Minuten garen lassen, bis die Polenta sich von den Topfseiten löst. Jetzt die gekochten Maiskörner einrühren.

4 Die Polenta auf einer großen Platte (Durchmesser 25 cm) ausstreichen. Die Oberfläche mit einem Spatel glätten und abkühlen lassen. Nach dem Abkühlen in Stücke schneiden und diese in einer schweren Pfanne mit ein wenig Olivenöl ausbacken, bis sie leicht knusprig sind. Oder mit Öl bestreichen und im Ofen backen bzw. grillen. Mit Tomatensauce oder Ratatouille servieren.

- Die Polenta in Stücke geschnitten servieren, ohne sie zu braten.
- Um sie üppiger und schmackhafter zu machen, können Sie während des Kochens einen EL Olivenöl einrühren.
- Oder Sie ziehen am Ende des Kochvorgangs 2 EL geriebenen Käse unter.
- Geheimnisvoller schmeckt sie, wenn man das Salz wegläßt und am Ende ein wenig Miso einrührt.

Maisbrot Maisgrieß verleiht Brot einen goldenen Farbton, einen appetitanregenden nussigen Geschmack und eine knackige Beschaffenheit. Nehmen Sie feinstgemahlenes Vollkornweizenmehl zum Backen. Sie erhalten es in Reformhäusern oder Naturkostläden. Experimentieren Sie mit dem Verhältnis von Weizenmehl und Maismehl, um verschiedene Geschmacksrichtungen zu testen. Für 8–10 Personen

400 g Maisgrieß
200 g Vollkornweizenmehl zum Backen
1 EL Weinsteinbackpulver
1 TL Salz
150 ml Öl
150 ml Ahornsirup, Gerstenmalz oder Honig
etwa 350 ml Milch oder Sojamilch
2 EL Naturjoghurt

1 Den Backofen auf 190 °C vorheizen (Gas Stufe 5). Alle trockenen Zutaten in einer Schüssel miteinander verrühren. In einer anderen Schüssel alle nassen Zutaten vermischen.

2 Die nasse Mischung in die trockene gießen und so lange gut rühren, bis der Teig dickflüssig wird. Sollte er zu dick sein, noch ein wenig Milch zugeben. In eine eingefettete quadratische Backform von etwa 20 cm Seitenlänge geben und im Rohr 35–40 Minuten backen.

- 150 g Maisgrieß durch 150 g Kleieflocken ersetzen.
- Aus dieser Teigmenge können Sie auch 24 kleine oder 12 große Muffins machen. Geben Sie den Teig löffelweise in gefettete Muffinförmchen, und backen Sie bei 190 °C (Gas Stufe 5) 15–20 Minuten bei kleinen Muffins und 20–25 Minuten bei großen.

Maisbeignets Zuviel Frittiertes ist ungesund, aber hin und wieder können wir uns eines dieser köstlichen Häppchen gönnen. Maisbeignets kommen von den Bahamas und werden dort normalerweise mit Chutney serviert. Für dieses Rezept bedanken wir uns bei Jyoti. Für 24–30 Beignets

175 g Vollkornweizenmehl
75 g Kichererbsenmehl
450 g frische Maiskörner (gekocht und vom Kolben geschabt)
4–6 grüne Chilischoten
1/2 TL Kurkuma
1 TL Salz
1/4 TL Pfeffer
Saft von 1 Zitrone
2,5 cm frische Ingwerwurzel, geschält und gerieben
1 Bund frische Korianderblätter oder Petersilie, feingewiegt
3 EL Öl, dazu noch Öl zum Ausbacken
2 EL Naturjoghurt
1/2 EL Weinsteinbackpulver

1 Alle Zutaten bis auf das Öl, den Joghurt und das Weinsteinbackpulver in einer feuerfesten Schüssel vermischen.

2 3 EL Öl erhitzen. Wenn das Öl sehr heiß ist, über die Mischung in der Schüssel gießen und unterziehen.

3 In einem Schüsselchen Joghurt und Weinsteinbackpulver verrühren, dann zum Binden in den Teig gießen.

4 Zum Ausbacken genügend Öl in einem Topf erhitzen. Den Teig (je 1/2 TL) zu Bällchen formen und immer ein paar auf einmal im siedenden Öl 1–2 Minuten ausbacken. Mit einem Schaumlöffel wenden. Herausnehmen und auf Küchenkrepp abtropfen lassen.

- Versuchen Sie statt der Maiskörner andere Gemüsesorten oder kombinieren Sie beides. Schneiden Sie das Gemüse in kleine Würfel. Auch Äpfel, Birnen oder Bananen mit Kokosnußraspeln geben einen ausgezeichneten Geschmack.
- Rühren Sie Käse oder Tofu unter den Teig. Kombinieren Sie mit Obst bzw. Gemüse.

Das Prana der Proteine

»Eiweißhaltige Nahrungsmittel sollten höchstens ein Viertel dessen ausmachen, was Gemüse oder Früchte zu einer Mahlzeit beitragen. Essen Sie nicht zuviel Eiweiß. Ein Zuviel an Proteinen strapaziert die Leber und die Nieren und kann ernsthafte Erkrankungen verursachen.«

Swami Sivananda

Wenn man den Begriff Prana, der häufig mit »Lebenskraft« oder »vitale Energie« übersetzt wird, genauer fassen will, so meint er die Energie, die unsere physische Erscheinung hervorruft. Unser körperliches Leben wird durch die Kraft von Prana gelenkt. Jede Zelle lebt von Prana genauso wie von den Proteinen, aus denen sie aufgebaut ist.

In seinem Werk *Das Große Illustrierte Yoga-Buch* meint Swami Vishnu-devananda: »Prana ist in der Luft, ist aber nicht der Sauerstoff oder sonst irgendein chemischer Bestandteil. Es befindet sich in der Nahrung, im Wasser, im Sonnenlicht, aber es ist nicht Vitamin noch Hitze noch Lichtstrahl. Nahrung, Wasser, Luft usw. sind bloße Medien, durch die das *prana* getragen wird. Wir nehmen dieses *prana* auf durch die Nahrung, die wir essen, durch das Wasser, das wir trinken, durch die Luft, die wir atmen.«

Frische und natürlich reine Nahrungsmittel sind voll von Prana. Werden sie dann noch mit liebevoller Aufmerksamkeit zubereitet, so wird dieses Prana verstärkt. Ist der Koch hingegen bei der Zubereitung des Mahles aufgeregt oder nicht bei der Sache, dann verflüchtigt sich Prana aus der Nahrung und sie kann unsere elementarsten Bedürfnisse nicht befriedigen – weder auf spiritueller noch auf mentaler oder körperlicher Ebene.

Protein liefert dem Körper die notwendigen Baustoffe, die er für sein Wachstum und die Erneuerung von Zellen und Gewebe braucht. Da unser Körper sich selbst ständig überholt und neu gestaltet, brauchen wir stets Nachschub an Proteinen. Chemisch entstehen sie durch die Verkettung von 22 verschiedenen Bausteinen, die man Aminosäuren nennt. Der Wert von proteinhaltiger Nahrung hängt von den darin enthaltenen Aminosäuren ab. Die einzelnen Proteine unterscheiden sich durch Zahl, Aufbau und Anordnung dieser Aminosäuren.

Hülsenfrüchte sind als Proteinlieferanten wohl am bekanntesten, aber auch Nüsse, Samen und Käse sind in dieser Hinsicht nicht zu verachten. Hülsenfrüchte und Getreide sind die wesentlichen Grundbestandteile jeder vegetarischen Ernährung. Hülsenfrüchte enthalten wenig Fett, jedoch viel Eisen sowie eine Menge Ballaststoffe, Vitamine der B-Gruppe und Spurenelemente. Während die meisten Pflanzen beim Wachstum dem Boden Nährstoffe entziehen, nehmen Hülsenfrüchte Stickstoff aus der Luft auf und führen ihn in großen Mengen wieder dem Boden zu. Wenn Sie sich also von Hülsenfrüchten ernähren, nähren Sie damit gleichzeitig unsere Erde.

Im Yoga werden die größten Fortschritte langsam und maßvoll erzielt. Wenn Sie also Hülsenfrüchte in Ihren Ernährungsplan mit aufnehmen möchten, sollten Sie das nach und nach tun. Es kann nämlich eine Zeit dauern, bis Ihr Verdauungssystem sich an ihre gasbildenden Eigenschaften gewöhnt hat. Adukibohnen, Mungbohnen, Linsen und getrocknete halbe Erbsen sind am leichtesten zu verdauen und können daher täglich verzehrt werden. Sie können sie auch keimen lassen und die Sprossen roh essen. Andere Hülsenfrüchte müssen sogar in Sprossenform gekocht werden. Diese sollten Sie höchstens 1–2mal pro Woche auf den Speisezettel setzen.

Die meisten Hülsenfrüchte müssen vor dem Kochen eingeweicht werden. Gründlich waschen und von Schalen, Steinen und Schmutz befreien. Dann in so viel Wasser einweichen, daß die Hülsenfrüchte gerade bedeckt sind. Nach der entsprechenden Einweichzeit (siehe unten) abgießen und in einem großen Topf mit frischem Wasser aufsetzen. (Nehmen Sie 2–4mal soviel Wasser wie Hülsenfrüchte. Siehe Tabelle unten.) Nicht salzen, da dies die Hülsenfrüchte zäh macht. Wenn Sie möchten, können Sie ein Stück Kombu-Alge verwenden. Zum Kochen bringen. Aduki-, schwarze, schwarzäugige oder Kidneybohnen erst einmal 10 Minuten im sprudelnden Wasser kochen lassen, Sojabohnen gut 1 Stunde. Schöpfen Sie den Schaum ab, und lassen Sie dann die Hülsenfrüchte bei halb geschlossenem Deckel so lange simmern wie in der Tabelle unten angegeben. Sie sollten weich, aber nicht matschig sein. 200 g trockene Hülsenfrüchte reichen etwa für 4–6 Personen.

Wie koche ich Hülsenfrüchte?

Art	Einweichzeit	Wassermenge	Kochzeit
Adukibohnen	3–4 Stunden	2–3fache Menge	45–60 Minuten
schwarze Bohnen	3–4 Stunden	2–3fache Menge	1 Stunde
Schwarzäugige Bohnen	1–2 Stunden	3fache Menge	45 Minuten
dicke Bohnen (Fave)	8–12 Stunden	4fache Menge	1 Stunde
weiße Bohnen	8–12 Stunden	2–3fache Menge	1–1 1/2 Stunden
Canellinibohnen	4–8 Stunden	3fache Menge	1–1 1/2 Stunden
Kichererbsen	8–12 Stunden	4fache Menge	1–1 1/2 Stunden
Flageoletbohnen	8–12 Stunden	3fache Menge	1–1 1/4 Stunden
Haricotbohnen	8–12 Stunden	3fache Menge	1–1 1/2 Stunden
Kidneybohnen	8–10 Stunden	2–3fache Menge	1–1 1/2 Stunden
Linsen (grün oder braun)	nicht nötig	3fache Menge	30–40 Minuten
Mungbohnen	nicht nötig	3–4fache Menge	30–45 Minuten
Pintobohnen	8–12 Stunden	3–4fache Menge	1–1 1/2 Stunden
De-Puy-Linsen	nicht nötig	2fache Menge	25–35 Minuten
rote Linsen	nicht nötig	2fache Menge	15–30 Minuten
Sojabohnen	8–12 Stunden	4fache Menge	2–4 Stunden
halbe Erbsen, getrocknet	nicht nötig	3fache Menge	35–45 Minuten

Kitcheree

Die Leute lieben Kitcheree. Dieses herzhafte Pfannengericht stammt aus Indien, wo es vor allem von Sadhus gegessen wird, die es auf dem Herd vor sich hin garen lassen, während sie meditieren. Während der Sivananda-Sadhana-Intensivkurse für Yogalehrer kommt es täglich auf den Tisch. Wenn Sie in kalten Klimazonen leben oder sehr viel Pranayama praktizieren, sollten Sie auf keinen Fall die geklärte Butter (Ghee) vergessen. Kitcheree gibt uns Kraft und Lebensfreude. Man ißt es auch häufig als Teil eines größeren Entgiftungsprogramms für den Körper, z. B. nachdem man *kriyas* (Reinigungs-Yoga) praktiziert oder gefastet hat. Im Ayurveda spielt Kitcheree eine bedeutsame Rolle als Nahrungsmittel mit enormen Heilkräften. Für 4–6 Personen

250 g Mungbohnen
250 g Basmatireis
1 EL Öl
1 TL brauner Senfsamen
1 TL Kreuzkümmelsamen
2 Stangen Staudensellerie, kleingeschnitten
1 TL gemahlener Koriander
Salz
2 EL Ghee (nach Wunsch)

1 Die Mungbohnen mit der 3–4fachen Menge Wasser in einen Topf geben. Zum Kochen bringen, die Hitze zurücknehmen und zugedeckt 30–45 Minuten simmern lassen, bis die Bohnen weich sind. In der Zwischenzeit in einem zweiten Topf den Reis kochen und zur Seite stellen.

2 Das Öl in einem Wok oder einer Pfanne erhitzen. Die Senf- und Kreuzkümmelsamen zugeben und bei starker Hitze rösten, bis sie platzen.

3 Staudensellerie zugeben und bei mittlerer Hitze etwa 5 Minuten anbraten. Den Koriander zusammen mit dem gekochten und den fertig gegarten Mungbohnen einrühren. Unter ständigem Rühren weitere 10 Minuten braten. Mit Salz abschmecken. Wahlweise jetzt die geklärte Butter zufügen und sofort servieren.

- Statt Basmatireis können Sie auch Vollreis oder Gerste nehmen. Damit wird das Gericht sogar noch herzhafter. In unserem Ashram in Kanada wird Kitcheree mit vorher eingeweichten Hijziki-Algen (statt Staudensellerie) zubereitet, was einhellige Begeisterung hervorruft.

Swami Gayatris Mungbohnen

Das Lieblingsrezept unserer 70 Jahre jungen Großmutter, die so vielen Menschen beigebracht hat, wie man mit Liebe kocht und serviert. Für 4 Personen

200 g Mungbohnen
700 ml Wasser
75 g Kokosraspel
2 EL Öl
1 TL schwarzer Senfsamen
5–6 Curryblätter
1/4 TL Kurkuma
1 TL Salz
1 gehäufter TL gemahlener Kreuzkümmel
1 TL gemahlener Fenchel (nach Wunsch)

1 Mungbohnen und Wasser in einen Topf geben. Zum Kochen bringen, die Hitze wegnehmen und zugedeckt 30–45 Minuten leise köcheln lassen, bis die Bohnen weich sind. Währenddessen die Kokosnußraspel in so viel heißem Wasser einweichen, daß sie gut bedeckt sind – d. h. etwa 50 ml.

2 Das Öl in einer schweren Pfanne erhitzen. Die Senfsamen zugeben und bei starker Hitze rösten, bis sie platzen. Möglichst alles Wasser aus den eingeweichten Kokosnußraspeln pressen und die Raspel in die Pfanne geben. 2–3 Minuten sanft anrösten. Dann Curryblätter, Kurkuma und Salz zugeben und 1 Minute lang ständig rühren.

3 Das Wasser von den Mungbohnen bis auf den letzten Rest abschütten. Die Bohnen in die Pfanne geben und 2 Minuten bei schwacher Hitze kurz anbraten. Kreuzkümmel- und Fenchelpulver zugeben und auf einer Servierplatte auf den Tisch bringen.

Weiße Bohnen mit Zucchini und Kräutern

Hier ergänzen knackige Zucchinistreifen die delikat mit Curry und Fenchel gewürzten weißen Bohnen. Für 4–6 Personen

450 g Butterbohnen, eingeweicht
1 l Wasser
25 g Butter oder Margarine
1 EL Currypulver
1 große Fenchelknolle, feingehackt
2 EL Olivenöl
Saft einer halben Zitrone
Salz und Pfeffer
1 Zucchini
3 EL feingewiegte frische Petersilie
3 EL feingewiegter frischer Dill

1 Die Bohnen abgießen, in einen Topf geben und mit Wasser bedeckt zum Kochen bringen. Die Hitze wegnehmen und zugedeckt 1–1 1/2 Stunden köcheln lassen, bis sie weich sind.

2 Die Hälfte der Butter oder Margarine in einem großen Topf erhitzen, das Currypulver einrühren und darin den Fenchel bei mittlerer Hitze anbraten, bis er glasig wird. Die Bohnen abgießen und zugeben. Zugedeckt über sehr schwacher Hitze 10 Minuten kochen. Die Bohnen mit Olivenöl, Zitronensaft, Salz und Pfeffer abschmecken und in eine Servierschüssel geben.

3 Die Zucchini der Länge nach in dünne Streifen schneiden. Die restliche Butter oder Margarine in einer Bratpfanne erhitzen, die Zucchinistreifen zusammen mit den gehackten Kräutern zugeben und bei mittlerer Hitze unter ständigem Rühren sanft anbraten, bis einige der Zucchinistreifen ein wenig braun sind. Sie sollten etwas weicher sein, aber noch genügend Biß haben. Achten Sie darauf, daß sie nicht brechen. Mit den Zucchinistreifen die Bohnen garnieren und sofort servieren.

Kamalas Pilaw

Kamala leitet eines unserer Yoga-Zentren. Es liegt in den Blue Mountains in Australien. Nach der abendlichen Gruppenmeditation (*satsang*) essen unsere Praktizierenden es besonders gerne. Für 4–6 Personen

100 g gelbe, halbe Erbsen
100 g Hirse
2 EL Ghee oder Öl
2 x 5 cm Zimtstange, in je 2 Hälften gebrochen
1/2 TL Kurkuma
1/2 TL Garam Masala (indische Gewürzmischung)
1 TL Salz
1/2 TL Cayennepfeffer (nach Belieben)
1 TL gemahlener Kreuzkümmel
2 Tomaten, kleingeschnitten
1 l kochendes Wasser
2 El Öl
1/2 TL schwarzer Senfsamen
250 g frischen Spinat, von den Stielen befreit und feingehackt

1 Die Erbsen etwa 2 Stunden einweichen. Abgießen und beiseite stellen. Die Hirse 5 Minuten lang in einer trockenen Pfanne anrösten. Vom Herd nehmen und zur Seite stellen. Ghee oder Öl in einer schweren Pfanne erhitzen. Zimtstangen, Kurkuma und Garam Masala zugeben. 8–10 Minuten über niedriger Flamme sautieren. Danach Erbsen, Hirse, Salz und – wahlweise – Cayennepfeffer zufügen. Weitere 8–10 Minuten anbraten.

2 Tomatenstückchen und gemahlenen Kreuzkümmel gut unterrühren und 3–4 Minuten lang köcheln lassen. Dann mit dem kochenden Wasser aufgießen und 30–35 Minuten unter gelegentlichem Umrühren garen. 10 Minuten vor Ende der Garzeit das Öl in einer Extra-Pfanne erhitzen. Die Senfsamen zugeben und rösten, bis sie platzen. Die Gewürze zusammen mit dem Spinat in die Erbsenmischung geben. Zugedeckt über niedriger Flamme unter gelegentlichem Rühren etwa 5 Minuten kochen.

Swami Saradanandas gebackene Bohnen

Dies ist ein sehr langsam garendes, traditionelles Gericht aus Neuengland. Stellen Sie es am Morgen in den Backofen, dann können Sie es vergessen, bis sie es zum Abendessen herausnehmen. Sie müssen nur zwischendurch nachsehen. Sie können auch Pintobohnen dafür nehmen. Sie erfüllen unsere körperlichen Bedürfnisse ebenso und machen auch genauso satt. Reichen Sie dazu Maisbrot (S. 65) oder Reis. Für 6 Personen

200 g Kidneybohnen
800 ml heißes Wasser
2 Lorbeerblätter, zerkrümelt
150 ml Melasse (ersatzweise Rübensirup)
1 TL Senfpulver
10 schwarze Pfefferkörner, leicht zerdrückt
4 EL Tomatenmark
1 Kartoffel, kleingeschnitten
1 Karotte, grobgeraspelt
1 Tl Salz

1 Den Backofen auf 140 °C vorheizen (Gas Stufe 1). Die Bohnen abgießen und mit dem heißen Wasser in einen Topf geben. Zum Kochen bringen und 10 Minuten bei starker Hitze kochen lassen. Den weißen Schaum abschöpfen. Dann die Bohnen mit dem Kochwasser in eine Auflaufform geben.

2 Lorbeerblätter, Melasse, Senfpulver und Pfefferkörner zufügen. Mit einem gut schließenden Deckel verschließen und 6–8 Stunden im Ofen backen. Dabei gelegentlich nachsehen, ob noch genügend Wasser vorhanden ist.

3 Tomatenmark, Kartoffel- und Karottenstückchen zugeben. Salzen und den Ofen auf 150 °C (Gas Stufe 2) stellen. Weitere 2 Stunden backen. Heiß servieren.

- Den Ofen nach dem Backen abschalten und die verschlossene Auflaufform über Nacht darin lassen. Dann können Sie am Morgen »Bohnen auf Toast« machen.

Premas und Dattatreyas Zimtbohnen

Dattatreya ist ein 73 Jahre junger Yogi, der immer noch beide Beine hinter dem Kopf zusammenbringt. Er stammt aus Italien und lebt jetzt mit seiner Frau Prema in London. Sie haben uns dieses italienische Rezept gegeben, das auf unserer Weihnachtsparty regelmäßig zum Renner wird. Besonders lecker schmeckt es mit Kräuterpolenta mit frischem Mais (S. 64). Für 4 Personen

225 g schwarzäugige Bohnen, eingeweicht
400 g Tomaten
4 EL Olivenöl
2,5 cm frische Ingwerwurzel, geschält und gerieben
4 Stangen Staudensellerie, feingehackt
250 ml Wasser
2 TL Tomatenmark
2 TL gemahlener Zimt
Salz und Pfeffer zum Abschmecken

1 Die Bohnen abgießen und in einen Topf geben. Mit Wasser bedeckt zum Kochen bringen und 10 Minuten lang auf großer Flamme kochen lassen. Dann bei halb geschlossenem Deckel ca. 45 Minuten weiterköcheln lassen, bis die Bohnen weich sind.

2 Die Tomaten überbrühen und häuten. Danach kleinschneiden.

3 Das Öl über niedriger Flamme in der Pfanne erhitzen. Ingwer und Staudensellerie zugeben und 2–3 Minuten sanft anbraten. Die Bohnen abgießen und mit Wasser, Tomatenmark, Zimt, Salz und Pfeffer zu dem Sellerie geben. Vorsichtig rühren und weitere 15 Minuten kochen. Die Tomaten zufügen und nochmals 5 Minuten garen lassen. Sofort servieren.

Chili mit Gemüse

Ein wohlschmeckendes Gericht, das uns hilft, allmählich den Übergang zu einer yoga-gemäßeren Ernährung (und Lebensweise) zu finden. Je langsamer die Umstellung erfolgt, um so dauerhafter wird sie sein. Sogar Freunde, die nicht vegetarisch leben, werden dieses Rezept mögen, vor allem wenn Sie es mit Maisbrot (S. 65) servieren. Wandeln Sie das Rezept öfter mal ab, indem Sie schwarze Bohnen statt der Kidneybohnen nehmen. Für 4–6 Personen

200 g Kidneybohnen, eingeweicht
4 EL Öl
1 1/2 TL Chilipulver
1/2 TL gemahlener Kreuzkümmel
1/2 TL Kurkuma
1 große grüne Paprikaschote, von Kernen und Stielansatz befreit und feingehackt
2 Stangen Staudensellerie, kleingeschnitten
1 große Karotte, kleingeschnitten
2 große Tomaten, kleingeschnitten
4 EL Tomatenmark
2–3 EL Zitronensaft (nach Wunsch)
Salz zum Abschmecken

1 Die Kidneybohnen abgießen und in einen Topf geben. Mit frischem Wasser bedeckt zum Kochen bringen und 10 Minuten sprudelnd kochen. Bei halb geschlossenem Deckel 1–1 1/2 Stunden weiterköcheln lassen, bis die Bohnen weich sind. Abgießen und beiseite stellen.

2 Das Öl in einer schweren Pfanne erhitzen und die Gewürze darin ein paar Minuten lang anbraten. Grünen Paprika, Staudensellerie und Karotten zufügen und 4–5 Minuten lang sautieren, bis das Gemüse weich ist. Tomatenstückchen und Tomatenmark einrühren. Weitere 15 Minuten simmern lassen. Die gekochten Bohnen zugeben und 15 Minuten weitergaren lassen. Mit Zitronensaft und Salz abschmecken. Sofort servieren.

Kichererbsen spanische Art

Kichererbsen sollten wir am besten mittags essen. Wenn sie zum Abendessen serviert werden, fällt es uns meist schwerer, am Morgen zur Meditation aufzustehen. Für 4–6 Personen

225 g Kichererbsen, eingeweicht
3 TL Olivenöl
1 Prise gemahlener Koriander
1 Prise gemahlener Ingwer
1 Prise frischgemahlene Muskatnuß
1 grüne Paprikaschote, von Kernen und Stielansatz befreit und feingehackt
1 rote Paprikaschote, von Kernen und Stielansatz befreit und feingehackt
1 frische grüne Chilischote, von Kernen befreit und feingehackt (nach Wunsch)
450 g Tomaten, kleingeschnitten
1 TL Salz
1/4 TL Pfeffer

1 Die Kichererbsen abgießen, in einen Topf geben. Frisches Wasser angießen, bis sie bedeckt sind. 1 EL Olivenöl zugeben und zum Kochen bringen. Bei halb geschlossenem Deckel auf kleiner Flamme 1–1 1/2 Stunden leise köcheln lassen, bis die Kichererbsen weich sind. Abgießen und zur Seite stellen.

2 Das restliche Öl in einer schweren Pfanne erhitzen. Gewürze, Paprikastückchen und – wahlweise – Chili zusammen mit den Tomaten zugeben und sautieren, bis das Gemüse weich ist. Kichererbsen zufügen und gut verrühren. Dann 2 Minuten lang köcheln lassen. Mit Salz und Pfeffer abschmecken. Sofort servieren.

Adukibohneneintopf

Adukibohnen werden vor allem in der japanischen Küche häufig benutzt. Dieses Gericht ist ein klassisches Rezept der makrobiotischen Küche und wird am besten mit Reis oder Hirse serviert. Für 4–6 Personen

175 g Adukibohnen, eingeweicht
2 Lorbeerblätter (nach Wunsch)
900 ml Wasser
300 g Kürbis, geschält, von den Samen befreit und in kleine Würfel geschnitten
1 Karotte, in Würfel oder Scheiben geschnitten
1/2 TL getrockneter Thymian
1/2 TL getrocknetes Bohnenkraut (nach Wunsch)
2–4 EL Miso

1 Die Bohnen abgießen und mit Wasser und Lorbeerblättern in einen Topf geben. Über mittlerer Flamme etwa 40 Minuten lang kochen, bis sie fast weich sind. Wenn nötig, etwas mehr Wasser hinzugeben.

2 Kürbis, Karotte, Thymian und – wahlweise – Bohnenkraut zugeben. Unter gelegentlichem Rühren weitere 20 Minuten köcheln lassen, bis alles weich ist. Der Eintopf sollte vergleichsweise trocken ausfallen. Den Topf vom Herd nehmen und das Miso einrühren. Sofort servieren.

- Die Lorbeerblätter weglassen und statt dessen zusammen mit dem Gemüse 15 g eingeweichte und abgegossene Hijziki-Algen zugeben.

Tamale-Bohnenpie

Diese würzige mexikanische Pie ist so weich, daß man zum Servieren einen Löffel braucht, weil man sie nicht in Scheiben schneiden kann. Für 4–6 Personen

200 g Pintobohnen, eingeweicht
750 ml Wasser
2 EL Öl
1 TL schwarzer Senfsamen
2 TL Kreuzkümmelsamen
1 große grüne Paprikaschote, von Kernen und Stielansatz befreit und feingehackt
2–3 frische grüne Chilischoten, von den Samen befreit und feingehackt
4 Tomaten, kleingeschnitten
1 TL Cayennepfeffer
1 TL getrockneter Oregano
1/2–1 TL Salz

Für die Teighülle:
250 g Maismehl
250 ml kaltes Wasser
1 TL Salz
750 ml kochendes Wasser

1 Die Bohnen abgießen und mit Wasser bedeckt in einen Topf geben. Bei halb geschlossenem Deckel und mittlerer Hitze 1–1 1/2 Stunden leise köcheln lassen, bis sie weich sind. Beiseite stellen.

2 Das Öl in einer großen Pfanne erhitzen. Senf- und Kreuzkümmelsamen zugeben und bei starker Hitze rösten, bis sie platzen. Grünen Paprika und Chilies zugeben und sautieren, bis alles etwas weicher ist. Die Tomaten zusammen mit dem Oregano und dem Cayennepfeffer einrühren und simmern lassen, bis die Tomaten weich sind. Dann die Pintobohnen und das Salz zugeben. Bei schwacher Hitze 10 Minuten kochen. Dabei gelegentlich umrühren. Beiseite stellen.

3 Für die Teighülle Maismehl, kaltes Wasser und Salz in einem beschichteten Topf geben und alles gut vermischen. Auf mittlere Hitze stellen, das kochende Wasser zufügen und rühren, bis der Teig glatt ist. Noch etwa 15 Minuten unter gelegentlichem Rühren kochen lassen. In der Zwischenzeit den Ofen auf 180 °C (Gas Stufe 4) vorheizen.

4 Eine längliche oder runde Auflaufform einölen und die Hälfte der Maismehlmischung hineingeben. Den Boden und die Seiten damit ausstreichen, als wollten Sie eine Muschel formen. Mit einem Löffel die Bohnenmischung daraufgeben. Die verbleibende Maismehlmischung als Deckel daraufstreichen. Die Auflaufform mit einem Deckel oder Alufolie abdecken und das Ganze 30 Minuten backen. Heiß servieren.

Linsen-Dal

Dieses Gericht wird fälschlicherweise oft für eine Suppe gehalten. Tatsächlich serviert man es im Norden Indiens auf Reis und reicht es mit Chapatis. Ein einfaches Mahl erhalten Sie, wenn Sie es mit Reis, Joghurt und Gemüsecurry (S. 88) auf den Tisch bringen. Für eine etwas edlere Version kombinieren Sie es mit Reis-Pilaw (S. 47), Raita und Chapatis (S. 53). Mehr Aroma erhält es, wenn Sie während des Kochvorgangs eine Zimtstange oder ein paar Gewürznelken zu den Linsen geben. Für 4–6 Personen

200 g rote Linsen
750 ml Wasser
1 TL Kurkuma
1 Lorbeerblatt
1–2 EL Ghee, Butter oder Öl
1 TL Senfsamen
1 TL Kreuzkümmel- oder Fenchelsamen
2 TL gemahlener Koriander
2 Tomaten, grobgehackt
1 TL Salz
1/2–1 TL Zitronensaft (nach Belieben)
4 EL frische Korianderblättchen, feingewiegt

1 Die Linsen mit Wasser, Lorbeerblatt und Kurkuma in einen Topf geben. 15–20 Minuten köcheln lassen, bis sie weich sind.

2 In der Zwischenzeit Ghee, Butter oder Öl in einer schweren Pfanne erhitzen. Senfsamen und Fenchel- bzw. Kreuzkümmelsamen zugeben und bei starker Hitze rösten, bis sie platzen.

3 Den gemahlenen Koriander zusammen mit den Tomaten zugeben und 5 Minuten garen lassen. Die Mischung über die gekochten Linsen schütten. Wenn die Masse zu dick ist, noch etwas Wasser hinzufügen. Sollte sie zu dünnflüssig sein, noch ein wenig einkochen lassen. Nun das Salz und – wahlweise – den Zitronensaft zugeben. Die gehackten Korianderblättchen einrühren und sofort servieren.

Karotten-Cashew-Auflauf

Karotten sind dafür bekannt, daß sie das Sehvermögen stärken. Staudensellerie beruhigt die Nerven und Kohl ist ein wahres Allroundheilmittel. Servieren Sie dieses Gericht einfach mit gekochtem Getreide und grünem Salat. Festlich wird es, wenn Sie die Tomatensauce von S. 123 darübergießen. Für 4–6 Personen

250 g Hirse
600 ml Wasser
250 g Cashewkerne in Stückchen
2 El Öl
4 Karotten, gerieben
1/2 Weißkohl, feingeschnitten
4 Stangen Staudensellerie, in dünne Scheiben geschnitten
1 EL gemischte Kräuter
1/2 TL gemahlene Muskatnuß
1 EL Tamari
1 Prise Pfeffer

1 Die Hirse mit dem Wasser in einem großen Topf aufsetzen und 30–40 Minuten köcheln lassen, bis sie weich ist.

2 Die Cashewstückchen in einer trockenen Pfanne bei starker Hitze anrösten, bis sie leicht gebräunt sind. Beiseite stellen.

3 In der Zwischenzeit den Ofen auf 200 °C (Gas Stufe 7) vorheizen.

4 Das Öl in einer Pfanne erhitzen, das Gemüse zugeben und bei mittlerer Hitze etwa 15 Minuten anbraten, bis es weich ist.

5 Gekochte Hirse, geröstete Cashewkerne, gemischte Kräuter, Muskatnuß, Tamari und Pfeffer zugeben und alles gut durchmischen. Das Ganze in eine gut geölte Backform geben und im Rohr 15 Minuten backen.

6 Abkühlen lassen, stürzen und in Scheiben geschnitten servieren.

Vegetarische Pastete

Dieses Rezept hat Uma beim Sivananda Yoga Retreat in Nassau »entdeckt«. Es gehört zu unseren Lieblingsrezepten und wurde von Zentrum zu Zentrum weitergereicht. Am besten bereitet man die Pastete ein paar Stunden vorher zu und stellt sie bis zum Verzehr kühl. Für 6–8 Personen

100 g Sonnenblumenkerne
75 g Vollweizenmehl
15 g Hefeflocken
2 EL Zitronensaft
25 g Butter oder Margarine
2 Karotten
1 Kartoffel
1 Stange Staudensellerie
1 Prise getrockneter Salbei
1 1/2 TL getrockneter Thymian
1 1/2 TL getrocknetes oder ein Bündel frisches Basilikum
1 TL Salz
250 ml warmes Wasser
1 Prise Pfeffer

1 Den Backofen auf 200 °C vorheizen (Gas Stufe 6). Alle Zutaten in eine Küchenmaschine geben und 4 Minuten durchmixen, bis die Masse glatt ist. Besitzen Sie keine Küchenmaschine, dann das Gemüse kleinraspeln, die Sonnenblumenkerne im Mixer zerkleinern und alles in einer Schüssel zusammenrühren.

2 Die Mischung löffelweise in eine eingefettete Backform geben und 1 Stunde backen. Abkühlen lassen und vor dem Servieren im Kühlschrank kalt stellen. Die Pastete geht während des Backens auf, während des Kühlvorgangs sinkt sie aber wieder in sich zusammen.

- Statt der Sonnenblumenkerne können Sie auch Mandeln, Walnüsse oder eine Mischung aus beidem nehmen.

Rissoles aus Sesam und Sonnenblumenkernen

In unserem Zentrum in London veranstalten wir nach Weihnachten regelmäßig einen einwöchigen Anfängerkurs. Nach ein paar Tagen Praxis treffen die erfahrenen »Karma–Yogis« dann die Vorbereitungen für unser Neujahrsfest. Dieses Partyrezept stammt von Gloria MacDonald. Sehr lecker schmeckt es mit Tomatensauce (S. 123) oder mit der dicken, braunen Sauce von Seite 122. Für 4–6 Personen

225 g Sesamsamen
225 g Sonnenblumenkerne
1/2 TL getrockneter Majoran
1/2 TL getrockneter Oregano
1/2 TL getrocknetes Basilikum
1 TL gemahlener Kreuzkümmel
1 EL Tamari
1 große grüne Paprikaschote, von Kernen und Stielansatz befreit und feingehackt
1–2 Stangen Staudensellerie, feingeschnitten
1 Karotte, geraspelt
1 Tomate, in Viertel geschnitten

1 Den Backofen auf 180 °C vorheizen (Gas Stufe 4). Die Sesamsamen in einem Mixer zerkleinern, die Sonnenblumenkerne ebenso. Achten Sie jedesmal darauf, daß die Masse nicht zu fein wird. Rissoles brauchen ein wenig Biß. Vermischen Sie beides in einer großen Schüssel.

2 Kräuter, Kreuzkümmel und Tamari unterziehen. Dann Staudensellerie, Paprika- und Karottenstückchen zufügen. Die Tomate in den Mixer geben und kurz durchmischen, so daß noch ein paar feste Stückchen übrigbleiben. Das Tomatenpüree vorsichtig unter die Samenmischung heben.

3 Von der Masse etwa eine Handvoll abnehmen, zu einem glatten Ball drehen und flachdrücken. Auf ein gefettetes Backblech legen. Auf dieselbe Weise 12–16 Rissoles machen. Diese 30–45 Minuten backen, bis sie braun sind.

- Wenn Sie die Rissoles kleiner machen, können Sie sie mit verschiedenen Dips als Partyhappen servieren.

Tempeh Tempeh wird aus Sojabohnen gemacht und in dichten, schnittfesten Scheiben verkauft. Ursprünglich kommt es aus Indonesien. Da es einen stärkeren Eigengeschmack hat als Tofu, eignet es sich hervorragend für Aufläufe und Eintöpfe. Es enthält eine Menge wertvoller Proteine und viel Vitamin B12. Sie können Tempeh gekühlt oder gefroren kaufen. Sein voller Geschmack wird manchmal durch die Zugabe von Weizen, Reis, Hirse, Erdnüssen oder Kokosnuß variiert. Wie Tofu ist es vielseitig verwendbar und kann mariniert, gebacken, gebraten oder gedünstet werden. Sie können es auch mit Kräutern oder Gewürzen in der Pfanne braten und zu Nudeln oder gekochtem Getreide servieren. Da Tempeh sehr nahrhaft ist, empfiehlt es sich vor allem für besonders geschwächte Menschen. Essen Sie Tempeh bitte nicht roh. Es muß auf jeden Fall gründlich gekocht werden.

Tempeh-Eintopf

Servieren Sie diesen Auflauf mit Reis oder Gerste in Schüsseln. Reichen Sie dazu frisches Brot. Für 6 Personen

1 Karotte, in Würfel oder dünne Scheiben geschnitten
1 Steckrübe, in Würfel oder dünne Scheiben geschnitten
3/4 einer gelben Kohlrübe, in Würfel geschnitten
1/2 kleiner Weißkohl, feingeschnitten
1 Eierkürbis (ersatzweise 500 g heimischer Riesenkürbis), in Würfel geschnitten
1 Streifen Kombu-Algen, kleingeschnitten
1 EL frische Ingwerwurzel, geschält und geraspelt
400 ml Wasser
1–2 EL Pfeilwurzelmehl
2 EL Öl
275 g Tempeh, in dicke Streifen geschnitten
Tamari

1 Das Gemüse zusammen mit den Algenstreifen, dem Ingwer und 300 ml Wasser in einem schwerem Topf zum Kochen bringen. Die Hitze zurücknehmen und bei halb geschlossenem Deckel 10 Minuten köcheln lassen, bis das Gemüse halb gar ist.

2 Das restliche Wasser in eine kleine Schüssel geben und 1 EL Pfeilwurzelmehl klümpchenfrei unterrühren. In den Eintopf geben und so lange rühren, bis dieser eindickt. (Wenn der Eintopf nach nochmaligem Aufkochen nicht andickt, die Prozedur wiederholen.) Weiterkochen, bis alles Gemüse weich ist. In der Zwischenzeit Öl in einer Pfanne erhitzen und darin die Tempehstreifen goldbraun braten. Den Eintopf mit Tamari abschmecken, die Tempehstreifen darübergeben und sofort servieren.

Tempeh mit Sesam

Dieses leichte Gericht servieren wir mit gekochtem Getreide. Sie können Tempeh auch durch Tofu ersetzen. Für 3–4 Personen

225 g Tempeh, in Streifen geschnitten
2 EL Olivenöl oder dunkles Sesamöl
2–3 EL Sesamsamen

Für die Sauce:
1 El Öl
3–4 Tomaten, feingeschnitten
2 TL frische Ingwerwurzel, geraspelt
2 EL Sesamsamen
250 ml Wasser, außerdem noch 1–2 EL mehr
75 ml Tamari
1 EL Pfeilwurzel- oder Maismehl

1 Den Backofen auf 180 °C vorheizen (Gas Stufe 4). Die Tempehstreifen zuerst in Öl, dann in den Sesamsamen wenden. Die fertig panierten Streifen auf ein Backblech legen und 45–60 Minuten backen, bis sie braun sind. Dabei einige Male wenden.

2 Für die Sauce das Öl in einem Topf erhitzen und darin Tomaten, Ingwer und Sesamsamen bei mittlerer Hitze 2–3 Minuten anbraten. Mit 250 ml Wasser aufgießen, Tamari zugeben und 10 Minuten leise köcheln lassen. Das Pfeilwurzelmehl mit 1–2 EL Wasser verrühren und zu der Sauce geben. Unter Rühren andicken lassen. Die Sauce zu dem gebackenen Tempeh reichen.

Tofu Tofu, der auch Bohnenquark genannt wird, ist mittlerweile eines der beliebtesten Nahrungsmittel aus Sojabohnen. Aus der vegetarischen Küche ist er aufgrund seiner Vielseitigkeit und seiner reichhaltigen Nährstoffe gar nicht mehr wegzudenken. Er enthält sehr viel Eiweiß, aber auch Eisen, Calcium und Phosphor. Außerdem ist sein Cholesteringehalt extrem niedrig. Er ist in verschiedenen Ausführungen erhältlich, von extra fest bis cremig weich. Fester Tofu ist am vielseitigsten. Er kann gleichermaßen gebraten und gebacken werden. Für Gerichte mit cremiger Konsistenz sollten Sie die Variante wählen, die so glatt und weich wie Joghurt ist. In vielen Rezepten ersetzt Tofu Milchprodukte wie Käse oder Sahne. Da er selbst eher neutral schmeckt, findet er in süßen Gerichten ebenso Verwendung wie in pikanten. Sie sollten ihn möglichst frisch kaufen und darauf achten, daß dafür keine genmanipulierten Sojabohnen verwendet wurden. Sie können ihn mit kaltem Wasser bedeckt im Kühlschrank aufbewahren. Aus gesundheitlichen Gründen sollten Sie rohen Tofu meiden, wenn Sie ihn nicht selbst hergestellt haben. Wenn Sie ihn zu Rohkostgerichten essen wollen, sollten Sie ihn vorher ein paar Minuten dämpfen.

Knusprig gebackener Tofu

Servieren Sie dieses würzige Gericht mit Vollreis, Hirse oder einem der Getreidegerichte von Seite 47–65. Für 4–6 Personen

450 g fester Tofu
25–40 g Butter oder Margarine
2–3 EL Tamari
Hefeflocken zum Darüberstreuen

1 Den Backofen auf 190 °C vorheizen (Gas Stufe 5). Den Tofu in 8 oder 12 Stücke schneiden.

2 Die Butter oder Margarine in einem Topf zergehen lassen, vom Herd nehmen und das Tamari zugeben.

3 Die Tofustücke auf ein Backblech legen und mit der Tamari-Butter-Mischung bestreichen. Mit Hefeflocken bestreuen und im Backofen 20 Minuten backen, bis der Tofu leicht angeröstet und knusprig ist.

• **Gebackener marinierter Tofu** Wenn Sie den Tofu feuchter wollen, mit ein wenig Sauce, verrrühren Sie 2 EL Öl aus gerösteten Sesamsamen oder geschmolzene Butter bzw. Margarine mit 2 EL Tamari, 2 EL geraspeltem Ingwer und 4 EL Wasser. Geben Sie diese Mischung über den Tofu, und lassen Sie ihn in einer Auflaufform 1 Stunde ziehen. Zusammen mit der Marinade in den Ofen stellen. Die Form mit einem Deckel oder mit Alufolie abdecken und wie oben backen. Kann mehr oder weniger zu allem serviert werden.

Tofu-Karotten-Mousse

So kann Wintergemüse auf höchst delikate Weise verarbeitet werden. Servieren Sie dieses Gericht mit gedämpften neuen Kartoffeln und einem knackigen grünen Salat. Für 6 Personen

2 EL Sesamöl
2–3 Karotten, in Scheiben geschnitten
1 kleine gelbe Kohlrübe oder 1 Pastinakenwurzel, grobgehackt
125 ml Wasser
1–2 EL Tamari
250 g fester Tofu
geröstete Sesamsamen oder feingewiegte frische Petersilie zum Garnieren (nach Belieben)

1 Den Backofen auf 200 °C vorheizen (Gas Stufe 6). Das Sesamöl in einem Topf erhitzen und die Karotten, die Rüben- oder Pastinakenstückchen darin bei mittlerer Hitze 5 Minuten sautieren. Wasser und Tamari zugeben und köcheln lassen, bis das Gemüse weich ist.

2 Das Gemüse in einen Mixer geben, den Tofu zufügen und durchmixen, bis die Masse glatt ist. Die Mischung löffelweise in eine Backform von etwa 600 ml Fassungsvermögen geben und etwa 30 Minuten backen, bis sie gerade fest ist. Abkühlen lassen und vor dem Servieren mit Sesamsamen oder Petersilie garnieren.

Tofu süß-sauer

Mit einer Schüssel gekochtem Reis schmeckt dieses Gericht einfach herrlich. Servieren Sie es, wenn Sie ein chinesisches Festessen planen. Für 4–6 Personen

450 g fester Tofu
2 EL Tamari
Kuzu, Pfeilwurzel- oder Maismehl zum Panieren (nach Belieben)
4 EL Sesamöl
1 grüne Paprikaschote, von Kernen und Stielansatz befreit und feingehackt
1 Stange Staudensellerie, diagonal in 2,5 cm lange Stücke geschnitten
1 Karotte, diagonal in Scheiben geschnitten
100 g Zuckererbsenschoten, diagonal geschnitten
100 g Bambussprossen, in Schnitze geteilt
150 g Wasserkastanien, in Scheiben geschnitten
100 g frische Ananas, in Würfel geschnitten

Für die Sauce:
2 EL Mais- oder Pfeilwurzelmehl
125 ml Wasser
3 EL Honig
4 EL Tamari
2 EL Zitronensaft
4 EL Tomatenmark

1 Den Tofu in ein sauberes Mulltuch hüllen und mit einem Schneidbrett oder einem dicken Buch beschweren. 30 Minuten liegen lassen, damit alle Flüssigkeit herausgepreßt wird. Dann in 2,5–5 cm große Würfel schneiden. Diese mit Tamari besprengen. Nach Belieben in Kuzu, Pfeilwurzelmehl oder Maismehl wenden.

2 2 EL Sesamöl in einem Wok oder einer schweren Pfanne erhitzen. Den Tofu darin knusprig backen. Zur Seite stellen (nach Möglichkeit im Ofen bei niedriger Hitze warmhalten).

3 Das restliche Öl im Wok erhitzen und darin Paprika, Staudensellerie, Karotten und Zuckererbsenschoten 5 Minuten anbraten. Das Gemüse sollte noch fest sein. Die Bambussprossen, Wasserkastanien und Ananaswürfel zugeben und weitere 2–3 Minuten kochen. Vom Herd nehmen und warm stellen.

4 Für die Sauce Maismehl bzw. Pfeilwurzelmehl in Wasser auflösen. Die restlichen Saucenzutaten in einer Extraschüssel verrühren und in den Wok geben. Kurz vor dem Aufkochen das angerührte Mais- bzw. Pfeilwurzelmehl zufügen und 2 Minuten rühren, bis die Sauce andickt. Den gebackenen Tofu sowie das Gemüse unterheben und sofort servieren.

Tofu mit Nudeln und Oliven

Tofu mit einem Hauch von Mittelmeer. Dafür sollten Sie weichen Tofu besorgen, aber fester tut es auch. Die Menge der Oliven gibt der Sauce ihren charakteristischen Geschmack. Sie können aber auch einen Teil durch sonnengetrocknete Tomaten ersetzen. Für 4–6 Personen

450 g cremiger Tofu
2 TL Olivenöl
100 g Staudensellerie, feingeschnitten
200 g Mangold oder Spinat, feingeschnitten
je 1/2 TL getrockneter Oregano, Thymian und getrocknetes Basilikum
1 Lorbeerblatt
450 g Nudeln (trocken)
4 EL helles Miso
200 g schwarze Oliven, entsteint und in Scheiben geschnitten
200 g grüne Oliven, entsteint und in Scheiben geschnitten
Pfeffer

1 Den Tofu 3 Minuten in einem kleinen Topf mit leicht kochendem Wasser pochieren. Abgießen und zur Seite stellen.

2 Das Olivenöl in einer schweren Pfanne erhitzen und darin Staudensellerie, Mangold bzw. Spinat und Kräuter unter ständigem Rühren 3–4 Minuten anbraten. Dann weitere 6–7 Minuten auf kleiner Flamme unter gelegentlichem Umrühren weitergaren, bis der Staudensellerie weich ist. Das Lorbeerblatt herausnehmen. Die Nudeln in einem großen Topf mit kochendem Wasser etwa 8–10 Minuten lang kochen, bis sie *al dente* sind.

3 Die Gemüsemischung in einen Mixer geben. Tofu und Miso zufügen und zu einer glatten, cremigen Sauce mixen. Die grünen und schwarzen Oliven einrühren. Die fertig gekochten Nudeln abgießen und sofort unter die Tofusauce mischen. Mit Pfeffer und Salz würzen.

Virya steckt im Gemüse

»Indem sie für ihre Kinder all diese phantastischen Gemüsesorten in ihrem kosmischen Garten wachsen läßt, beweist Mutter Natur uns ihre wunderbaren Fähigkeiten, ja ihre ganze Macht. Wie liebevoll und gütig sie doch zu uns ist. Sie nimmt all die wesentlichen Stoffe, die wir zum Leben brauchen, und mischt sie auf das Schönste in den verschiedensten Gemüsesorten, auf daß wir, ihre Kinder, daraus Kraft, Lebensfreude, Energie und Stärke ziehen mögen.«

Swami Sivananda

Virya ist die körperliche und geistige Energie, die wir brauchen, um auf unserem Lebensweg voranzukommen. Denn auch für spirituelle Errungenschaften ist lebensprühende Vitalität vonnöten. Ohne diese ist es nicht möglich, in die verborgenen Tiefen des unendlichen Ozeans in unserem Inneren einzudringen, um die letztendliche Glückseligkeit zu erreichen. Ohne einen gesunden Körper ist es unmöglich, uns der Verwirrung unserer Sinne und unseres Geistes zu stellen. Innere Stärke oder *virya* ist der Antrieb, der uns auf unserem Pfad vorwärtsdrängt, der uns erlaubt, nach Fehlschlägen wieder neuen Mut zu fassen und auch in schwierigsten Zeiten nicht aufzugeben.

Die Vitamine, die sich so reich in allen Gemüsesorten finden, machen nicht allein die Qualitäten dieser Gruppe von Nahrungsmitteln aus. Der Yogi, der sich bemüht, *virya* zu bewahren, nimmt auch die »philosophischen Vitamine« zu sich, die Swami Sivananda wie folgt einteilt:

Vitamin A: Anpassungsfähigkeit, Ausgeglichenheit, innerer Abstand, Aufrichtigkeit, Ausdauer, Aufmerksamkeit

Vitamin B: *bhakti* (Hingabe), Beharrlichkeit, Barmherzigkeit, Bedürfnislosigkeit, Beherztheit

Vitamin D: Disziplin, Durchhaltevermögen

Vitamin E: Eifer, Ernsthaftigkeit

Vitamin F: Freundlichkeit, Festigkeit, Fasten, Furchtlosigkeit, Freigebigkeit, Feingefühl

Vitamin G: Glaube, Geduld, Gleichmut

Vitamin H: Höflichkeit

Vitamin K: Klugheit, Kraft, Kontemplation, Konzentration, Kollegialität

Vitamin L: Liebenswürdigkeit, Langmut, Lauterkeit

Vitamin M: Mitgefühl, Mut

»Die verschiedenen Gemüsesorten sind in jeder Ernährungsweise die wertvollste Vitaminquelle – vor allem aber solche, die man roh genießen kann. Die bescheidene Tomate zählt wegen ihres Reichtums an den drei wichtigsten Vitaminen (A, B und C) zusammen mit dem Kopfsalat, dem Spinat und dem Kohl zu den Großen Vier, den Auserwählten, ja den Königen des Gemüsereichs.«

Swami Vishnu-devananda

Außerdem finden sich im Gemüse wertvolle Mineralstoffe (wie Eisen und Kalium), die uns bei der Ausscheidung von Giftstoffen unterstützen, das Blut reinigen und antiseptisch wirken. Nur mit ihnen können wir elektromagnetische Energie produzieren. Gemüse hilft uns, überschüssige Säuren im Körper zu binden – eine unabdingbare Voraussetzung dafür, daß das Blut Kohlendioxid zu den Lungen transportieren kann, von wo es ausgeschieden wird. Gemüse unterstützt die Verdauung. Es sorgt dafür, daß das Protein der Hülsenfrüchte besser aufgenommen werden kann und versorgt uns mit Ballaststoffen. Vor allem Blattgemüse und besonders saftige Gemüsesorten gleichen die säureproduzierenden Wirkungen von Zucker, Fett, Proteinen und Stärkemehl aus und verhindern so eine Übersäuerung des Blutes.

Die einfachste und gesündeste Art, Gemüse zu kochen, ist das Dämpfen. Auf diese Weise vermeiden wir übermäßigen Verlust von Nährstoffen und bewahren den ursprünglichen Geschmack und Beschaffenheit, d. h. ein Maximum an Prana. Waschen Sie das Gemüse in kaltem Wasser. Sorten wie Karotten müssen Sie schälen, wenn sie nicht aus kontrolliert biologischem Anbau stammen. Man kann Gemüse der Länge nach oder quer schneiden. Nun etwa 250 ml Wasser in einen Wok oder Dampftopf geben und zum Kochen bringen. Das Gemüse in einen Dämpfeinsatz legen und diesen über das Wasser stellen. Den Topf mit einem gut sitzenden Deckel verschließen und das Ganze 5–10 Minuten dämpfen. Das Gemüse sollte auf keinen Fall verkochen. Gedämpftes Gemüse hat normalerweise noch Biß und kaum etwas von seiner ursprünglichen Farbe verloren. Dämpfen Sie die einzelnen Sorten getrennt oder zusammen. Achten Sie darauf, daß Wurzelgemüse z. B. länger braucht als Fruchtgemüsearten (wie z. B. Kürbis). Am schnellsten gart Blattgemüse.

Eine schnelle und trotzdem gesunde Zubereitungsform ist es, das Gemüse unter ständigem Rühren in der Pfanne zu braten, das sogenannte Pfannenrühren. Nehmen Sie eine gute Handvoll verschiedener Gemüsesorten pro Person – entweder Ihre Lieblingssorten oder einfach nach Jahreszeit. Waschen, putzen und in mundgerechte Stücke schneiden. Auch hierbei sollte das Gemüse knackig und bißfest bleiben, also nicht etwa weich und matschig gekocht werden. Die Reihenfolge der Zubereitung ist dieselbe wie für das Dämpfen.

Sie können Gemüse auch backen. Hierzu eignen sich vor allem Kartoffeln, aber auch anderes Wurzelgemüse und Sorten mit starkem Aroma. Backen Sie es in der Folie – in Stücke geschnitten oder im Ganzen.

Pikante Frühlingskarotten

Dieses Rezept hat sich Jyoti, ein irischer Yoga-Lehrer in unserem Zentrum in London, ausgedacht. Karotten enthalten viel Vitamin A, reinigen das Blut und regen die Nierenfunktion an. Versuchen Sie statt der Mandeln Haselnußstückchen. Für 4 Personen

4 Karotten, in streichholzdünne Stifte geschnitten
50 g blättrig geschnittene Mandeln
50 g Butter oder Margarine
1 TL gemahlener Kreuzkümmel
2 TL feingehackte frische Korianderblättchen
1 TL heller Honig; Salz und Pfeffer (nach Belieben)

1 Die Karottenstifte etwa 10 Minuten dämpfen, bis sie weich, aber noch bißfest sind. In der Zwischenzeit ein paar Mandelblättchen zur Seite stellen und den Rest bei starker Hitze in einer schweren Pfanne ohne Öl rösten, bis sie an den Rändern goldbraun sind.

2 In einem Topf Butter bzw. Margarine zum Schmelzen bringen und darin den Kreuzkümmel bei starker Hitze einige Sekunden anrösten, um das Aroma freizusetzen. Achten Sie darauf, ihn nicht zu verbrennen. Den Topf vom Herd nehmen und die Karotten zugeben. Mandeln und Korianderblättchen zufügen und gut durchmischen. Den Honig unterrühren. Falls gewünscht, mit einer Prise Salz und Pfeffer würzen. Mit den zur Seite gestellten Mandeln garnieren und sofort servieren.

Exotischer Aubergineneintopf mit Zuckererbsen

Dieses halb chinesisch, halb indisch inspirierte Gericht vereint die Weichheit der Aubergine mit der knackig-zarten Beschaffenheit der Zuckererbsenschoten. Diese Vereinigung unterschiedlicher Strukturen steht auch für die Ganzheit der Natur selbst. Für 4 Personen

1 Aubergine, geschält und in 2 cm große Würfel geschnitten
Salz (nach Belieben)
3 EL Öl
1 TL schwarzer Senfsamen
1 TL frischer Ingwer, geraspelt
1/4 TL gemahlener Koriander
1/4 TL gemahlener Kreuzkümmel
1/4 TL gemahlener Kurkuma
250 g Zuckererbsenschoten, diagonal in 2 cm lange Stücke geschnitten
125 ml Wasser
1 kleine Tomate, kleingeschnitten
2 TL Zitronensaft
2 TL Tamari

1 Nach Wunsch die Auberginenwürfel leicht salzen und etwa 1 Stunde lang abtropfen lassen. Danach abspülen und trockentupfen. Das nimmt der Aubergine etwas von ihrem bitteren Geschmack und verhindert, daß beim Braten zuviel Öl aufgenommen wird.

2 Das Öl in einer schweren Pfanne oder einem Wok erhitzen. Senfsamen und Ingwer darin bei starker Hitze kurz sautieren, bis die Senfsamen »springen«. Den Rest der Gewürze zugeben und über mittlerer Hitze 5 Minuten im Öl braten. Auberginenwürfel und Zuckererbsen einrühren und gut durchmischen, daß beides gut mit dem Gewürzöl benetzt ist.

3 Mit Wasser aufgießen und zugedeckt kochen, bis das Gemüse weich gegart ist (höchstens 8 Minuten). Vom Feuer nehmen und die Tomatenstückchen zusammen mit Tamari und Zitronensaft zugeben. Vor dem Servieren zugedeckt ein paar Minuten ziehen lassen.

Puffbohnen in Schwarze-Bohnen-Sauce

Puffbohnen haben mehr »Körper« als normale grüne Bohnen. Die Sauce aus schwarzen Bohnen hebt den Proteingehalt dieses Gemüsegerichts. Frische Puffbohnen und fermentierte schwarze Bohnen erhalten Sie im chinesischen Feinkostladen. Mit braunem Reis wird ein einfaches, nahrhaftes Mahl daraus. Für ein chinesisches Festessen sollten Sie es mit orientalischer Tofu-Gemüse-Suppe (S. 42) und Tofu süß-sauer (S. 81) kombinieren. Für 4–6 Personen

2 EL Öl
450 g Puffbohnen, geputzt und in 5 cm lange Stücke geschnitten
2–3 EL fermentierte schwarze Bohnen, mit der Gabel zerdrückt
1 EL Tamari
1 EL Honig
50 ml Wasser plus 1 EL extra zum Anrühren
1 EL Maismehl oder Pfeilwurzelmehl
geröstete Sesamsamen zum Darüberstreuen

1 Das Öl in einem Wok oder einer schweren Pfanne erhitzen. Die Puffbohnen darin bei starker Hitze etwa 2 Minuten unter ständigem Rühren anbraten.

2 Die schwarzen Bohnen mit dem Honig, 50 ml Wasser und dem Tamari verrühren. Diese Mischung über die Puffbohnen gießen und 2 Minuten kochen lassen.

3 Mais- oder Pfeilwurzelmehl mit 1 EL Wasser anrühren, unter das Bohnengericht geben und 2 Minuten aufkochen lassen. Mit geröstetem Sesamsamen bestreuen und sofort servieren.

- Statt der Puffbohnen können Sie auch grüne Stangenbohnen nehmen.

Gnocchi mit Spinat-Basilikum-Sauce

Diese butterweichen italienischen Knödelchen sind viel leckerer, wenn Sie sie selbst zubereiten. Sie sind eine köstliche Abwechslung zu Nudelgerichten. Die Tomaten sollten frisch sein. Für 6 Personen

1 kg Kartoffeln, kleingeschnitten
Salz
1 EL frisches Basilikum, feingewiegt
175 g Vollkornweizenmehl
Wasser oder Öl für den Teig (nach Belieben)
ohne Kälberlab fermentierter Käse zum Servieren (nach Wunsch)
Basilikumblätter zum Garnieren

Für die Sauce:
1 1/2 EL Olivenöl
1–2 Stangen Staudensellerie, feingehackt
600 g Eiertomaten, kleingeschnitten
1 1/2 EL Tomatenmark
350 g Spinat, feingeschnitten
25 g feingewiegtes, frisches oder 3 EL getrocknetes Basilikum
Pfeffer

1 Die Kartoffeln 15 Minuten in gesalzenem Wasser kochen, bis sie weich sind. Abgießen und durch ein Sieb streichen. 1 EL Basilikum unterrühren und nach und nach das Mehl einarbeiten, bis ein weicher Teig entsteht. Falls der Teig zu bröselig ist, noch etwas Wasser oder Öl zugeben. Ist er dagegen zu naß, mehr Mehl zufügen.

2 Den Teig kurz kalt stellen, dann vorsichtig kneten, bis er glatt ist. In 4 Stücke teilen und aus jedem Stück eine Rolle (2,5 cm Durchmesser, 40 cm lang) formen. Von der Rolle 2 cm lange Stücke abschneiden. In jedes Stück mit einer Gabel ein Rillenmuster hineinpressen. Auf ein bemehltes Nudelbrett legen und 10–15 Minuten trocknen lassen.

3 In der Zwischenzeit bereiten Sie die Sauce zu. Olivenöl erhitzen und den Staudensellerie darin anbraten. Tomaten, Tomatenmark und Spinat zugeben. Bei mittlerer Hitze und offenem Topf unter gelegentlichem Umrühren 5–10 Minuten kochen. Basilikum zugeben und mit Salz und Pfeffer abschmecken. Warm stellen.

4 Die Gnocchi partienweise in kochendem Wasser ca. 2–3 Minuten garen. Wenn sie fertig sind, schwimmen sie an der Oberfläche. Die fertigen Gnocchi warmhalten, bis alle Teigstückchen gekocht sind. Mit der Sauce übergießen und sofort servieren. Nach Wunsch etwas geriebenen Käse darüberstreuen und mit Basilikumblättern garnieren.

Latkes

Diese Kartoffelpfannkuchen sind eine der schmackhaftesten Errungenschaften jüdischer Küche. Sie sind reich an Kalium sowie an Vitamin C und daher eine unerschöpfliche Energiequelle. Wenn Sie sich nicht die Mühe machen wollen, Kartoffeln und Steckrüben zu raspeln, schneiden Sie sie in Würfel, und geben Sie sie dann in den Mixer. Wenn Sie die Latkes auf dem Blech zubereiten, sind sie weniger knusprig, aber auch nicht ganz so fett. Mit Apfelmus und/oder Sauerrahm bzw. Joghurt servieren. Für 6 Personen

6 Kartoffeln, feingeraspelt
1 große Steckrübe, feingeraspelt
1 TL Senfpulver
2 TL Weinsteinbackpulver
150 g Matzenmehl oder Krumen aus frischem Vollkornweizenbrot (evtl. etwas mehr)
1/4 TL Salz

1 Den Backofen auf 190 °C vorheizen (Gas Stufe 5). Die Kartoffeln gut auspressen, um alle überschüssige Flüssigkeit zu entfernen. In eine Schüssel geben, die Steckrübenraspel unterheben und mit Senfpulver, Backpulver, Matzenmehl bzw. Brotkrumen und Salz verrühren. Gut durchmengen. Wenn der Teig nicht richtig abbindet, noch mehr Matzenmehl bzw. Brotkrumen dazugeben.

2 Formen Sie mit der Hand nun kleine Küchlein von etwa 4 cm Durchmesser. Auf ein Backblech legen und 20 Minuten backen, bis die Unterseite knusprig ist. Dann wenden und die andere Seite knusprig backen. Latkes sollten außen knusprig und innen weich sein.

Gemüsecurry

Der Begriff »Curry« kann für jedes Gemüsegericht verwendet werden, das in einer kräftig gewürzten Sauce serviert wird. In Nordindien bilden Tomaten die hauptsächliche Saucengrundlage, in Südindien dagegen geraspelte Kokosnuß. Dieses Grundrezept kann mit allen Gemüsesorten zubereitet werden, die Sie gerade zur Hand haben. Ein einfaches indisches Mahl wird daraus, wenn Sie es mit Linsen-Dal (S. 76) und Chapatis (S. 53) kombinieren. Für 4–6 Personen

2 EL Öl
1 TL schwarzer Senfsamen
1/4 TL Kurkuma
1 TL Currypulver
1 Tomate, kleingeschnitten
1 Blumenkohl, in Röschen zerpflückt
2 Kartoffeln, in Würfel geschnitten und leicht vorgekocht
50 ml Wasser
Zitronensaft zum Abschmecken (nach Belieben)
1 TL Salz

1 Das Öl in einem großen Topf erhitzen und die Senfsamen über großer Flamme anrösten, bis sie »springen«. Kurkuma- und Currypulver zufügen und gut durchrühren. Die Hitze zurücknehmen, die Tomatenstückchen zugeben und 3–4 Minuten kochen, bis sie weich sind.

2 Den Blumenkohl zugeben. Vorsichtig rühren, um die Röschen gut mit dem Gewürzöl zu benetzen. Dann die Kartoffeln einrühren, mit Wasser aufgießen, nach Belieben mit Salz und Zitronensaft würzen. Zugedeckt 15–20 Minuten kochen, bis Kartoffeln und Blumenkohlröschen gerade weich sind. Wenn nötig, etwas mehr Wasser zugeben. Das Ganze sollte nicht zu trocken werden. Heiß servieren.

- Lassen Sie den Blumenkohl weg, und Sie haben eine traditionelle Füllung für die Masala Dosas von S. 28.
- Nehmen Sie statt des Blumenkohls 300–400 g Gemüse Ihrer Wahl.

Bayerisches Blaukraut

Das tiefe Rot des Blaukrauts, das in Norddeutschland Rotkohl heißt, macht die Eleganz dieses einfachen, mit Nelken und Zimt verfeinerten Gerichts aus. In unserem Münchner Zentrum, in dem meistens reger Betrieb herrscht, gehört dieses Gericht zu den Dauerhits. Für 4–6 Personen

1 EL Öl oder 15 g Butter bzw. Margarine
1 kleines Blaukraut, grobgehackt
1 Karotte, geraspelt
150 ml Wasser
6 ganze Nelken
2 Zimstangen
Saft einer Zitrone
1/2 TL Salz
Pfeffer zum Abschmecken (nach Wunsch)

Öl oder Butter bzw. Margarine in einem schweren Topf erhitzen. Kohlstreifen und Karottenraspel darin bei mittlerer Hitze 5 Minuten sautieren. Mit Wasser aufgießen und die Gewürze zugeben. Zugedeckt etwa 30 Minuten köcheln lassen, bis das Blaukraut weich ist. Mit Zitronensaft, Salz und Pfeffer abschmecken und warm servieren.

- Sie können das Gericht auch im Ofen bei mittlerer Hitze zubereiten.

Indisches Kohlgericht

Dieses feinwürzige Gericht paßt hervorragend zu Linsen-Dal (S. 76) und Reis bzw. Chapatis (S. 53). Mit Reispilaw (S. 47) und Gemüsecurry mit Zucchini (S. 88) wird daraus ein nordinidsches Festessen. Für 4–6 Personen

1 Kartoffel, in Scheiben geschnitten
2 EL Öl oder Ghee (oder halb und halb)
1 EL Senfsamen
1½ TL Kreuzkümmelsamen
1 TL gemahlener Koriander
½ TL Kurkuma
1 Prise Cayennepfeffer
1 Kohlkopf, feingeschnitten
1 TL Salz

1 Die Kartoffelscheiben 5–10 Minuten lang dämpfen. Beiseite stellen. Das Öl in einer schweren Pfanne erhitzen, die Senfsamen zugeben und bei starker Hitze anrösten, bis sie »springen«. Die anderen Gewürze zugeben und bei mittlerer Hitze 1–2 Minuten rösten.

2 Die Kohlstreifen zugeben und gut umrühren. Nun den Kohl kochen, bis er weich ist. Erst danach die Kartoffelscheiben zufügen. Salzen und weitere 5 Minuten garen lassen, bis die Kartoffeln fertig sind. Das Gericht sollte eher trocken ausfallen. Sofort servieren.

Ratatouille

Wenn Sie es eilig haben, können Sie natürlich das ganze Gemüse einfach zusammen in den Topf geben. Besser schmeckt es allerdings, wenn Sie zuerst die Auberginen und Zucchini anbraten, um deren besonderen Geschmack hervorzuheben. Die Karottenraspel gleichen die feine Säure der Tomaten aus. Servieren Sie die Ratatouille auf Nudeln oder Reis und bestreuen Sie sie nach Wunsch mit etwas geriebenem Käse. Ein grüner Salat dazu und Sie haben eine komplette Mahlzeit. Für 4–6 Personen

1 Aubergine, in große Stücke geschnitten
2–3 Zucchini, in große Stücke geschnitten
Olivenöl extra vergine
Salz und Pfeffer
2 Stangen Staudensellerie, feingehackt
1 rote Paprikaschote, von Kernen und Stielansatz befreit und in Streifen geschnitten
1 Karotte, geraspelt
3 große, saftige Tomaten, feingeschnitten
1 EL Tomatenmark
2 EL feingewiegtes frisches Basilikum oder 1 EL getrockneter Oregano bzw. Basilikum

1 Den Backofen auf 200 °C vorheizen (Gas Stufe 6). Die Auberginen- und Zucchinistücke in eine mit Olivenöl ausgepinselte Auflaufform füllen. Mit Olivenöl besprenkeln, salzen, pfeffern und 20–30 Minuten backen, bis das Gemüse weich ist.

2 In der Zwischenzeit in einem Topf 1 EL Olivenöl erhitzen und darin den Staudensellerie bei mittlerer Hitze 2–3 Minuten anbraten. Dann die Paprikastreifen zugeben und köcheln lassen, bis das Gemüse weich ist. Die Karottenraspel zusammen mit Tomaten, Tomatenmark und Kräutern zufügen und alles 5 Minuten kochen.

3 Die Tomatenmischung über das gebackene Gemüse geben. Abschmecken und sofort servieren.

Gebackener Kürbis

Auf der Sivananda Yoga Ranch im Staat New York gehört dieses Rezept zu den bevorzugten Gerichten für kalte Wintertage. Kürbis hat eine wunderbare Farbe, die uns an leuchtendes Herbstlaub erinnert. Sein cremig-süßes Fleisch belebt an langen Winterabenden jede Mahlzeit. Kürbis enthält viel Vitamin A. Außerdem ist er in der Lage, überschüssige Magensäure zu binden und alles wieder ins Lot zu bringen, wenn wir uns den Magen verdorben haben. Für 4–6 Personen

1 Moschus- oder Hokkaidokürbis
50 g zerlassene Butter oder Margarine
100 g Brotkrumen von Vollkornweizenbrot
1/4 TL frisch gemahlene Muskatnuß
1/2 TL gemahlener Zimt
2 große Äpfel, geschält und in Stücke geschnitten

1 Den Backofen auf 180 °C (Gas Stufe 4) vorheizen. Den Kürbis in zwei Hälften teilen. Samen und faserige Teile entfernen.

2 Die zerlassene Butter bzw. Margarine mit den Brotkrumen mischen. Äpfel und Gewürze unterrühren und die Kürbishälften damit füllen. In eine Auflaufform oder auf ein tiefes Blech legen, mit Folie abdecken und 45 Minuten backen. Die Folie abnehmen und weitere 10 Minuten backen, um die Oberfläche bräunen zu lassen. Heiß servieren.

Cremig überbackener Fenchel

Fenchel entwässert und reinigt die Lungen. Hier wird sein feiner Lakritzgeschmack mit Käse und Kümmel ergänzt. Für 4 Personen

2 Fenchelknollen
2 EL Zitronensaft
2 TL Kümmel
25 g Butter oder Margarine
100 g Brotkrumen
200 g Quark oder Frischkäse
150 ml Milch oder Sojamilch
1 TL Salz
1 EL frische Petersilie, feingewiegt

1 Den Backofen auf 200 °C vorheizen (Gas Stufe 6). Den Fenchel in dünne Scheiben schneiden, das gefiederte Grün zum Garnieren zurückbehalten. Die Fenchelscheiben in einen Topf schichten und den Zitronensaft darübergießen. Zugedeckt bei mittlerer Hitze 5–10 Minuten dünsten, bis der Fenchel anfängt, weich zu werden.

2 In der Zwischenzeit den Kümmel in einer Pfanne bei starker Hitze ein paar Sekunden rösten und dann grobmahlen. Butter oder Margarine in einem Topf erhitzen und die Brotkrumen darin bei mittlerer Hitze rösten, bis sie goldbraun sind.

3 Den Fenchel in eine Auflaufform von 1,5 l Inhalt umfüllen. Quark oder Frischkäse mit Milch, Kümmel und Salz verrühren und über den Fenchel gießen. Mit Brotkrumen und feingewiegter Petersilie bestreuen und mit Folie abdecken. 25–30 Minuten überbacken, bis der Fenchel ganz weich ist. Heiß servieren.

- Vegan wird das Gericht, wenn Sie statt Frischkäse Tofu nehmen.

Gobi Masala

Herzlichen Dank an Shakti Warwick. Ihr ungewöhnliches Rezept ist ein Fest für Augen und Gaumen gleichermaßen. Bei diesem würzig-delikaten Gericht wird ein ganzer Blumenkohl auf indische Art zubereitet. Wenn Sie es gerne etwas milder mögen, dann nehmen Sie weniger Gewürze oder geben einfach mehr Joghurt hinzu. Bringen Sie es nur mit Reis auf den Tisch, oder machen Sie daraus einen Gang innerhalb eines größeren Mahls. Für 4 Personen

1 Blumenkohl
1 frische grüne Chilischote, von Kernen befreit und feingehackt
1/2 TL Cayennepfeffer
3/4 TL Salz
1 TL frische Ingwerwurzel, geraspelt
1/2 TL Garam Masala (indische Gewürzmischung) und 1/2 TL extra zum Bestreuen
1 TL Zitronensaft
gehackte Korianderblätter oder Petersilie zum Garnieren

Für die Masala-Paste:
125 ml Ghee oder Öl
2 Stangen Staudensellerie, in dünne Scheiben geschnitten
1 sehr kleine weiße Steckrübe, feingeraspelt
1 TL frische Ingwerwurzel, geraspelt
2 TL ungesüßte Kokosraspel
50 g gemahlene Mandeln
2 EL gemahlener Koriander
1/2 TL Kreuzkümmelsamen
6 Gewürznelken
8 Pfefferkörner
4 grüne Kardamomschoten, ohne Hülsen
1 Prise frisch geriebene Muskatnuß
ein 2 cm langes Stück Zimtstange
3/4 TL Salz
4 EL Naturjoghurt
1 kleine Tomate, von den Samen befreit und feingeschnitten

1 Den Backofen auf 180 °C vorheizen (Gas Stufe 4). Blumenkohl waschen und trockentupfen. Die äußeren Blätter entfernen.

2 Mit einer Gewürzmühle oder einem Mörser Chili, Cayennepfeffer, 1 TL geraspelte Ingwerwurzel, 1/2 TL Garam Masala und 3/4 TL Salz mit dem Zitronensaft zu einer Paste verarbeiten. Die Paste zwischen die Blumenkohlröschen streichen, ohne diese abzubrechen. Den Blumenkohl in einen Dämpfeinsatz geben und 8–10 Minuten im Dampftopf garen. Er sollte etwa zu 3/4 gar sein.

3 In der Zwischenzeit die Masalapaste herstellen. 2 EL Ghee oder Öl zur Seite stellen. Den Rest in einer Pfanne erhitzen und darin Staudensellerie und Steckrübe sautieren. Ingwerwurzel, Kokosnußraspel, Mandeln, Gewürze und Salz miteinander im Mörser verrühren und diese Mischung dann zum Gemüse geben. Kurz durchziehen lassen, dann den Joghurt zugeben. Ständig umrühren, damit er nicht ausflockt. Dann die Tomatenwürfelchen unterheben.

4 Den gedämpften Blumenkohl in eine Auflaufform geben. Die Oberfläche des Blumenkohls mit der Hälfte der Masalapaste bedecken. Achten Sie darauf, die Paste auch in die Ritzen zwischen den Röschen zu streichen. Mit der restlichen Butter bzw. Ghee übergießen. Den Blumenkohl 15 Minuten überbacken, bis die Paste gleichmäßig gebräunt und gar ist.

5 Die restliche Paste um den Blumenkohl verteilen und weitere 5 Minuten backen. Zum Servieren den Blumenkohl mit dem restlichen Garam Masala bestreuen, und mit gehackten Koriander- oder Petersilienblättchen bestreuen.

Vegetarisches Ragout

Ein einfacher und höchst befriedigender Eintopf aus Wintergemüse, bei dem alle wertvollen Inhaltsstoffe des Gemüses in der Flüssigkeit zurückbleiben. Dill hebt den feinen Geschmack des Gemüses noch besonders hervor. Reichen Sie das Ragout mit Vollreis und einem frischen grünen Salat. Für 4 Personen

3 Stangen Staudensellerie
2 oder 3 Kartoffeln
2 oder 3 Karotten
2 oder 3 Zucchini
1 EL Öl oder 15 g Butter bzw. Margarine
6 Tomaten, in Achtel geschnitten
Salz und Pfeffer zum Abschmecken
3 EL frischen Dill, feingewiegt

1 Den Backofen auf 180 °C vorheizen (Gas Stufe 4). Das Gemüse in große Stücke schneiden.

2 Öl oder Butter bzw. Margarine in einem Topf erhitzen und darin den Staudensellerie bei mittlerer Hitze etwa 5 Minuten anbraten, bis er etwas weicher geworden ist.

3 Das restliche Gemüse mit den Tomaten in eine flache feuerfeste Auflaufform geben, mit Salz und Pfeffer würzen und mit 2 EL Dill bestreuen. So viel Wasser einfüllen, daß der Boden der Form bedeckt ist.

4 1 Stunde backen, bis das Gemüse weich ist. Dabei ab und zu vorsichtig umrühren. Wenn es zu trocken werden sollte, ein wenig Wasser zufügen. Wenn nötig, mit einem Deckel oder mit Folie zudecken. Vor dem Servieren den restlichen Dill darüber streuen.

Walnuß-Kartoffel-Kuchen

Kaufen Sie Ihre Walnüsse nur dort, wo viele Walnüsse gekauft werden, damit Sie keine alten erwischen. Und achten Sie darauf, daß die Nüsse nicht mit Chemikalien behandelt wurden. Mit gedämpftem Gemüse und einem grünen Salat erhält dieses einfache Gericht einen Hauch von Eleganz. Für 4–6 Personen

450 g Kartoffeln, mit der Gemüsebürste geschrubbt, aber nicht geschält, dann grobgeraspelt
1 EL Butter oder Öl
225 g ohne Kälberlab fermentierter Käse, gerieben, oder 15 g Hefeflocken
50 ml Milch oder Sojamilch
50 g gehackte Walnüsse
Tamari zum Abschmecken
1/4 TL Gewürzpaprika
feingehackte frische Petersilie zum Garnieren

1 Den Backofen auf 180 °C vorheizen (Gas Stufe 4). Die Kartoffeln dämpfen, bis sie weich sind, dann mit dem Stampfer zerkleinern. Butter bzw. Öl und den geriebenen Käse oder die Hefeflocken zugeben. Gut durchmengen.

2 Milch oder Sojamilch zusammen mit den Walnüssen einrühren. Mit Tamari abschmecken. Noch einmal gut durchmischen und in eine gefettete Backform geben. Mit Paprika bestreuen und 20 Minuten backen. Mit gehackter Petersilie bestreuen und sofort servieren.

Gefüllte und gebackene Tomaten

Da Tomaten viele Vitamine und Mineralstoffe enthalten, stellen sie für fast jedes Gericht eine optimale Beilage dar. Wenn möglich, sollten Sie am Stock gereifte Tomaten nehmen, da deren reiches Aroma alles übertrifft. Dieses Gericht können Sie mit einem grünen Salat oder gedämpftem grünen Gemüse als einfaches Mittag- oder Abendessen servieren. Mit einem mediterranen Salat (S. 98) erhalten Sie eine etwas reichhaltigere Mahlzeit. Für 4–6 Personen

6–8 Tomaten
4 EL Öl
1 Steckrübe, geraspelt
50 g gehackte Walnüsse
1 EL frischer gehackter oder 1 TL getrockneter Dill
1 EL feingewiegte frische Petersilie
40 g Brotkrumen aus Vollkornbrot oder gekochter Vollreis oder anderes gekochtes Getreide
1/4 TL Pfeffer
1 TL Tamari

1 Den Ofen auf 180 °C vorheizen (Gas Stufe 4). Von den Tomaten einen Deckel abschneiden und zur Seite legen. Mit einem Löffel das weiche Innere herausholen und ebenfalls beiseite stellen.

2 Die Hälfte des Öls in einem Topf erhitzen und die Rübenraspel darin anbraten, bis sie braun sind. Das weiche Innere der Tomaten zufügen und 1–2 Minuten sautieren. Gehackte Walnüsse, Dill, Petersilie, Pfeffer und Brotkrumen (bzw. Getreide) zugeben und weitere 3 Minuten sautieren. Tamari unterrühren. Die Füllung mit einem Löffel in die Tomaten geben. Die »Tomatendeckel« daraufsetzen und mit dem restlichen Öl besprengen.

3 Die gefüllten Tomaten in eine flache Backform setzen und so viel Wasser zufügen, daß der Boden bedeckt ist. 30–40 Minuten backen. Heiß servieren.

Auberginenpizzas

Direkt aus dem Ofen kommend als Snack servieren. Für eine komplette Mahlzeit mit einem Getreidegericht und Salat kombinieren. Für 4–6 Personen

1 große Aubergine
4 TL Sesamsamen
4 TL getrockneter Oregano
4 TL getrocknetes Basilikum
Salz zum Abschmecken
150 ml Olivenöl
2 oder 3 große Tomaten, in Scheiben geschnitten
100 g ohne Kälberlab fermentierter Cheddar (ersatzweise mittelalter Gouda) und/oder Mozzarella, gerieben bzw. in Scheiben geschnitten

1 Den Backofen auf 180 °C vorheizen (Gas Stufe 4). Die Aubergine in 1 cm dicke Scheiben schneiden. Auf einem Teller Sesamsamen, getrocknete Kräuter und Salz vermengen. Die Auberginenscheiben mit Öl einpinseln und in der Sesam-Kräuter-Mischung von beiden Seiten wenden, bis sie schön bedeckt sind.

2 Jede Scheibe einzeln auf ein Backblech geben und mit einer Tomatenscheibe belegen. Etwas geriebenen Käse darüberstreuen. 30 Minuten backen, bis die Auberginenscheiben weich sind. Heiß servieren.

- Für eine vegane Version dieses Gerichts den Käse durch 200 g Tofu ersetzen. Den Tofu in Scheiben schneiden und in einer Marinade aus 3 EL Tamari, 3 EL Wasser und 1 EL geriebener Ingwerwurzel ziehen lassen. Erst dann auf die Auberginenscheiben legen.
- Vor oder nach dem Backen können Sie auch noch andere pikante Zutaten wie z. B. in Scheibchen geschnittene Oliven zufügen.

Shepherd's Pie Der hohe Proteingehalt der Linsen und die kohlehydratreichen Kartoffeln machen dieses Gericht zu einem vollendeten Genuß. Linsen enthalten viel Eisen. Unter den Hülsenfrüchten sind sie am leichtesten zuzubereiten und zu verdauen. Reichen Sie zu der Pie nur einen grünen Salat. Für 4–6 Personen

300 g grüne oder braune Linsen
700 ml heißes Wasser
25 g Butter oder Margarine
1 grüne Paprikaschote, von Kernen und Stielansatz befreit und feingeschnitten
1 rote Paprikaschote, von Kernen und Stielansatz befreit und feingeschnitten
2 Karotten, kleingeschnitten
2 Stangen Staudensellerie, kleingeschnitten
1 TL gemischte, getrocknete Kräuter (Majoran, Thymian, Basilikum)
1/4 TL Macispulver oder gemahlene Muskatnuß (nach Belieben)
1/4 TL Cayennepfeffer
1/2 TL Salz oder 1 TL Tamari
2 Tomaten, in Scheiben geschnitten
feingewiegte frische Petersilie

Für die Kartoffelkruste:
700 g gekochte Kartoffeln
75 g ohne Kälberlab fermentierter Cheddarkäse, ersatzweise mittelalter Gouda (nach Belieben)
50 g Butter oder Margarine
2 EL Milch oder Sojamilch
Salz und Pfeffer
Paprikagewürz zum Bestreuen (nach Wunsch)

1 Die Linsen in einem Topf mit heißem Wasser aufsetzen. Zum Kochen bringen und bei halb geschlossenem Deckel 30–40 Minuten köcheln lassen, bis das Wasser ganz aufgesogen ist und die Linsen weich sind.

2 Den Backofen auf 190 °C vorheizen (Gas Stufe 5). Die Butter bzw. Margarine in einer Pfanne zergehen lassen und darin Paprikaschoten, Karotten und Sellerie bei mittlerer Hitze braten, bis das Gemüse weich ist. Die gekochten Linsen stampfen und zum Gemüse geben. Mit Kräutern, Gewürzen und Salz bzw. Tamari abschmecken. Gut durchmengen und die Mischung in eine Pie-Form (flache Auflaufform) von 2 l Fassungsvermögen geben. Glattstreichen, die Tomatenscheiben auf der Oberfläche verteilen und mit Petersilie bestreuen.

3 Für die Kruste die gekochten Kartoffeln mit dem Stampfer zerkleinern. Käse, Butter und Milch unterziehen und mit Salz und Pfeffer abschmecken. Die Kartoffelmischung löffelweise über die Linsen geben und – wahlweise – mit Paprikagewürz bestreuen. Etwa 30 Minuten backen, bis die Oberfläche goldbraun ist. Heiß servieren.

- Ein Teil der Linsen (evtl. auch die ganze Menge) kann durch Adukibohnen oder grüne bzw. gelbe Trockenerbsen ersetzt werden.
- Die Kruste können Sie auch aus einer Mischung aus Kartoffeln, Steckrüben und gelben Kohlrüben bereiten.
- Statt des Gewürzpaprikas können Sie mit Sonnenblumenkernen garnieren.

Salate

Jede gesunde Ernährung sollte auch ein erhebliches Quantum Rohkost enthalten. Jede Art von Saisongemüse ist dafür geeignet. Achten Sie darauf, nicht allzu viele verschiedene Nahrungsmittelgruppen untereinander zu kombinieren. Beispielsweise sollten Sie keinesfalls Gemüserohkost und Obst während einer einzigen Mahlzeit verzehren. Grünes Blattgemüse hingegen ist ein Segen für die Menschheit. Es bindet in seinen Blättern Luft und Sonnenlicht so unverbraucht wie irgend möglich. Grüne Blätter sind Lunge und Leber der Pflanzen und speichern dort, in der Vorratskammer der Natur, Unmengen von Vitaminen und Mineralstoffen. Grün ist eine Heilfarbe von großer Kraft. Für 4–6 Personen

1 Kopfsalat, in mundgerechte Stücke zerpflückt
1 Bund Brunnenkresse, grob gehackt
200 g Spinat oder Chicoree, in mundgerechte Stücke zerpflückt
Salatdressing Ihrer Wahl (siehe Seite 118–120)

Vermengen Sie Kopfsalat, Kresse und Spinat bzw. Chicoree in einer Salatschüssel. Das Dressing geben Sie erst kurz vor dem Servieren darüber. Dabei den Salat mit dem Salatbesteck mehrmals aufnehmen und wenden, damit das Dressing die einzelnen Blätter benetzen kann.

- Dazu können Sie noch folgende Dinge nach Lust und Laune miteinander kombinieren und zufügen: feingehackte frische Kräuter, Blattgemüse und/oder Sprossen, kurz gedämpfe oder rohe Gemüsesorten wie z. B. grüne Bohnen, Puffbohnen oder junge Erbsen, feingeschnittenen Staudensellerie oder Fenchel.

Dreifarbiger Salat

Diese gesunde Salatplatte ist für jedes festliche Buffet ein ideales Hauptgericht. Ihre Farbigkeit ist einfach umwerfend. Für 4–6 Personen

Rot – Rote-Bete-Salat:
4 rohe rote Bete, geraspelt
100 g geröstete Sonnenblumenkerne
1 EL feingewiegter frischer Thymian oder Estragon
250 ml Mayonnaise ohne Ei (S. 120) oder Crème fraîche

Grün – Brunnenkressesalat:
100 g Walnußstückchen
1 Bund Brunnenkresse, geputzt
1 grüne Paprikaschote, von Kernen und Stielansatz befreit und in Streifen geschnitten
Saft einer Grapefruit
125 ml Olivenöl
Salz und Pfeffer zum Abschmecken

Orange – Karottensalat indische Art:
2 Karotten, geraspelt
1 TL Salz (nach Wunsch)
1 EL ungesalzene Erdnußkerne
1 EL Öl
1/2 TL Kreuzkümmelsamen
1/2 TL schwarzer Senfsamen
1 TL Sesamsamen
1 Prise gemahlener Koriander
1/4 TL Cayennepfeffer
1 TL Zitronen- oder Limonensaft
2 EL frische Korianderblättchen, feingehackt

1 Für den Rote-Bete-Salat einfach alle Zutaten miteinander vermengen.

2 Für den Brunnenkressesalat: Eine schwere Pfanne erhitzen und darin die Walnüsse über hoher Flamme rösten, bis sie braun sind. Abkühlen lassen und dann mit der Brunnenkresse und dem grünen Paprika vermengen. In einer anderen Schüssel den Grapefruitsaft mit Olivenöl, Salz und Pfeffer verrühren und über die Kresse geben.

3 Für den Karottensalat: Die geraspelten Karotten in eine Schüssel geben und salzen. Die Erdnüsse in der Pfanne unter ständigem Rühren rösten, bis sie etwas dunkler geworden sind und langsam ihr Aroma entfalten. Die Erdnüsse abkühlen lassen und in einem Mörser zerstampfen oder in einer dafür geeigneten Mühle grobmahlen. Das Öl in einem kleinen Topf erhitzen und darin alle Samen anrösten, bis sie »springen«. Den gemahlenen Koriander sowie den Cayennepfeffer zufügen und unter ständigem Rühren 1 Minute sautieren. Die Gewürzmischung über die Karotten geben, die Erdnüsse unterheben und mit Zitronensaft und feingehackten Korianderblättchen würzen.

4 Die drei Salate, jeden für sich, auf einer Servierplatte hübsch anrichten.

Mediterraner Salat

Feta (Schafskäse) und Oliven verleihen diesem appetitlichen Salat seine Würze, während der Staudensellerie ihn knackig im Biß macht. Als leichter Hauptgang reicht die u. a. Menge für vier Personen, als Salatbeilage für zehn. Für 4 Personen

1–2 EL Zitronensaft
1–2 EL Olivenöl
1/2 TL getrockneter Oregano
1/2 EL grobgemahlener Fenchelsamen
ein paar Zweiglein frischen Koriander, feingewiegt
1/4 TL Salz
Pfeffer zum Abschmecken
20 schwarze Oliven, entsteint
100 g Kopfsalat und/oder Spinat, in kleine Stücke zerpflückt
300 g leicht gedämpfte grüne Bohnen
2 Tomaten, in Achtel geschnitten, oder 10 Kirschtomaten
1 Gurke, in dicke Scheiben geschnitten
3 Karotten, in dünne, etwa 5 cm lange Stifte geschnitten
3 Stangen Staudensellerie, grobgehackt
150 g Feta, in Würfel geschnitten oder zerbröckelt, oder 100 g Sonnenblumenkerne
einige Zweige frische Petersilie zum Garnieren

1 Zitronensaft, Olivenöl, Oregano, Fenchelsamen, Koriander, Salz und Pfeffer in einer kleinen Schüssel verrühren. Beiseite stellen, damit die Aromen richtig durchziehen können, während Sie den Salat vorbereiten.

2 Oliven und Gemüse- bzw. Salatsorten in einer großen Salatschüssel vermengen. Feta bzw. Sonnenblumenkerne zugeben und das Dressing darübergießen. Gut durchmischen und mit ein paar Petersilienzweiglein garniert servieren.

Coleslaw

Dieser Kohlsalat sollte einige Stunden vor dem Servieren angemacht und im Kühlschrank aufbewahrt werden, damit das Gemüse das Dressing aufnehmen kann. Er ist das ideale Gericht für ein Picknick im Freien. Der Rotkohl ist nicht unbedingt nötig, aber er setzt einen hübschen farblichen Akzent. Für 6–8 Personen

1 Weißkohl
1/2 Rotkohl (nach Belieben)
2 Karotten
1 grüne oder rote Paprikaschote (oder je 1/2)
250 ml Mayonnaise ohne Ei (S. 120)
1 EL Zitronensaft
2 EL Kümmel, geröstet (nach Belieben)
1 TL Salz
geröstete Sonnenblumenkerne zum Garnieren

Weiß- und Rotkohl feinschneiden, Karotten und Paprika raspeln (mit der Küchenmaschine oder von Hand). Mayonnaise, Zitronensaft und – wahlweise – Kümmel zugeben. Mit Salz abschmecken und in eine Salatschüssel geben. Vor dem Servieren die gerösteten Sonnenblumenkerne darüberstreuen.

• **Fenchel-Coleslaw** Die Hälfte des Weißkohls durch feingeschnittenen Fenchel ersetzen und 1 TL gerösteten Fenchelsamen zufügen. Wenn Sie Walnußöl haben, dann benutzen Sie es für das Dressing (1 EL). Zum Garnieren nehmen Sie gehackte Walnüsse und das feine Grün vom Fenchel.

Kartoffelsalat

Ein klassisches Sommerpicknick ohne Kartoffelsalat – unmöglich! Er ist einfach vorzubereiten und ein paar Kapern oder gehackter frischer Dill geben ihm ein wenig Extrapep. Für 4–6 Personen

4–6 Kartoffeln, mit der Gemüsebürste geschrubbt und in Würfel geschnitten
1 TL Salz
1 grüne oder rote Paprikaschote, von Kernen und Stielansatz befreit und in Würfel geschnitten (nach Wunsch)
1 Stange Staudensellerie, feingeschnitten (nach Wunsch)
1/2 TL Gewürzpaprika
250 ml Mayonnaise ohne Ei (S. 120)

Die Kartoffeln in kochendem Salzwasser garen, bis sie weich sind. Nicht zu weich kochen. Abgießen und auskühlen lassen. Nach dem Abkühlen die anderen Zutaten zugeben und mit dem Salatbesteck vorsichtig durchmischen, damit die Kartoffeln nicht zu sehr auseinanderfallen. Kühl servieren.

• **Deutscher Kartoffelsalat** 1 kg festkochende, neue Kartoffeln, weichkochen, schälen und in Scheiben schneiden. Während sie noch heiß sind, ein wenig Sonnenblumenöl und Zitronensaft darübergießen. Je 1 EL frische Minze, Petersilie und/oder Dill zugeben und mit Salz und Pfeffer abschmecken. Noch warm servieren.

Sprossen Wenn es darum geht, das ganze Jahr frisches, pranageladenes Gemüse auf den Tisch zu bringen, geht nichts über Sprossen. Man kann sie überall anbauen: Einer unserer Mitarbeiter hat sie, während er 2 Monate lang durch Indien wanderte, sogar in seinem Rucksack sprießen lassen, obwohl es natürlich auf einem unbewegten Fensterbrett leichter geht. Während des Keimens werden die im Korn enthaltenen Fette und Stärkeanteile kontinuierlich in Protein, Chlorophyll und Vitamin C umgewandelt. Die meisten Sprossen brauchen 3–7 Tage, um ein Maximum an Nährwert zu erreichen.

Keimapparate bekommen Sie heute schon in den meisten Naturkostläden, doch am einfachsten ist die Sprossenzucht in einem Einweckglas. Weichen Sie darin die ausgewählten Hülsenfrüchte, Getreidekörner oder Samen über Nacht in Wasser ein. Am Morgen legen Sie dann ein Stück Musselin über die Öffnung des Glases und gießen das Wasser ab. Stülpen Sie das Glas danach um, und lassen Sie es in einem Winkel von 45° geneigt zum Entwässern stehen. Die Sprossen müssen 2–3mal täglich gewässert werden. Gießen Sie das überschüssige Wasser stets durch das Seihtuch ab. Mungbohnen und Linsen brauchen etwa 2–3 Tage und überhaupt kein Licht zum Keimen. Alfalfa braucht 5–7 Tage, davon die ersten 3 Tage im Dunkeln. Ab dem 4. Tag sollten Sie dann das Glas mit Alfalfa in die Sonne stellen, damit sich Chlorophyll in den Sprossen bilden kann. Gelatinehaltige Samen wie Kresse und Leinsamen wachsen im Glas nicht gut. Diese sollten Sie über Nacht in einer Schüssel einweichen und dann auf einem Teller auf 2 oder 3 Schichten Haushaltspapier keimen lassen. Wässern Sie auch hier 2–3mal täglich. Auch Getreide scheint so besser zu keimen. Es braucht dazu etwa 4 oder 5 Tage. Getreidesprossen schmecken sehr süß, da während der Sprossenbildung der Großteil der im Getreide enthaltenen Stärke in natürlichen Zucker umgewandelt wird. Sie können sie roh essen oder vorher 1–2 Minuten dämpfen.

Sprossensalat

Jeder Gemüsesalat wird durch die Zugabe von ein paar Sprossen knackiger. Natürlich können Sie Sprossen auch als Hauptbestandteil Ihres Salats nehmen. Die hier angegebene Menge versteht sich pro Person. Sie müssen also nur die Angaben mit der Menge der hungrigen Mäuler malnehmen. Dazu können Sie jedes Dressing (S. 118–120) servieren. Einfach über die Sprossen gießen. Für 1 Person

25–50 g Sprossen
25–50 g Rohkost, feingeschnitten oder geraspelt
1 Karotte, geraspelt
1/2 Tomate, in Scheiben geschnitten (nach Belieben)

Die Sprossen in eine große Schüssel geben und das geraspelte oder feingeschnittene Gemüse unterheben. Karottenraspel und – wahlweise – Tomatenscheiben zugeben. Ein wenig Dressing darübergeben und servieren.

Sattvische Süße

»Was immer dein Tun sei,
dein Mahl, deine Andacht,
welch eine Gabe auch immer du anderen gibst,
was du gelobest dem geistlichen Werke,
bringe dies alles als Opfer mir dar.«

Bhagavadgita, IX, 27

Am Ende jeder gemeinsamen Meditation wird Prasad (gesegnete Speise) verteilt. Denn keine spirituelle Handlung ist vollständig abgeschlossen, bevor wir nicht ganz konkret Nahrung geopfert und angenommen haben. Man kann sich Prasad vorstellen wie die Kommunion in der Kirche. Nahrung, die unsere Liebe in sich trägt, wird zuerst der Gottheit geopfert. Nach dieser symbolischen Handlung verzehren die Teilnehmer der Meditation diese Nahrung gemeinsam.

Nur Nahrung, die von einem Menschen, der Karma-Yoga (selbstloses Dienen) praktiziert, mit Liebe zubereitet wurde, kann Prasad werden. Prasad wird frisch (niemals früher als 2–3 Stunden vor der Opferung) und nur aus den besten Zutaten hergestellt. Man bewahrt es zugedeckt auf, und es sollte unter keinen Umständen vorher gekostet werden. Sogar Personen, die fasten, sollten ein wenig davon annehmen, da die Gnade Gottes nicht zurückgewiesen werden sollte.

Alles kann als Prasad dienen, doch normalerweise sind es Süßspeisen, da sie für die Süße göttlicher Gnade stehen. Unter unseren sattvischen Süßigkeiten finden sich traditionelle Prasadgerichte ebenso wie eher konventionelle Desserts. Im weiteren Sinne ist jedoch jede Nahrung, die mit Liebe zubereitet und angeboten wird, Prasad.

Rosinen-Nuß-Bällchen

Zu unseren traditionellen Weihnachtsparties bringt jeder etwas Selbstgemachtes mit. Alle, die glauben, sie könnten nicht kochen, und trotzdem etwas beitragen wollen, stürzen sich normalerweise auf dieses Rezept, da es dabei nichts zu »kochen« gibt. Gibt 12 Bällchen

75 g Rosinen
50 g ungesalzene Nüsse, wie Mandeln oder Haselnüsse
50 g zerlassene Butter
25 g ungesüßte Kokosnußraspel

1 Die Rosinen in einer Küchenmaschine oder einem Mixer zu einer mittelfeinen Masse mixen und in eine Schüssel geben. Nun die Nüsse im Mixer zerkleinern, bis sie ziemlich fein sind. Die Nüsse mit den Rosinen vermischen. Die zerlassene Butter darübergießen und gut vermischen.

2 Nun aus der Masse kleine Bällchen formen. Die Kokosnußraspel auf einen Teller geben und die Bällchen darin rollen, bis sie ganz bedeckt sind. Sie können sofort verzehrt oder vorher gekühlt werden.

- Statt der Butter Tahin (Sesammus) oder Erdnußmus nehmen.
- Statt der Rosinen 2 EL Honig zugeben und dafür mehr Kokosraspel nehmen.
- 1/2 TL feingehackte Zitronenschale dazu schmeckt auch gut.
- Rösten Sie die Kokosflocken ein wenig an, bevor Sie die Bällchen darin rollen.
- Statt der Kokosraspel Carobpulver nehmen.

Schokoladentrüffel

Diese Trüffel hat Prema, eine Yogalehrerin in unserem Londoner Zentrum, geschaffen. Sie sind einfach unwiderstehlich. Geradezu sündhaft süß – ein perfektes Prasadgericht. Für 20 große oder 40 kleine Trüffel

275 g Puderzucker
75 g gehackte Haselnüsse
2 EL Kakaopulver
50 g Margarine
1 TL Vanillepulver
1–2 EL Sojamilch
Trinkschokoladenpulver zum Wenden

1 Puderzucker, Nüsse, Kakaopulver, Margarine und Vanillepulver in einer Schüssel verrühren. Nach und nach die Sojamilch zugeben, bis die Masse klebrig, aber nicht zu flüssig ist.

2 Kühlstellen, bis die Masse fest ist. Danach die Mischung zu kleinen Kugeln formen. Die Bällchen im Trinkschokoladenpulver wenden und im Kühlschrank oder an einem anderen kühlen Ort aufbewahren, bis sie serviert werden.

- Statt Haselnüssen und Vanillepulver können Sie natürlich auch Mandeln und Bittermandelessenz verwenden.
- Statt der Haselnüsse 40 g Kokosnußraspel nehmen.
- Ersetzen Sie das Vanillepulver durch 1 TL Orangensaft und 1 TL feingehackte Orangenschale.

Hindustani-Halva

Grieß wird sehr häufig für Prasadgerichte verwendet, vor allem, wenn es um religiöse Zeremonien geht wie das neuntägige Navaratri-Fest, das im Oktober gefeiert wird. Sie können Halva auch warm zum Frühstück servieren. Für 16–20 Personen

200 g grober Weizengrieß
50 g ungesalzene Butter
50 g Cashewbruch (nach Belieben)
200 g brauner Zucker
250 ml Wasser
1 TL gemahlener Kardamom
50 g Rosinen (nach Belieben)

1 Den Grieß in einer heißen Pfanne ohne Öl unter ständigem Rühren 5 Minuten anrösten, bis er hellbraun ist und ein nussiges Aroma hat. Die Butter einrühren und zur Seite stellen. Wenn Sie Cashewkerne verwenden, rösten Sie diese in einer heißen Pfanne ohne Öl, bis sie leicht gebräunt sind. Dann beiseite stellen.

2 Zucker und Wasser in einem Topf verrühren und zum Kochen bringen. Die Hitze zurücknehmen und den Grieß zusammen mit dem Kardamom, den Rosinen und – nach Belieben – den Nußstückchen einrühren. Unter ständigem Rühren einkochen lassen, bis die Mischung dick geworden ist.

3 Vom Herd nehmen und auf eine schwach eingeölte Platte geben. Abkühlen lassen, dann auf der Platte in kleine Rauten schneiden, so daß die Gäste sich besser bedienen können. Reichen Sie Ihren Gästen dazu einen Löffel.

Burfi

Unsere Version dieser beliebten indischen Süßspeise wurde im Sivananda Yoga Zentrum in Toronto »erfunden«, wo man jede Woche eine riesige Menge davon herstellte und an Restaurants und Cafés in der Innenstadt lieferte. Burfi ist eine üppige Süßspeise, die in kleine Quadrate geschnitten serviert wird. Sie sollten sich Vollmilchpulver im indischen Feinkost- oder im Naturkostladen besorgen. Die gefriergetrocknete Instantmilch aus dem Supermarkt schmeckt nämlich nicht annähernd so gut. Für 16–20 Personen

250 g Butter, zimmerwarm
250 ml heller Honig
100 g Walnußstückchen
1/2 TL gemahlener Kardamom
250 g Vollmilchpulver
ein wenig Wasser oder Milch, falls nötig

1 Die Butter in Stückchen schneiden und in einer mittelgroßen Pfanne über niedriger Flamme schmelzen lassen. Sie sollte nicht weiter erhitzt werden, da sie sonst ausflockt. Vom Herd nehmen, den Honig zugeben und gut verrühren.

2 Mit einem Holzlöffel die Nüsse, den Kardamom und das Milchpulver einrühren. Wenn sich das Milchpulver nicht richtig auflöst, ein wenig Wasser oder Milch zufügen. Nicht zuviel, denn am Ende sollte ein hineingesteckter Löffel aufrecht in der Masse stehen bleiben.

3 Die Mischung auf eine Servierplatte streichen und kühlen, bis sie fest wird. 30 Minuten vor dem Servieren aus dem Kühlschrank nehmen, damit die Süßspeise wieder Raumtemperatur erlangt. Vor dem Servieren in etwa 5 cm große Quadrate schneiden.

- Nehmen Sie andere Nüsse wie z. B. Mandeln oder Pistazien.
- Geben Sie mit dem Honig 1–2 Safranfäden hinzu.

Cremepudding aus Rosinen und Sonnenblumenkernen

Ein durch und durch sattvisches Gericht. Da es einfach und schnell zuzubereiten ist, ist es ideal für diejenigen unter uns, die viel arbeiten. Der Pudding kann für sich serviert werden oder mit Rosinensauce (S. 114) bzw. Himbeersauce (S. 115). Für 4 Personen

150 g Sonnenblumenkerne
100 g Rosinen
300 ml Wasser

1 Sonnenblumenkerne, Rosinen und Wasser in einen Topf geben und bei mittlerer Hitze 15–20 Minuten kochen.

2 In einen Mixer oder eine Küchenmaschine geben und je nach Wunsch mehr oder weniger glatt mixen. Warm oder kalt servieren.

Bananen-Beeren-Vergnügen

Dieser prachtvolle Pudding läßt sich ganz einfach zubereiten. Bananen lassen uns demütig werden, Erdbeeren freundlich. Und Schokolade mit ihrem hohen Magnesiumgehalt entspannt die Muskeln. Statt der Schokolade können Sie natürlich auch Kokosraspel nehmen, um Ihr »Vergnügen« etwas gesünder zu gestalten. Für 4–6 Personen

3–4 reife Bananen
1 EL Zitronensaft
125 ml Öl
100 g Blockschokolade, gerieben
300 g kurz gedämpfter Tofu
2 EL Honig
250 g reife Erdbeeren oder andere Beeren, in Scheiben geschnitten

1 Alle Zutaten bis auf die Beeren nacheinander in einen Mixer geben und zwischendurch immer kurz durchmixen, bis die Masse glatt und cremig ist. Die Masse in eine Servierschüssel geben und die Beerenscheiben unterziehen. Vor dem Servieren kalt stellen.

Apfelkanten

Dieses köstliche sattvische Rezept stammt von unserem makrobiotischen Chefkoch Nigel Walker. Apfelkanten sind ein traditionelles makrobiotisches Dessert, eine Art Geleepudding. Normalerweise wird es für sich serviert. Sehr gut schmeckt es aber auch mit einem duftenden Fruchtsalat (S. 145). Für 4–6 Personen

1,5 l Apfelsaft
3 EL Gerstenmalz oder Reismalz
1 TL Vanillepulver
3 EL feingeriebene Zitronenschale
6 EL Agar-Agar-Flocken
1 Prise Meersalz
150 g geschälte und geraspelte Äpfel

1 Alle Zutaten bis auf die Apfelraspel in einen Topf geben und unter ständigem Rühren zum Kochen bringen. Die Hitze zurücknehmen und 10–15 Minuten unter gelegentlichem Umrühren köcheln lassen.

2 Die Flüssigkeit in eine Servierschüssel gießen und 20 Minuten abkühlen lassen. Dann vorsichtig die Apfelstückchen einrühren. Weiter abkühlen lassen, dabei 1- oder 2mal umrühren, damit die Zitronenschale sich gut verteilt. Dann 1–2 Stunden kalt stellen, bis die Masse leicht fest wird.

- Nehmen Sie Orangensaft statt Apfelsaft und Orangenschale statt Zitronenschale. Würzen Sie mit 1 TL Ingwersaft (von frischer Ingwerwurzel) und 1/4 TL gemahlenem Zimt statt der Vanille.
- Für einen dickeren Pudding 2 EL Pfeilwurzelmehl mit etwas Apfelsaft verrühren und in die Flüssigkeit einrühren, solange sie erhitzt wird.

Schokoladen-Kichererbsen-Mousse

Lassen Sie sich von den ungewöhnlichen Zutaten nicht aus der Fassung bringen. Diese Mousse ist unglaublich lecker und außerdem fettarm. Sie können die Mousse ohne alles servieren, aber natürlich macht sie sich auch gut mit Eiscreme oder Früchten dekoriert. Für 8 Personen

200 ml Joghurt
2 TL Weinsteinbackpulver
400 g gekochte Kichererbsen, abgegossen (etwa 200 g Trockengewicht)
75 ml Orangensaft
200 g heller Rohrzucker
60 g Kakaopulver

1 Den Backofen auf 180 °C (Gas Stufe 4) vorheizen. Eine Backform von 20 cm Durchmesser einölen. Den Joghurt mit einem TL Weinsteinbackpulver verrühren und 10 Minuten lang stehen lassen, damit die Mischung moussiert.

2 Kichererbsen mit Orangensaft in einen Mixer oder eine Küchenmaschine geben (hier ist die Küchenmaschine besser) und glattmixen. Zucker, Kakao und 1 TL Weinsteinbackpulver zugeben und weiter glattmixen. Danach vorsichtig die Joghurtmischung unterrühren.

3 Nun den Teig in die vorbereitete Backform füllen und 50 Minuten backen. Danach aus dem Ofen nehmen und auf einem Drahtgitter in der Form 15 Minuten auskühlen lassen. Warm servieren oder vorher auf Raumtemperatur abkühlen lassen.

Apfel-Crumble

Im Sivananda Yoga Zentrum in London bereiten wir oft das Abendessen für die Teilnehmer unserer Yoga-Anfängerkurse zu. In der fünften Sitzung erhalten sie eine praktische und theoretische Einführung in die »Richtige Ernährung« eines Yogi. Dabei reichen wir mit Vorliebe diese englische Süßspeise aus Obst und Streuseln zum Dessert, weil sie so schnell und einfach zuzubereiten ist. Sie können Crumbles für sich servieren oder mit Maisgrießpudding (S. 114) bzw. Joghurt auftragen. Für 8–12 Personen

Für die Fruchtmasse:
8 Äpfel, in Scheiben geschnitten
100 g Rosinen (nach Wunsch)
1 TL gemahlener Zimt
1 TL Zitronensaft
1/2 TL geriebene frische Ingwerwurzel

Für die Kruste:
200 g Haferflocken oder Granola (S. 26)
150 g Vollweizenmehl
1/2 TL Salz
100 g Butter oder Margarine
200 ml Honig, Mais- oder Gerstenmalz, Ahornsirup, Datteldicksaft

1 Den Backofen auf 190 °C vorheizen (Gas Stufe 5). Eine viereckige Backform einfetten. Alle Zutaten für die Fruchtmasse zusammenrühren und in die Backform geben.

2 Für die Kruste zuerst die Haferflocken bzw. das Granola mit dem Mehl und dem Salz verrühren. Butter oder Margarine erhitzen und den Honig bzw. ein anderes Süßmittel unterrühren. Gut durchmischen. Nun die flüssige Mischung in die trockene gießen und mit einer Gabel gut verrühren. Die Krustenmasse über die Fruchtmasse geben und das Ganze etwa 50 Minuten backen, bis die Fruchtmasse weich, aber nicht zu flüssig ist.

• **Dattel-Bananen-Crumble** Für die Fruchtmasse 250 g Datteln in 250 ml Wasser 10 Minuten lang kochen. 3 vorsichtig zerdrückte, sehr reife Bananen und 2 El Zitronensaft zugeben. Nach Wunsch noch 100 g Kokosraspel zufügen. 5 Minuten köcheln lassen, dann die Zutaten mit einer Gabel vermengen, wobei die Bananen stückig gelassen werden. Die Krustenmischung zubereiten und backen wie oben angegeben.

• **Aprikosen-Feigen-Pudding** 350 g getrocknete Aprikosen und 350 g getrocknete Feigen in einen Topf geben und mit 250 ml Orangensaft und 1 TL geriebener Orangenschale aufgießen. Bei mittlerer Hitze kochen, bis die Trockenfrüchte weich sind. Dann in einen Mixer geben und glattmixen. Zwei Drittel der Krustenmischung auf den Boden der Backform geben, dann die Fruchtmischung darüberstreichen und mit der restlichen Streuselmischung bestreuen. Backen wie oben angegeben.

Kürbis-Pie

Beim Thanksgiving-Fest unseres Zentrums in New York gehört dieses Gericht zu den absoluten Favoriten. Sie können die Pastete mit geschlagener Sahne, Tofusahnetraum oder Nußtraum (beide S. 115) servieren. Gibt 2 Pies von etwa 20 cm Durchmesser

Für die Füllung:
1 mittelgroßer heimischer Kürbis
150 ml Ahornsirup
100 g cremiger Tofu
1/4 TL Meersalz
1/2 TL gemahlener Zimt
1/4 TL gemahlener Ingwer
1 Prise gemahlenes Macis- oder (frisches) Muskatnußpulver
1 Prise gemahlene Gewürznelken
1 EL Sojamehl

Für den Teig:
300 g feinst ausgemahlenes Vollweizenmehl zum Backen
1 TL Meersalz
25 g Weizenkeime oder Sesamsamen
160 ml Maiskeimöl
100 ml gekühltes Mineralwasser mit Kohlensäure

1 Den Backofen auf 190 °C vorheizen (Gas Stufe 5). Zuerst die Füllung zubereiten. Den Kürbis in Spalten schneiden, die Samen und faserigen Teile mit einem Löffel entfernen. Den Kürbis in ein tiefes Backblech geben, mit Folie abdecken und 45–60 Minuten backen, bis er weich ist.

2 In der Zwischenzeit den Teig zubereiten. Das Mehl und das Salz zusammen in eine große Schüssel sieben. Weizenkeime oder Sesamsamen einrühren. Das Öl einrühren und die Mischung mit den Händen zerkrümeln, bis die Brösel etwa die Größe von Erbsen haben. Nun eßlöffelweise das Wasser zugeben, bis die Mischung feucht ist. So kurz wie möglich kneten, damit der Teig zusammenhält. Dann den Teig in 2 Hälften teilen und jede zu einer Kugel rollen. In Pergamentpapier oder Alufolie einwickeln und 30 Minuten kalt stellen.

3 Den Kürbis aus dem Ofen holen, schälen und und im Mixer oder in der Küchenmaschine pürieren. Ahornsirup und Tofu zugeben. Glattrühren. Salz, Gewürze und Sojamehl zufügen und noch einmal gut durchmixen.

4 Den Teig auf einem leicht bemehlten Brett ausrollen, damit 2 flache, runde Auflaufformen von 20 cm Durchmesser auslegen und mit der Gabel mehrfach einstechen. Im Rohr 8–10 Minuten trocken backen. Dann die Temperatur auf 200 °C (Gas Stufe 7) erhöhen. Die Füllung gleichmäßig auf die beiden Auflaufformen verteilen und weitere 45 Minuten backen, bis die Füllung fest geworden ist.

Tofucreme-Pie

Diese nahrhafte Pastete ist als Dessert nach einem leichten Hauptgang nicht zu übertreffen. Dekorieren Sie nach Wunsch mit frischen Früchten der Saison. Für 8 Personen

Für die Kruste:
3 EL Ahornsirup
4 EL Öl
4 EL Wasser
150 g Haferflocken
50 g Vollweizenmehl
40 g Sonnenblumenkerne
1 Prise Salz

Für die Füllung:
75 g cremiger Tofu
1–2 EL Tahin
geriebene Schale von 1 Zitrone
125 ml Ahornsirup
50 ml Öl
50 ml Wasser
1 Prise Salz

1 Den Backofen auf 200 °C (Gas Stufe 6) vorheizen. Eine Springform von 23 cm Durchmesser einölen.

2 Für die Kruste Ahornsirup, Öl und Wasser mit einem Schneebesen verrühren. Haferflocken, Mehl, Sonnenblumenkerne und Salz zufügen. Gut durchmischen. Mit der Mischung den Boden der Form auskleiden und an den Seiten bis zu einer Höhe von 2,5 cm hochziehen. Im Rohr 10–15 Minuten trocken backen, bis er goldbraun ist. Den Teig in der Backform auf einem Drahtgitter auskühlen lassen. Die Temperatur im Backrohr auf 180 °C (Gas Stufe 4) zurücknehmen.

3 Die Zutaten für die Füllung in einem Mixer oder mit dem Rührstab pürieren, bis die Masse glatt ist, dann in die Backform auf den Teig geben. 25–30 Minuten backen, bis die Füllung einen Goldton aufweist und fest ist. Vor dem Servieren kühl stellen.

Bananen-Nuß-Pie

Als wir dieses Rezept in unserem Magazin *Yoga Life* abgedruckt haben, bekamen wir von den Lesern Superkritiken. Für Yoga-Praktizierende sind Bananen sehr empfehlenswert, da man ihnen die Eigenschaft zuschreibt, innere Ruhe und Bescheidenheit zu fördern. Für 8 Personen

Für den Teig:
200 g Haferflocken
175 g Vollweizenmehl
1 EL Honig oder Datteldicksaft
150 ml Öl
200 g Sonnenblumensamen
Wasser zum Binden

Für die Füllung:
200 g Cashewkerne
150 g entsteinte Datteln
1 l Wasser
2 EL Pfeilwurzelmehl
1 TL geriebene Orangenschale
1/2 TL Vanillepulver
2 Bananen, zusätzlich noch ein paar Bananenscheiben zur Dekoration
200 g gehackte Walnüsse

1 Den Backofen auf 200 °C vorheizen (Gas Stufe 6). Eine Springform von 23 cm Durchmesser einölen. Für den Teig einfach alle Zutaten zusammenrühren und ein wenig Wasser zum Binden zugeben.

2 Die Mischung mit der Hand gleichmäßig auf Boden und Seiten der Backform verteilen. Im Rohr 10–15 Minuten trocken backen, bis der Teig goldbraun ist. Erst aus der Form nehmen, wenn der Teig vollkommen erkaltet ist.

3 Für die Füllung sämtliche Zutaten außer Bananen und gehackten Walnüssen in eine Küchenmaschine oder einen Mixer geben und glattmixen. Die Mischung in einen Topf schütten und über niedriger Flamme einkochen lassen, bis sie dick ist. Vom Feuer nehmen und abkühlen lassen.

4 Die Bananen in Scheiben schneiden und die Teigform damit auskleiden. Die abgekühlte Füllung darübergießen und mit weiteren Bananenscheiben sowie den gehackten Walnüssen garnieren. Kalt stellen, bis die Füllung fest ist.

Sivananda-Kekse

Diese großen, energiegeladenen Kekse gibt es in unseren über die ganze Welt verstreuten Yoga-Zentren häufig nach den Übungsstunden. Sie sind ausgesprochen nahrhaft, fast eine komplette Mahlzeit. Für 12 Kekse

250 g Haferflocken
100 g Vollweizenmehl
150 g Rohrzucker
50 g Rosinen oder Sultaninen
50 g ungesalzene Erdnußkerne
1 1/2 TL gemahlener Zimt
1 1/2 TL gemahlener Ingwer
1/2 TL frisch gemahlene Muskatnuß
1/2 TL Weinsteinbackpulver
200 ml Öl
etwa 200 ml Wasser

1 Den Backofen auf 200 °C vorheizen (Gas Stufe 6). 2 oder 3 Backbleche einölen. Die trockenen Zutaten in einer großen Schüssel verrühren, dann das Öl zugeben und gut durchmengen. Gerade soviel Wasser zufügen, daß daraus eine fester Teig entsteht.

2 Einen Löffel voll von der Teigmischung (etwa so groß wie ein Tischtennisball) abstechen und zu einem Bällchen rollen. Auf ein Backblech legen und flachdrücken, bis eine Scheibe von ca. 10 cm Durchmesser entsteht. Wiederholen, bis 12 Kekse auf den Blechen liegen. 10–15 Minuten backen, bis die Ränder golden sind. Auf einem Drahtgitter auskühlen lassen.

- Statt der ungesalzenen Erdnüsse (oder zusammen mit ihnen) können Sie auch Sonnenblumenkerne, grobgehackte Mandeln und/oder Kokosraspel nehmen.

Ingwerbrot

Der Ingwer in diesem klassischen, wärmenden Kuchen hilft, das Verdauungsfeuer zu entfachen. Ingwerbrot kann auch mit Butter, Marmelade, Gewürzbutterguß (S. 115) oder Ingwer-Zitronensauce (S. 114) serviert werden. Gibt 16 Stücke

125 ml Öl
150 ml Melasse (ersatzweise Rübensirup)
200 ml Sojamilch oder Naturjoghurt
1/2 TL Salz
450 g Vollkornweizenmehl
1/3 TL gemahlene Gewürznelken
1 1/2 TL Weinsteinbackpulver
2/3 TL gemahlener Ingwer
1 TL gemahlener Zimt

1 Den Backofen auf 180 °C vorheizen (Gas Stufe 4). Eine 20 cm lange Kastenform schwach einölen.

2 Öl, Melasse , Sojamilch oder Joghurt in einer großen Schüssel zusammenrühren. Die trockenen Zutaten in einer anderen Schüssel vermischen und dann unter die Sirupmischung sieben. Die im Sieb verbleibenden Kleieteilchen am Ende auf einmal unterrühren. Gut durchmengen.

3 Den Teig in die vorbereitete Backform füllen und 40 Minuten backen. Der Kuchen ist fertig, wenn ein Holzstäbchen, mit dem Sie den Kuchen in der Mitte anstechen, sauber wieder herauskommt. In der Form auskühlen lassen. Stürzen und zum Servieren in Quadrate schneiden.

Carob-Nuß-Brownies

Carob wird häufig als Kakaoersatz gebraucht, auch wenn er einen sehr charakteristischen Eigengeschmack hat. Er zeichnet sich durch geringen Fettgehalt und viele Vitamin- und Mineralstoffe aus. Sie können die Brownies einfach so servieren oder mit Carobbutterguß (S. 115) glasieren. Gibt 24 Stück

150 ml Öl oder zerlassene Butter
250 ml Honig oder Datteldicksaft
500 ml Wasser
500 g Vollkornweizenmehl
150 g Milchpulver
200 g Carobpulver
1/2 TL Salz
2 TL Weinsteinbackpulver
250 g Walnußstückchen

1 Den Backofen auf 180 °C vorheizen (Gas Stufe 4). Eine 20 x 30 cm große Backform einölen.

2 In einer großen Schüssel Öl bzw. Butter mit Honig oder Datteldicksaft und Wasser verrühren. Mehl, Milchpulver, Carobpulver, Salz und Weinsteinbackpulver werden in einer anderen Schüssel miteinander vermengt. Die trockenen Zutaten in die Honigmischung sieben. Die am Ende im Sieb verbleibenden Kleieteilchen auf einmal unterheben. Der Teig sollte eher flüssig sein. Wenn nötig, etwas mehr Wasser zugeben. Schließlich die Walnußstückchen unterheben.

3 Den Teig in die Backform gießen und im Rohr 30 Minuten backen. In der Form auskühlen lassen, dann herausnehmen und in Quadrate schneiden.

• **Brownies mit Weizenkeimen** Nur 150 ml Honig bzw. Datteldicksaft nehmen und dafür 50 ml Melasse und 1 TL Vanillepulver zugeben. Das Carobpulver weglassen und nur 200 g Walnußstückchen verwenden. Dafür 150 g Rosinen und 20 g leicht geröstete Weizenkeime mit den Walnüssen in den Teig rühren.

Apfel-Gewürzkuchen

Nelken, Zimt und Muskatnuß bilden den Gewürzakkord, der diesem Kuchen so ungeheuer viel Aroma verleiht. Er eignet sich hervorragend als Nachmittagsimbiß oder für die Weihnachtstafel. Sie können ihn mit Gewürzbutterguß (S. 115) überziehen. Für 6–10 Personen

3 Äpfel
125 ml Wasser
100 g heller Honig oder Gerstenmalz
50 g zerlassene Butter oder 4 EL Öl
300 g Vollkornweizenmehl
1 TL Weinsteinbackpulver
1/2 TL Meersalz
1 TL gemahlener Zimt
1/2 TL gemahlene Gewürznelken
1/2 TL gemahlener Piment
1/2 TL frisch gemahlene Muskatnuß
1/4 TL gemahlener Ingwer
150 g gehackte Nüsse (ungeröstet und ungesalzen) oder Rosinen

1 Den Backofen auf 190 °C vorheizen (Gas Stufe 5). Eine 900 g fassende Brotbackform einfetten und mit Mehl ausstreuen.

2 Die Äpfel schälen, wenn sie nicht aus kontrolliert biologischem Anbau stammen. Die Äpfel in Viertel schneiden, das Kerngehäuse entfernen und dann in dünne Scheiben schneiden. Mit dem Wasser in einen Topf geben und über niedriger Flamme etwa 10 Minuten leise köcheln lassen, bis die Äpfel weich sind. Vom Herd nehmen und mit Gabel oder Rührstab zu einer glatten Sauce verrühren.

3 Nun in einer großen Schüssel die Apfelsauce mit Honig bzw. Gerstenmalz verrühren und die zerlassene Butter bzw. das Öl zugeben. Glattrühren. In einer anderen Schüssel Mehl, Backpulver, Salz und Gewürze verrühren, dann in die Apfelmischung sieben. Am Ende die im Sieb verbliebenen Kleiestückchen auf einmal unterrühren. Rühren, bis alles gut vermischt ist, aber auf keinen Fall schlagen. Nun die Nüsse bzw. Rosinen zugeben und den Teig dann in die Brotform gießen. 40–50 Minuten backen, bis der Kuchen auf einen Daumendruck nicht mehr nachgibt. In der Form auskühlen lassen. In Scheiben geschnitten servieren.

Erdnuß-Carob-Kuchen

Für 8–10 Personen

Für die Erdnußmusmischung:
75 g Butter
300 g Honig oder vergleichbares Süßmittel
1 TL Vanillepulver
125 ml Naturjoghurt
3 EL Milch
350 g Vollkornweizenmehl
2 TL Weinsteinbackpulver
1 Prise Salz
150 g Erdnußmus

Für die Carobmischung:
2 EL Milch
1/2 TL Honig
1 EL Carobpulver
1/4 TL gemahlener Zimt

1 Den Backofen auf 190 °C vorheizen (Gas Stufe 5). Eine 20 cm lange Kastenform schwach einölen.

2 Für die Erdnußmusmischung die Butter und den Honig in einer großen Schüssel miteinander verrühren, bis beides cremig ist. Dann Vanillepulver, Joghurt und Milch zugeben und gut durchmischen. Mehl, Backpulver und Salz in die Buttermischung sieben. Die im Sieb verbleibenden Kleiestückchen werden am Ende untergerührt. Nochmals gut durchmischen. 200 g dieser Mischung für die Carobmasse beiseite stellen. In den Rest das Erdnußmus einrühren und das Ganze dann löffelweise in die vorbereitete Kuchenform geben.

3 Für die Carobmasse 2 EL Milch, 1/2 TL Honig, Carobpulver und Zimt in die 200 g Teig einrühren. Die dunkle Teigmasse nun so in die helle Masse einrühren, daß ein Zickzackmuster entsteht. Die Oberfläche glattstreichen und 30 Minuten backen, bis der Kuchen auf Daumendruck nicht mehr nachgibt. In der Form ein paar Minuten abkühlen lassen, in Scheiben schneiden und warm oder kalt servieren.

Tofu-Pflaumen-Kuchen

Als wir dieses Rezept in unserem Zentrum in London ausprobiert haben, bekamen wir so viele Rezeptanfragen wie nie zuvor. Sie können statt der Trockenpflaumen auch Datteln oder andere Trockenfrüchte verwenden. Nach Belieben mit frischen Früchten servieren. Für 12 Personen

250 ml Öl
450 g fester Tofu
350 g wenig kristallisierter brauner Zucker
Schale und Saft von 2 Zitronen
550 g Mehl
2 TL Weinsteinbackpulver
450 g Backpflaumen, gehackt
Orangen- oder Zitronenbutterguß (S. 115)

1 Den Backofen auf 180 °C vorheizen (Gas Stufe 4). Eine 24 cm lange Kuchenform einölen und den Boden mit Backpapier auslegen.

2 Öl, Tofu, Zucker und Zitronensaft in einer Küchenmaschine oder einem Mixer cremig und glattrühren. In eine Rührschüssel geben und das Mehl zusammen mit dem Backpulver darübersieben und verrühren. Am Ende die Zitronenschale und die Backpflaumenstückchen unterheben.

3 Die Mischung in die vorbereitete Backform füllen und 1–1 1/4 Stunden backen. Der Kuchen ist fertig, wenn ein Holzstäbchen, mit dem Sie den Kuchen in der Mitte anstechen, sauber wieder herauskommt. In der Form auskühlen lassen. Stürzen und vor dem Servieren nach Belieben glasieren.

Passion-Cake

Dieser »Leidenschaftskuchen« gehört bei unseren Osterretreats zu den großen Favoriten. Hierbei wird ein großes Haus auf dem Land gemietet, wo wir uns fünf Tage lang in Yoga-Praxis üben und nur hin und wieder Pause machen, um ein Ballspiel, eine Talentshow oder eine köstliche Süßigkeit wie diesen Kuchen zu genießen. Für 8–12 Personen

250 g Vollkornweizenmehl
2 TL Weinsteinbackpulver
1 TL Lebkuchengewürz, gemahlen
2 TL gemahlener Zimt
3 EL Sojamehl
6 EL Wasser
175 g wenig kristallisierter brauner Zucker
50 g Pekannüsse oder Walnüsse, gehackt
1 große reife Banane
50 g getrocknete Feigen, feingehackt
25 g Sultaninen
1 EL Limonenmarmelade
150 g feingeraspelte Karotten
175 ml Öl

Für den Guß:
200 g Kokosnußcreme (in indischen Feinkostläden erhältlich)
etwa 75 ml heißes Wasser
geriebene Schale einer halben Orange
3–4 EL Puderzucker
3 EL Orangensaft
100 g leicht geröstete Kokosnußraspel

1 Den Backofen auf 190 °C vorheizen (Gas Stufe 5). Eine 20 cm große, runde Backform mit eingeöltem Backpapier auskleiden. Vollkornweizenmehl mit Backpulver und Gewürzen in einer großen Schüssel verrühren. Das Sojamehl mit ein wenig Wasser verrühren und zusammen mit den Nüssen und dem Zucker ins Mehl rühren. Die Banane mit einer Gabel zerdrücken und zusammen mit den Feigen, Sultaninen, der Marmelade, den Karotten und dem Öl in die Nuß-Zucker-Mischung geben.

2 Das Ganze in die vorbereitete Backform füllen. Die Oberfläche glattstreichen und 40–50 Minuten backen, bis der Kuchen auf Daumendruck nicht mehr nachgibt. In der Form auskühlen lassen. Mit einem vorn abgerundeten Messer den Kuchen von den Seiten der Form lösen, dann vorsichtig aus der Form stürzen und das Backpapier abziehen.

3 Für den Guß die Kokosnußcreme in eine Schüssel geben, ein wenig heißes Wasser zufügen und mit einer Gabel zerdrücken. Dann die Orangenschale, den Puderzucker und den Orangensaft mit so viel heißem Wasser einrühren, daß die Mischung weich genug ist, um Oberfläche und Seiten des Kuchens damit zu bestreichen. Rundherum gleichmäßig mit Kokosraspeln bestreuen.

Üppiger Tofu-Früchte-Kuchen

Nigel Walkers phantastischer Kuchen kommt ganz ohne Backpulver aus, da Tofu und Brotkrumen ihn leicht und locker machen. Für 8–12 Personen

1 Orange
1/2 Zitrone
200 g Krumen von Vollkornweizenbrot
200 Johannisbeeren
150 g Sultaninen
1 EL Mugi Miso
4 EL Apfeldicksaft
2 EL Vollkornweizenmehl
250 g Tofu, mit der Gabel zerdrückt
3 EL Gersenmalz
2 Äpfel, geraspelt
150 g leicht geröstete Walnüsse
2 EL kaltgepreßtes Maiskeimöl
75 g Haferflocken
Orangensaft (nach Wunsch)
1 TL frisch geriebene Muskatnuß
3 TL gemahlener Zimt
2 TL gemahlener Ingwer
100 g Kokosnußcreme, in Stücke geschnitten und in 300 ml Wasser aufgelöst

1 Den Backofen auf 160 °C vorheizen (Gas Stufe 3). Eine 23 cm lange Kastenform mit eingeöltem Pergamentpapier auslegen. Die Orange und die Zitrone mit einem Sparschäler schälen. Die so gewonnenen Schalen in feine Streifen schneiden. Die Früchte von weißen Hautteilen und Kernen befreien und kleinschneiden.

2 Alle Zutaten mit einem Holzlöffel verrühren. Je nach Konsistenz entweder mehr Wasser oder mehr Haferflocken zugeben. Die Masse sollte sich anfühlen wie dicker, feuchter Schlamm. In die Backform füllen, mit Alufolie abdecken und 3 Stunden backen, bis der Kuchen auf Daumendruck nicht mehr nachgibt. Auf einem Drahtgitter mehrere Stunden abkühlen lassen, bevor Sie ihn aus der Form nehmen.

Maisgrießpudding

Dieser Pudding stellt eine angenehme Abwechslung zum üblichen Stärkemehlpudding dar. Für 4 Personen

1 l Milch oder Sojamilch
2 EL heller Honig oder Ahornsirup
1 Handvoll Sultaninen
1/4 TL Vanillepulver
3 EL Maisgrieß, grob

Milch mit Honig bzw. Ahornsirup, Sultaninen und Vanillepulver in einen Topf geben und aufkochen lassen. Den Maisgrieß langsam mit einem Schneebesen einrühren und unter ständigem Rühren köcheln lassen, bis die Masse dick wird. Heiß servieren.

Ingwer-Zitronen-Sauce

Für 4 Personen

Schale und Saft von einer halben Zitrone
4 EL Apfelsaft
25 g Demerarazucker
1/2 TL gemahlener Ingwer

Alle Zutaten in einem Topf verrühren und unter ständigem Rühren langsam aufkochen lassen. Etwa 5 Minuten köcheln lassen, dann heiß servieren.

- Ohne den Ingwer gibt dies eine würzige Zitronensauce.

Rosinensauce

Rosinen sollen überkritische Naturen wieder ins Lot bringen, indem sie ihnen helfen, mehr Gefühl zu zeigen. Für 4 Personen

200 g Rosinen
300–400 ml Wasser
etwa 1/2 TL Vanillepulver
etwa 1 TL gemahlener Zimt

Die Rosinen mit Wasser bedeckt in einem Topf zum Kochen bringen. 20 Minuten leise köcheln lassen. In einen Mixer geben und je nach Wunsch zu einer mehr oder weniger glatten Masse pürieren. Sollte die Sauce zu dick geraten, mehr Wasser zufügen. Mit Vanillepulver und Zimt abschmecken. Von neuem erhitzen und warm servieren.

Himbeersauce

Himbeeren sollen uns freundlicher machen. Aber wenn Sie möchten, können Sie natürlich auch Erdbeeren verwenden. Letztere müssen nicht gesüßt werden. Für 4 Personen

150 g frische Himbeeren
etwa 2 EL Honig oder wenig kristallisierter brauner Zucker

Die Himbeeren in der Küchenmaschine oder dem Mixer pürieren. Mit Honig oder braunem Zucker süßen und heiß servieren.

Gewürzbutterguß

Für dieses Rezept sollten Sie Vollmilchpulver verwenden, das Sie in indischen Feinkostläden oder in Naturkostläden bekommen. Für 1 Kuchen

225 g zimmerwarme Butter
125 ml Honig oder anderes Süßmittel
2 EL Milch
1/4 TL Vanillepulver
100 g Vollmilchpulver

Schlagen Sie die Butter in der Küchenmaschine oder mit dem Handmixer auf. Geben Sie nach und nach die restlichen Zutaten zu, wobei Sie zwischendurch immer wieder gut durchrühren. Vor dem Glasieren den Guß gut kühlen.

• **Zitronen- oder Orangenbutterguß** Statt der Milch und dem Vanillepulver verwenden Sie den Saft von 2 Zitronen bzw. 3 Orangen. Bestreuen Sie den glasierten Kuchen am Ende noch mit etwas geriebener Zitronen- oder Orangenschale.

• **Carobbutterguß** Nur 50 g Milchpulver verwenden und dafür 50 g Carobpulver zugeben.

Tofusahnetraum

Eine traumhafte Zugabe für jeden Kuchen und jedes Dessert. Für 4–6 Personen

225 g Tofu, 2–3 Minuten gedämpft
3 EL Honig, Ahornsirup oder Apfeldicksaft
1/2 TL Vanillepulver
Wasser oder Fruchtsaft nach Bedarf

Tofu mit Honig, Ahornsirup oder Apfeldicksaft in einen Mixer oder eine Küchenmaschine geben. Mit Vanillepulver abschmecken. Rühren, bis die Mischung dieselbe Konsistenz wie geschlagene Sahne hat. Wasser oder Fruchtsaft zugeben, wenn sie zu dick ist. Sofort servieren oder vorher über Nacht kühlen.

- Statt des Vanillepulvers Rosen- oder Orangenblütenwasser verwenden.
- Geriebene Schale von 1 Orange oder 1 Zitrone nehmen.
- 25 g feingemahlene Mandeln und ein paar Tropfen Bittermandelessenz zufügen.

Nußtraum

Diese Nußcreme können Sie wunderbar auf Fruchtsalaten, Pies oder anderen Desserts servieren. Für 4–6 Personen

250 g Haselnüsse
150 ml Sojamilch
1 TL Zitronensaft
1–2 EL Honig
1 Prise Salz

Die Haselnüsse in einer heißen Pfanne ohne Öl bei starker Hitze rösten, bis sie leicht gebräunt sind. Abkühlen lassen. Alle Zutaten in einen Mixer geben und cremig rühren.

- Statt der Haselnüsse nehmen Sie Mandeln und würzen mit ein wenig Vanillepulver.
- Sie können auch Walnüsse nehmen. Süßen Sie in diesem Fall mit Ahornisirup und nicht mit Honig.

Das Tüpfelchen auf dem i

»Diene, liebe, gib, meditiere,
reinige und verwirkliche dich.«

Swami Sivananda

Die Tradition besagt, daß Nahrung immer mit Liebe dargeboten werden soll und zwar allen Gästen, auch den ungeladenen. Der weise Gastgeber empfängt all seine Gäste mit Wohlwollen und den Worten: »Das Essen ist fertig.« Wir sollten nur vom Besten anbieten und reichlich – voller Glaube, Hingabe, Höflichkeit und Bescheidenheit. Dann wird das Yoga-Prinzip, das im Gast Gott sieht, zur atmenden, lebendigen Wirklichkeit.

Diese Praxis des Dienens erweckt in uns die Liebe zur Menschheit. Und diese Liebe lehrt uns, uns selbst zu geben. Erst dann sind wir fähig, unseren Geist vollkommen zu reinigen. Erst dann sind wir in der Lage, zu meditieren und inneren Frieden sowie Glückseligkeit zu verwirklichen.

Die meisten Gemüse- und Getreidesorten, die meisten Eiweißlieferanten schmecken für sich genommen schon ausgezeichnet. Und doch kann eine einfache Sauce oder ein Salatdressing helfen, das Verdauungsfeuer anzufachen. Dieses Feuer »kocht« die Speisen im Körper. Es wandelt sie um in Blut, Gewebe und Knochen. Außerdem macht ein solches »Tüpfelchen auf dem i« aus einfachen Gerichten eine ganz besondere Mahlzeit.

Kerniges zum Darüberstreuen Samen geben eine sehr hübsche Garnierung ab. Wir können sie über Salate, Gemüse- oder Getreidegerichte und Hülsenfrüchte streuen. Wenn wir sie vor dem Rösten gründlich spülen, nehmen sie an Volumen zu und brennen nicht so leicht an.

Kürbiskerne und Wakame-Algen Den Backofen auf 180 °C vorheizen (Gas Stufe 4). Eine Handvoll Kürbiskerne in einer Pfanne ohne Öl über hoher Flamme anrösten, bis sie zu »springen« beginnen. 4–5 Streifen Wakame-Algen auf ein Backblech legen und im Rohr 5–10 Minuten rösten, bis sie ganz trocken sind. Algen und Kürbiskerne zusammen in einer Mühle oder einem Mörser zerkleinern. Wie fein oder grob Sie diese Mischung haben wollen, liegt ganz an Ihnen.

Tamari und Sonnenblumenkerne Eine Handvoll Sonnnenblumenkerne in einer Pfanne ohne Öl bei starker Hitze rösten, bis sie goldbraun werden. Vom Feuer nehmen und unter Rühren ein paar Tropfen Tamari zugeben, so daß die Sonnenblumenkerne schön bedeckt sind.

Gomasio Dieses Sesamsalz empfiehlt sich als leckere Lösung, wenn Sie Ihren Salzkonsum reduzieren wollen. Eine Handvoll Sesamsamen in einer Pfanne ohne Öl bei starker Hitze rösten, bis sie ihr Aroma entfalten. Dann auf 15 Teile Sesamsamen 1 Teil Bergsalz oder grobes Meersalz geben und in einem Mörser zerstoßen. Diese Mischung hält sich so gut, daß Sie eine größere Menge als Vorrat zubereiten können.

Einfaches Salatdressing

In einem Salatdressing können Sie fast alle Zutaten lecker kombinieren. Da in der yogischen Ernährung normalerweise jedoch kein Essig verwendet wird, nehmen wir hier ausschließlich Saft von Zitrusfrüchten. Frisch gepreßter Grapefruitsaft hat von allen Zitrusfrüchten am wenigsten Säure und stellt eine hübsche Abwechslung zum üblichen Zitronensaft dar, den Sie im übrigen auch ganz oder teilweise durch Orangensaft ersetzen können. Verwenden Sie möglichst nur kaltgepreßte Öle. Olivenöl z. B. schmeckt in allen Salatsaucen hervorragend. Sie können es auch mit anderen Ölen kombinieren. Joghurt, Tofu und Lecithin verleihen Salatsaucen eine cremige Konsistenz. Wenn Sie Tofu für Ihre Dressings verwenden, sollten Sie ihn vorher 2–3 Minuten dämpfen. Auch Kräuter und Gewürze schmecken im Salat einfach wunderbar: Basilikum, Rosmarin, Thymian, Minze, Dill, Kümmel und Kreuzkümmel. Manche Menschen geben gerne 1 EL Honig dazu. Im Sivananda Yoga Retreatzentrum auf den Bahamas mixen wir einfach die Salatreste der vorhergehenden Mahlzeit mit ein wenig Zitronensaft, Tamari, Dill oder anderen Kräutern. Das hat den Vorteil, daß die Sauce jedesmal anders schmeckt und unsere Gäste sind immer ganz wild auf das Rezept zu dieser »köstlichen grünen Salatsauce«. Für 4–6 Personen

125 ml Öl
4 EL Zitronensaft
1 EL Tamari oder 1 TL Meersalz

Alle Zutaten in eine Schüssel geben und mit dem Schneebesen verrühren. Oder in ein Glas mit Schraubverschluß geben und schütteln, bis alles gut vermischt ist.

• **French Dressing** Verwenden Sie Salz und nicht Tamari. Die Zutaten zusammen mit 2 kleingeschnittenen Tomaten, 1 EL frischem oder 1/2 EL getrocknetem Dill und 1/4 TL Pfeffer verrühren.

- Nach Belieben frische feingehackte Kräuter und Gewürze (wie Kümmel oder Kreuzkümmel) zugeben.
- Frisch gepreßten Grapefruit- oder Orangensaft statt des Zitronensaftes zugeben. Oder alle drei Sorten mischen.

Sonnenblumenkern-Dressing

In unserem Zentrum in London ist dieses Dressing gerade der Renner. Sonnenblumenkerne enthalten viel Vitamin B, machen das Dressing cremig und verhindern, daß es ausflockt. Für 4–6 Personen

5 EL Öl
2 EL Zitronensaft
etwa 50 g Sonnenblumenkerne
1 EL Tamari oder 1 TL Salz
5 EL Wasser

Alle Zutaten in einem Mixer verrühren, bis die Masse glatt ist. Je nachdem wie dick das Dressing sein soll, geben Sie entweder mehr Wasser oder mehr Sonnenblumenkerne zu.

- Verwenden Sie Öl von gerösteten Sesamsamen, und geben Sie etwa 1 cm geschälte und frischgeraspelte Ingwerwurzel hinzu.
- Nehmen Sie statt der Sonnnenblumenkerne Kürbiskerne oder eine Mischung aus beidem.

Tahin-Minz-Dressing

Das Tahin verleiht diesem Dressing einen Hauch von Mittlerem Osten. Tahin schmeckt besonders gut auf Salatblättern oder Früchten. Da Tahin sehr viel Öl enthält, ist kein weiterer Ölzusatz mehr nötig. Für 250 ml

75 g Tahin
Saft einer Zitrone
ein Spritzer Tamari
125 ml Wasser
1 EL gehackte frische Minze

Alle Zutaten in einem Mixer glattrühren oder mit dem Schneebesen in einer Schüssel verrühren. Wenn nötig, das Dressing mit ein wenig Wasser verdünnen.

- Verwenden Sie statt des Tahins Erdnußmus, und lassen Sie die Minze weg.
- Soll die Sauce einen Fruchtsalat krönen, so lassen Sie das Tamari weg und nehmen Apfelsaft statt Wasser. Nach Wunsch mit ein wenig Honig süßen.
- Wenn Sie das Wasser weglassen, können Sie die Mixtur als Partydip servieren zu Crudités (nett geschnittenen rohen Gemüsesorten), Kartoffelchips oder Kräckern.

Cremiges italienisches Dressing

Dieses üppig-cremige Dressing eignet sich hervorragend für Salate. Sie können es allerdings auch als Nudelsauce verwenden. Für 4–6 Personen

100 g Kichererbsen, gekocht
75 ml Olivenöl
1 TL getrockneter Oregano
1 Prise getrockneter Dill
3 EL Zitronensaft
1 TL Salz
1/2 TL Pfeffer

Die Kichererbsen in eine Küchenmaschine oder einen Mixer geben und mixen, bis die Masse glatt ist. Alle restlichen Zutaten zugeben und nochmals glattrühren. Falls nötig, mit ein wenig Wasser oder Öl verdünnen, bis die Sauce die richtige Konsistenz hat. Vor dem Servieren kalt stellen.

Joghurtdressing mit Sesam und Kümmel Der Kümmel, eine ausgezeichnete Verdauungshilfe, verleiht diesem fettfreien Dressing einen süß-pikanten Geschmack. Statt des Kümmels können Sie auch Fenchel-, Anis- oder Kreuzkümmelsamen verwenden. Für 250 ml

2 EL Sesamsamen
1 TL Kümmel
200 ml Joghurt
1/2 TL Senfpulver
1 EL Zitronensaft
1/2 TL Salz

Sesamsamen in der heißen Pfanne ohne Öl bei starker Hitze rösten, bis er anfängt zu duften. Dann in einem Mörser zerstoßen und mit den anderen Zutaten in eine Schüssel geben und verrühren. Oder den zerstoßenen Sesam in einen Mixer geben und dort mit den anderen Zutaten vermischen. Wenn nötig, mit etwas Wasser verdünnen.

- Soll das Dressing üppiger werden, den Joghurt ganz oder teilweise durch saure Sahne ersetzen.
- Vegan wird das Dressing, wenn Sie statt des Joghurts cremigen Tofu verwenden, den Sie etwa 2–3 Minuten gedämpft haben.

Mayonnaise ohne Ei Dies ist eine gesündere Form der üblichen Salatcreme. Die Eier, die normalerweise als Emulgator dienen, werden hier durch Lecithin ersetzt. Sie können die Mayonnaise jedoch auch ohne Lecithin zubereiten. Für 250 ml

150 ml Sojamilch
75 ml Öl
2 EL Zitronensaft
1/2 TL Salz oder Tamari
1/4 TL Senfpulver
1 EL flüssiges Lecithin oder 1 TL Lecithingranulat (nach Wunsch)

Alle Zutaten in einen Mixer geben und glattrühren. Stellen Sie die Mayonnaise etwa 1 Stunde lang beiseite, damit sie sich setzen kann, bevor sie verwendet wird.

- 1/2 TL Currypulver und 1/4 TL Kurkuma zugeben.
- 1/2 Bund Petersilie feinhacken und zugeben.
- 2 EL Tahin mitmixen.
- Eine dickere Mayonnaise erhalten Sie, wenn Sie nur 2 EL Öl nehmen und zusätzlich 150 g kurz (2–3 Minuten) gedämpften Tofu zufügen.
- Für Dillmayonnaise geben Sie ein kleines Bund frischgehackten oder 1 TL getrockneten Dill zu und mixen noch 1 EL Tomatenmark bzw. 2 gehackte Tomaten mit.

Cashewsauce Ihr hoher Protein- und Mineralstoffgehalt macht Cashewnüsse zu einer idealen Beigabe zu gedämpftem Gemüse oder Körnergerichten. Ihre cremige Üppigkeit erhöht den Nährwert der Mahlzeit. Wenn Sie möchten, können Sie auch Walnüsse verwenden. Für 6 Personen

50 g unbehandelte Cashew-Nüsse
1 EL Pfeilwurzelmehl
200 ml Gemüsebrühe oder Wasser; falls nötig, ein wenig mehr
1 TL Tamari

Die Cashewkerne in einer heißen Pfanne ohne Öl bei starker Hitze rösten, bis sie hellbraun sind. Die Nüsse zusammen mit dem Pfeilwurzelmehl und dem Gemüsefonds bzw. Wasser in einen Mixer oder eine Küchenmaschine geben und glattrühren. Die Masse in einen Topf geben und bei mittlerer Hitze unter ständigem Rühren 3–5 Minuten köcheln lassen, bis sie eindickt. Sollte sie zu dick werden, mit ein wenig Gemüsefonds oder Wasser verdünnen. Tamari einrühren und heiß servieren.

Dicke braune Sauce Mit Butter oder Margarine schmeckt diese Sauce am besten, aber Sie können natürlich auch Öle mit geringem Cholesteringehalt wie Maiskeimöl oder Distelöl verwenden. Sie können auch alle Arten von Kräutern zufügen. Besonders lecker wird die Sauce mit Basilikum, aber auch Salbei, Thymian und Bohnenkraut geben einen ausgezeichneten Geschmack. Ein wenig Oregano, Majoran oder Rosmarin verleiht der Sauce einen Hauch von Italien. Das Pfeilwurzelmehl kann durch Vollweizenmehl oder Kichererbsenmehl ersetzt werden. Letzteres gibt einen leicht nussigen Geschmack. Für 350 ml

25 g Butter oder Margarine
3 EL Pfeilwurzelmehl
300 ml Wasser
feingehackte frische oder getrocknete Kräuter zum Würzen
2 EL Tamari
1 TL Tomatenmark (nach Belieben)
Pfeffer zum Abschmecken

Butter oder Margarine in einem Topf zum Schmelzen bringen. Das Pfeilwurzelmehl einrühren und mit dem Schneebesen nach und nach das gesamte Wasser zugeben. Dabei ständig rühren, damit die Sauce glatt wird und keine Klümpchen bekommt. Verwenden Sie getrocknete Kräuter, sollten Sie diese zusammen mit dem Wasser zugeben. Nun leise köcheln lassen, bis die Sauce dick wird. Tamari und Tomatenmark einrühren. Frische Kräuter jetzt zugeben. Mit Pfeffer abschmecken.

- Eine Gemüsesauce erhalten Sie, wenn Sie 75–100 g Gemüse (Steckrübe, Kohl und/oder Karotten) in der Butter bzw. Margarine sautieren, bevor Sie das Pfeilwurzelmehl zugeben. Ein wenig Extrapep erhält die Sauce mit 1 EL geraspelter frischer Ingwerwurzel. Diese Version schmeckt besonders gut zu Kasha Varnishkas (S. 62) oder anderen Getreidegerichten.
- Ersetzen Sie 4 EL Wasser durch dieselbe Menge Apfel- oder Traubensaft, und fügen Sie vor dem Servieren noch 1 TL Zitronensaft zu.
- Geben Sie statt des Tomatenmarks 2 EL Hefeflocken, 1 Prise getrockneten Salbei oder Thymian und 2 TL Zitronensaft zu.
- Nach dem Eindicken vom Herd nehmen und 50 g geriebenen Käse oder 2 EL Miso oder 125 ml Tahin zufügen.
- Pikanter wird die Sauce mit 1 Prise gemahlenem Kreuzkümmel oder Gewürzpaprika.

Miso-Sesam-Sauce Miso enthält viel Vitamin B12. Es belebt und wärmt unseren Körper. In Sesamsamen hingegen findet sich viel Calcium. Eine ausgewogene, leckere Mahlzeit erhalten Sie, wenn Sie diese Sauce zu gedämpftem Mangold oder anderem Grüngemüse servieren. Für 4 Personen

150 g Butter oder Margarine
75 g Sesamsamen
2 TL weißes Miso

Butter oder Margarine in einem kleinen Topf zum Schmelzen bringen. Sesamsamen in einer heißen Pfanne ohne Öl bei starker Hitze rösten, bis er goldbraun ist. Dabei ständig rühren, damit er nicht anbrennt. Vom Herd nehmen. In die geschmolzene Butter rühren. Dann das Miso unterheben. Sofort servieren.

- 1–2 EL feingehackte frische Petersilie oder Korianderblättchen in die geschmolzene Butter geben und kurz darin sautieren, bevor Sie den Sesam zufügen.
- Die Hälfte der Butter durch Sesamöl ersetzen
- Zusammen mit dem Miso 1 TL Tamari zugeben.

Cremige Sauce ohne Käse

Diese vegane Köstlichkeit wird zu gedämpftem Gemüse, Getreide oder Hülsenfrüchten serviert. Für 6–8 Personen

60 g Margarine
60 g Vollweizenmehl
750 ml Sojamilch
1/2 TL Senfpulver
15 g Hefeflocken
1/4 TL frisch gemahlene Muskatnuß (nach Belieben)
Salz und Pfeffer

Die Margarine in einem Topf zum Schmelzen bringen, Mehl zugeben und bei schwacher Hitze 1–2 Minuten kochen lassen. Die Sojamilch mit dem Schneebesen unterrühren und kochen, bis die Sauce sämig wird. Senfpulver, Hefeflocken und – wahlweise – Muskatnuß zugeben. Mit Salz und Pfeffer abschmecken.

Tomatensauce

Diese dicke Sauce von etwas gröberer Konsistenz können Sie zu Gemüse, Nudeln oder Körnergerichten servieren. Verwenden Sie möglichst dunkelrote, saftige Tomaten dazu, und lassen Sie die Sauce nach der Zubereitung noch ein paar Stunden stehen, damit das Aroma so richtig durchziehen kann. Für 500 ml

2 EL Olivenöl
2 Stangen Staudensellerie, feingehackt
1 Karotte, geraspelt
1 Lorbeerblatt
350 g frische Tomatenstückchen (ersatzweise Dosentomaten)
150 ml Tomatenmark
2 EL Oregano oder Basilikum, frisch und feingewiegt, oder 1 EL getrockente Kräuter
1 TL Salz
1 Prise Pfeffer

Das Öl in einer Pfanne erhitzen und den Staudensellerie bei mittlerer Hitze anbraten, bis er weich ist. Die Karotten zusammen mit dem Lorbeerblatt, den Tomaten und dem Tomatenmark zugeben und 45 Minuten leise köcheln lassen. Dann die Kräuter zufügen und mit Salz und Pfeffer abschmecken. Sie können die Sauce entweder in dieser groben, stückigen Form servieren oder sie im Mixer pürieren.

- Für Lasagne: Staudensellerie und Karotten durch 450 g in Würfel geschnittenes Gemüse (Zucchini, grüne Paprikaschoten, Karotten) ersetzen.
- Für Pizza: Staudensellerie durch rote, gelbe und/oder grüne Paprikaschoten ersetzen (Kerne und Stielansatz entfernen und in Ringe schneiden). Nach Belieben mit 1 Prise Cayennepfeffer würzen.

Ingwersauce

Eine leichte, pikante Sauce zu gedämpftem Gemüse, Nudeln oder Tofu. Die Heilkräfte des Ingwers kennen keine Grenzen. In der yogischen Ernährung spielt er eine wichtige Rolle, da er die Verdauung anregt, ohne dabei den Geist übermäßig zu stimulieren. Er wärmt unseren Körper, verbessert die Blutzirkulation und gilt als Heilmittel für Erkältungskrankheiten und Grippe. Für 4 Personen

200 ml Wasser
2 EL Tamari
2 1/2 EL Melasse oder Gerstenmalz
1 1/2 TL Mais- oder Pfeilwurzelmehl
1 1/2 EL Wasser
1 TL frische Ingwerwurzel, geraspelt
1 EL Apfelsaft oder weißer Traubensaft
2 TL Zitronensaft

1 Das Wasser in einem Topf erhitzen. Tamari und Melasse oder Gerstenmalz zugeben und bei mittlerer Hitze 5 Minuten simmern lassen.

2 Das Mais- oder Pfeilwurzelmehl in 1 1/2 EL Wasser auflösen. In den Topf rühren und die Flüssigkeit zum Kochen bringen. Den geraspelten Ingwer zusammen mit Apfel- bzw. Traubensaft zugeben und weitere 2 Minuten kochen lassen. Vom Herd nehmen und Zitronensaft einrühren.

Salsa

Dieser leckere und schnelle Partydip ist leicht pikant und paßt daher hervorragend zu rohem Gemüse, Vollkornkräckern oder Pittabrot. Für 6 Personen

1 EL Öl
1/2 TL Selleriesamen
1 TL Kreuzkümmelsamen
1 kleine Steckrübe, geraspelt
1 frische grüne Chilischote, entkernt und feingehackt
500 g frische Tomaten, feingeschnitten
1/2 TL gemahlener Koriander
1/2 TL Cayennepfeffer
1 TL feingehackter frischer oder 1/2 TL getrockneter Oregano
1 TL Salz

Das Öl in einem schweren Topf erhitzen und darin die Sellerie- und Kreuzkümmelsamen bei starker Hitze rösten, bis sie »springen«. Steckrüben und Chili zugeben und bei mittlerer Hitze 5 Minuten anbraten. Das Ganze in eine Küchenmaschine oder einen Mixer geben und pürieren, bis die Masse glatt ist. In eine Schüssel geben und die Tomatenstückchen zusammen mit den Gewürzen, dem Oregano und Salz einrühren. Ein wenig setzen lassen und zimmerwarm servieren.

Orangen-Dill-Sauce

Limonensaft und Ingwer verleihen dieser Sauce einen gewissen Pep. Sehr erfrischend schmeckt sie zu gekochtem Gemüse. Für 4–6 Personen

2 cm frische Ingwerwurzel, geschält und feingehackt
Schale und Saft von 1 Orange
Schale und Saft von 1 Limone
1 TL Salz
Pfeffer
200 ml Wasser
2 EL Pfeilwurzelmehl
2 EL feingehackter frischer oder 1 EL getrockneter Dill
40 g Butter oder Margarine

1 Alle Zutaten bis auf den Dill und die Butter bzw. Margarine in einen Mixer oder eine Küchenmaschine geben und glattmixen. Danach den Dill unterrühren.

2 Die Butter oder Margarine in einem Topf zum Schmelzen bringen, die restliche Masse zugeben und bei mittlerer Hitze 3–4 Minuten köcheln lassen, bis die Sauce etwas dicker ist. Warm servieren.

Gado Gado

Diese traditionelle indonesische Sauce gibt den einfachsten Gerichten einen leicht pikanten Geschmack: schwach gedämpften Karotten, grünen Bohnen, Spargel, Brokkoli, Blumenkohl und Getreidegerichten. Sie sollten dazu nur Erdnußmus von guter Qualität benutzen. Für 4–6 Personen

1 1/2 TL Öl
1/2 Stange Staudensellerie oder 1/4 grüne Paprikaschote (von Stielansatz und Kernen befreit), in Würfel geschnitten
1 EL frische Ingwerwurzel, gerieben
1 Prise Currypulver, Kreuzkümmel oder Cayennepfeffer (nach Belieben)
150 g Erdnußmus mit Stückchen
etwa 250 ml kochendes Wasser
50 g Kokosnußraspel
2 EL Tamari
1 1/2 TL Honig
Saft einer halben Zitrone

1 Das Öl in einem Wok oder einer hohen Pfanne erhitzen. Staudensellerie oder grünen Paprika, Ingwer, und – wahlweise – Currypulver, Kreuzkümmel oder Cayennepfeffer zugeben. Bei schwacher Hitze etwa 5 Minuten sautieren, bis das Gemüse weich ist. Unter ständigem Rühren das Erdnußmus zugeben. Es darf sich nicht anlegen. Wenn die Mischung Blasen wirft, so viel heißes Wasser zufügen, daß sie so dünnflüssig wie Sahne wird.

2 Zum Kochen bringen. Dann die Hitze zurücknehmen und Kokosnußraspel und Tamari zugeben. Etwa 10 Minuten leise köcheln lassen, bis das Öl an die Oberfläche steigt. Vom Herd nehmen und mit Honig und Zitronensaft abschmecken.

Preiselbeersauce

Der herbe Geschmack dieser stark Vitamin-C-haltigen Frucht paßt ausgezeichnet zu üppigeren, schweren Gerichten. In Amerika reicht man sie traditionellerweise beim Thanksgiving- oder Weihnachtsessen. Aber natürlich können Sie sie servieren, wann immer Sie wollen. Für 4–6 Personen

75 g getrocknete Datteln
4 EL Wasser
375 g unbehandelte Preiselbeeren
2 Zimtstangen von etwa 2,5 cm Länge
5 Gewürznelken
1/2 Orange, mit der Schale in dünne Scheiben geschnitten
4 EL Honig

1 Die Datteln mit dem Wasser in einem Topf aufsetzen. Zum Kochen bringen, vom Herd nehmen und etwa 1 Stunde stehen lassen.

2 Die Preiselbeeren zusammen mit Zimtstangen, Gewürznelken, Orangenscheiben, Datteln und Wasser zum Kochen bringen. Ohne Deckel bei mittlerer Hitze dick einkochen lassen. Vom Herd nehmen und abkühlen lassen. Honig zufügen und vor dem Servieren etwas setzen lassen.

Kokosnuß-Chutney

Dieses lieblich schmeckende Chutney ist leicht zuzubereiten. Die Kokosnuß mildert den pikant-würzigen Geschmack etwas ab. So wird daraus eine schmackhafte Beigabe für fast jede Mahlzeit. In Südindien serviert man Dosas (S. 28) mit Kokosnuß-Chutney zum Frühstück. Grüne Farbe erhält das Chutney, wenn Sie ein Bund Korianderblättchen feinhacken und daruntermischen. Für 4–6 Personen

100 g Kokosnußraspel
3 EL feingehackte Curryblätter
1 grüne Chilischote, von Kernen befreit und gehackt
1 cm frische Ingwerwurzel, geschält und geraspelt
1 Karotte, geraspelt
1 EL Ghee
1 TL schwarze Senfsamen
1 EL Zitronensaft
1–2 TL Gewürzpaprika
1 TL Salz

1 Die Kokosnußraspel mit Wasser bedeckt 15–20 Minuten einweichen. Dann in ein Musselintuch geben und die Flüssigkeit herauspressen. Die gehackten Curryblätter und Chilischoten zusammen mit Ingwer und Karottenraspel zugeben. Mit den Händen gut durchmengen.

2 Ghee in einer Pfanne erhitzen. Darin den Senfsamen anrösten, bis er »springt«. Ghee und Senfsamen zur Kokosnußmischung gießen. Gut durchrühren. Schließlich mit Zitronensaft, Paprika und Salz würzen.

Minz-Chutney

Eine beliebte Beigabe zu indischen Snacks. Sie können Sandwiches damit zubereiten oder das Chutney zu möglichst würzigen Gerichten reichen. Für 4–6 Personen

4–6 Cashewkerne
4 cm frische Ingwerwurzel, geschält und gerieben
1 grüne Paprikaschote, von Kernen und Stielansatz befreit und feingehackt (nach Belieben)
1 EL frische Minze, feingewiegt
1 TL Zitronensaft
1 TL Salz
1/2 TL gemahlener Koriander
4 EL Naturjoghurt (nach Wunsch)

Die Cashewkerne mit dem geriebenen Ingwer und – wahlweise – dem grünen Paprika in eine Küchenmaschine oder einen Mixer geben und zu einer feinen Masse rühren. Nun den Rest der Zutaten zugeben und noch einmal gründlich durchmixen. Lassen Sie das Chutney vor dem Servieren mindestens 1 Stunde stehen, damit es sich setzen kann.

Miso-Nuß-Aufstrich Dies ist eine gesunde und hefefreie Alternative zu den herkömmlichen Brotaufstrichen aus Hefepaste. Sie können den Aufstrich auch als Dip oder Sauce benutzen. Mit ein wenig Salat gibt er einen ungewöhnlichen Belag für ein Sandwich. Für 4–6 Personen

2 EL Haselnüsse oder Mandeln
2 EL helles Miso
1 EL Wasser

Die Nüsse in einer heißen Pfanne ohne Öl rösten, bis sie leicht gebräunt sind. Zusammen mit Miso und Wasser in einen Mixer geben und zu einer glatten Masse rühren.

- Statt der Nüsse können Sie alle Sorten Nußmus oder Tahin nehmen.
- Versuchen Sie eine andere Misosorte.

Olivenaufstrich Als Brotaufstrich reicht diese leckere Paste für 4 Personen. Wenn Sie ihn auf Kräcker streichen und diese als Partyhäppchen verwenden, werden noch viel mehr Menschen satt. Auf Vollkornbrot und mit ein paar Petersilienblättchen garniert, gibt er ein wunderbares Mittags- oder Picknicksnack ab. Für 4–6 Personen

20 grüne Oliven, mit rotem Paprika gefüllt
3 EL Walnußstückchen
1/2 rote Paprikaschote, von Kernen und Stielansatz befreit und feingehackt
2 EL Öl

Alle Zutaten in einen Mixer geben und zu einem groben Püree mixen. Oder alle Zutaten sehr fein hacken. Vor dem Servieren etwa 1 Stunde stehen lassen, damit die Masse sich setzen kann.

- Grün wird der Aufstrich, wenn Sie die Walnüsse, den roten Paprika und die Hälfte des Öls weglassen und dafür 4 EL frische, feingewiegte Petersilie und 2 EL Tahin einrühren.

Aufstrich mit Hüttenkäse Eine schmackhafte Beigabe zu gedämpftem Gemüse oder neuen bzw. gebackenen Kartoffeln. Für ein nahrhaftes Frühstück oder ein leichtes Mittagessen wird er auf ein wenig Toast serviert. Für 4–6 Personen

1 TL Zitronensaft
1 EL unbehandelte Weizenkeime
3 EL Hüttenkäse
1 EL Sesamöl
250 ml Naturjoghurt oder Sauerrahm

Alle Zutaten in einer Schüssel zusammenrühren und sofort servieren.

Auch Yogis feiern Feste, wie sie fallen

»Du bist ein Ozean des Segens, die Verkörperung wahrer Freude. Wahrlich, du bist der Herr der drei Welten. Sobald du Egoismus, Gier und Neid aufgibst, wirst du hier und jetzt Gott erkennen. Gott hat dir Fähigkeiten und Kräfte verliehen, also erhebe dich. Durch richtige Ernährung hältst du deine Kraft rein und strahlend.«

Swami Sivananda

OM
Anna Poorne Sadha Poorne
Shankara Prana Vallabhe
Jnana Vairagya Siddyartham
Bhiksham Dhehee Cha Parvati

Göttliche Mutter,
die Du als Nahrung auf unseren Tisch kommst,
Deine Gnade ist grenzenlos.
Du bist unser aller Wohltäterin.
Bitte verleih uns Weisheit, Gleichmut, Stärke.
Und gib uns Gesundheit, o Mutter.

OM
Mata Me Parvati Devi
Pita Devo Maheshwara
Bandhava Siva Bhaktascha
Swadesho Bhuvana Trayam

Mutter Natur ist meine Göttliche Mutter.
Der Herr des Kosmos ist mein Vater.
Alle Menschen auf dieser Welt sind
meine Freunde und Brüder.
Das ganze Universum ist meine Heimstatt.

Sankaracharya,
Annapoornerneshwari Stotran, 11–12

Frühling in Paris

Potage Choux au Gratin
Tofu-Quiche
Pommes de Terre Roties au Romarin
Petits Pois à la Française
Prune Mousse

Für 4–6 Personen

Jede Mahlzeit, die man mit der Familie oder mit Freunden teilt, kann ein Fest sein. In diesem einfachen und doch eleganten Menü spiegelt sich die ganze funkelnde Leichtigkeit eines Pariser Frühlingstags.

Oben links – Potage Choux au Gratin: eine sattvische Abwandlung der traditionellen Zwiebelsuppe.

Mitte links – Tofu Quiche: ein anderes von Nigel Walkers köstlichen Gerichten. Nigel (alias Nagaraj) ist gelernter Cordon Bleu-Chef und ein früheres Mitglied des Küchenstabs der Sivananda Yoga Zentren. Er ist ein großartiger makrobiotischer Küchenchef und gibt in England entsprechende Kochkurse. Die Quiche können Sie auch im voraus zubereiten, da sie warm oder kalt serviert werden kann.

Unten links – Pommes de Terre Roties au Romarin: Einfache Bratkartoffeln werden durch das Aroma des frischen Rosmarins zu etwas ganz Besonderem.

Mitte rechts – Petits Pois à la Française: Dieses Gericht bringt das energiegeladene Grün von Frühlingsgemüse in die Mahlzeit ein. Besonders attraktiv wirkt dies, wenn wir dazu das warme Orange der pikanten Frühlingskarotten von S. 84 auf den Tisch bringen. Um das Fest für Augen und Gaumen vollkommen zu machen, servieren wir einen leckeren Salat aus Radicchio und Brunnenkresse mit French Dressing (S. 118).

Unten rechts – Prune Mousse: Dieses cremige, einfache Dessert wurde in unserem Zentrum in London sofort zum Favoriten gekürt, nachdem wir es aus dem Pariser Yoga-Zentrum eingeführt hatten.

Potage Choux au Gratin (Überbackene Kohlsuppe)

25–50 g Butter oder Margarine
1 Weißkohl, grob geschnitten
1,5 l Wasser
3 Lorbeerblätter
125 ml Tamari
1 Baguette (wenn möglich aus Vollkornmehl)
300 g ohne Kälberlab fermentierter Käse, gerieben

1 Butter oder Margarine in einem Topf erhitzen und darin den Kohl bei mittlerer Hitze 15 Minuten sautieren, bis er weich und durchscheinend wird. Dabei gelegentlich umrühren.

2 Das Wasser zum Kochen bringen, den sautierten Weißkohl und die Lorbeerblätter zugeben. Zugedeckt 30 Minuten leise köcheln lassen. Mit Tamari würzen und weitere 10 Minuten köcheln lassen. In der Zwischenzeit den Backofen auf 190 °C (Gas Stufe 5) vorheizen.

3 Das Baguette in 5 cm dicke Scheiben schneiden und diese auf ein geöltes Backblech legen. Mit dem Reibkäse bestreuen und 20 Minuten backen. Die Suppe heiß in Schüsseln portioniert servieren. Auf jede Schüssel 1 oder 2 geröstete Brotscheiben legen.

- Für eine vegane Version den geriebenen Käse weglassen. Statt dessen 1 TL getrocknete, gemischte Kräuter mit 15–25 g Margarine verrühren und diese Masse auf die Brotscheiben streichen, bevor Sie sie 10–20 Minuten backen.

Tofu-Quiche

Für den Teig:
200 g Vollkornweizenmehl
50 ml Maiskeimöl
1 EL Sesamsamen
etwa 6 EL gekühltes Mineralwasser mit Kohlensäure

Für die Füllung:
2 EL Öl
350 g Saisongemüse, in dünne Scheiben geschnitten
100 g Zucchini, in dünne Scheiben geschnitten
285 g fester Tofu
200 ml Wasser
2 EL Tamari
1–2 EL Hefeflocken oder geriebener veganer Käse (nach Belieben)
Pfeffer zum Abschmecken
1 rote Paprikaschote, von Stielansatz und Kernen befreit und in Ringe geschnitten
Petersilie zum Garnieren

1 Zuerst den Teig zubereiten. Das beste Ergebnis erhalten Sie, wenn alle Zutaten wirklich kalt sind. Mit einer Gabel Mehl und Maiskeimöl leicht vermischen, dann den Sesam unterrühren. Gerade genug Mineralwasser zufügen, um einen weichen Teig zu erhalten. Dabei nicht zu stark rühren oder kneten. An einem kühlen Ort (vorzugsweise im Kühlschrank) mindestens 30 Minuten ruhen lassen. In der Zwischenzeit den Backofen auf 200 °C vorheizen (Gas Stufe 6).

2 Für die Füllung das Öl in einer Pfanne erhitzen und das Saisongemüse darin 5 Minuten anbraten. Beiseite stellen. Den Teig auf einer leicht bemehlten Arbeitsfläche ausrollen und damit eine Auflaufform von 23 cm Durchmesser auslegen. Den Teig zuerst mit den Zucchinischeiben und dann mit dem sautierten Gemüse belegen.

3 Tofu, Wasser, Tamari und – wahlweise – Hefeflocken oder Käse in einen Mixer geben und glattmixen. Mit Pfeffer abschmecken. Die Mischung über das Gemüse gießen und darauf die roten Paprikaringe hübsch anrichten. Etwa 40 Minuten backen. Mit Petersilie garnieren und heiß oder kalt servieren.

Pommes de Terre Roties au Romarin (Röstkartoffeln mit Rosmarin)

6–8 Kartoffeln, ungeschält
2–3 EL Olivenöl
Salz und Pfeffer
2–3 EL frische Rosmarinnadeln, in Stückchen gebrochen oder geschnitten

1 Den Backofen auf 200 °C vorheizen (Gas Stufe 6). Die Kartoffeln mit der Gemüsebürste schrubben und in dünne Scheiben schneiden. Mit dem Öl einpinseln und in die Fettpfanne des Backofens geben. Mit Salz und Pfeffer würzen und mit den Rosmarinstückchen bestreuen.

2 Im Ofen 1 Stunde 20 Minuten backen. Dabei die Scheiben hin und wieder wenden.

Petits Pois à la Française (Erbsen französische Art)

450 g Erbsen, enthülst
15 g Butter oder Margarine; falls nötig ein bißchen mehr
2 oder 3 große Kopfsalatblätter
Salz und Pfeffer zum Abschmecken

1 Die Erbsen mit Butter bzw. Margarine in einen Topf geben. Die Salatblätter vorsichtig waschen, um sie nicht zu zerreißen. Die Salatblätter nicht trockenschleudern, sondern mit dem Wasser, das noch an ihnen haftet, über die Erbsen legen.

2 Zugedeckt über niedriger Flamme etwa 10 Minuten garen, bis die Erbsen weich sind. Mit Salz und Pfeffer abschmecken. Noch ein wenig Butter hinzugeben, falls gewünscht.

Prune Mousse (Mousse aus Trockenpflaumen)

250 g Trockenpflaumen, entsteint
250 ml Wasser
1 EL Agar-Agar-Flocken
1 EL Honig oder Datteldicksaft (nach Belieben)
500 ml cremiger Joghurt
1 TL Zitronensaft
25 g gehackte Nüsse zum Garnieren

1 Die Trockenpflaumen mit dem Wasser in einen Topf geben und zum Kochen bringen. 20 Minuten leise köcheln lassen, bis sie weich sind. In einem Mixer oder einer Küchenmaschine pürieren, bis die Masse glatt ist.

2 Das Pflaumenpüree zurück in den Topf geben, die Agarflocken einrühren und 2 Minuten kochen. Dann ein wenig abkühlen lassen.

3 Wenn die Masse lauwarm ist, Honig bzw. Datteldicksaft, Joghurt und Zitronensaft einrühren. Portionsweise in Gläser füllen und kühlen, bis die Masse fest geworden ist. Vor dem Servieren mit gehackten Nüssen garnieren.

- Vegan wird das Gericht, wenn Sie statt des Joghurts unseren Nußtraum von S. 115 verwenden.
- Die Pflaumen können ganz oder teilweise durch Datteln oder andere Trockenfrüchte ersetzt werden.

Picknick an einem heißen Sommertag

Gekühlte Gurkensuppe
Vegetarische Tofuspieße
Sesam-Nudelsalat
Salate
Fruchtspießchen
Papaya-Pep

Für 4–6 Personen

Ob wir uns nun in Australien, auf den Bahamas oder in Kalifornien befinden – am Strand konzentiert sich Prana. Und das macht ihn zum vollkommenen Ort für Meditation sowie Yoga- und Atemübungen. Und danach ein sattvisches Fest für uns und unsere Freunde.

Oben links – Gekühlte Gurkensuppe gibt in unserem international inspiriertem Picknick den Ton an.

Mitte links – Vegetarische Tofuspieße: Wir können Sie auch bereits am Tag vorher marinieren und beim Picknick am Meer oder am See grillen. Oder wir backen Sie im Ofen und genießen sie im eigenen Garten.

Unten links – Sesam-Nudelsalat ist mild und knusprig zugleich. Eine traditionelle Vorspeise aus China.

Ohne Bild – Salate: Coleslaw (S. 98) oder Kartoffelsalat (S. 99) sind bei unseren Picknicks immer die Renner, obwohl im Freien eigentlich alle Salate gut schmecken.

Mitte rechts – Fruchtspießchen: So einfach zuzubereiten und mit jeder Fruchtsorte ein Hochgenuß.

Unten rechts – Papaya-Pep ist ein köstlich erfrischender Drink, den wir vor oder nach dem eigentlichen Picknick reichen können. Papaya oder Pawpaw – wie man sie auf den Bahamas nennt – schmeckt süß und doch leicht bitter. Sie liefert uns eine Menge an Verdauungsenzymen. Auf den Körper wirkt sie kühlend und erdend.

Gekühlte Gurkensuppe

750 ml Naturjoghurt
1/2 TL Salz
2 EL Öl
1 Salatgurke, geschält und feingehackt
1–2 EL Zitronensaft
1/2 TL Pfeffer
250 ml eisgekühltes Wasser
100 g gehackte Walnüsse
frische Petersilienblättchen zum Garnieren

Joghurt, Salz und Öl zu einer glatten Masse verrühren. Dann Gurke, Zitronensaft, Pfeffer und das eisgekühlte Wasser zugeben. Bis zum Servieren kühlstellen oder 125 ml zerkleinerte Eiswürfel zugeben und sofort servieren. Vor dem Servieren mit gehackten Walnüssen und Petersilienblättchen garnieren.

Vegetarische Tofuspieße

Für die Tofuwürfel:
300 g fester Tofu (30 Minuten lang gepreßt, damit die überschüssige Flüssigkeit abläuft)
1 EL Olivenöl
1 EL Tomatenmark
1/2 TL Kurkuma
Salz und Pfeffer zum Abschmecken

Für die Auberginenbällchen:
25 g Margarine
2 Stangen Staudensellerie, sehr feingehackt
1 große Aubergine, in kleine Würfel geschnitten
1 TL Tomatenmark
1/2 TL gemahlener Kreuzkümmel
100 g Kürbiskerne, geröstet und feingehackt
60 g Brotkrumen aus Vollkornweizenbrot
Zusätzlich:
1 grüne oder rote Paprikaschote (oder je 1/2), in mundgerechte Stücke geschnitten
20–24 Kirschtomaten
Öl zum Bestreichen

1 Den Tofu in mundgerechte Stücke schneiden und in einen Teller legen. Olivenöl, Tomatenmark, Kurkuma, Salz und Pfeffer zu einer Marinade verrühren und über die Tofuwürfel gießen. Etwa 12 Stunden durchziehen lassen.

2 Etwa 1 Stunde vor der Mahlzeit den Grill anheizen oder den Backofen auf 180 °C vorheizen (Gas Stufe 4).

3 Für die Auberginenbällchen die Margarine in einem Topf erhitzen und darin den Staudensellerie bei mittlerer Hitze weich braten. Die Auberginenwürfel zugeben und zu einer weichen Masse garen. Tomatenmark zusammen mit Kreuzkümmel, Kürbiskernen und Brotkrumen unterheben. Mit Salz und Pfeffer abschmecken. Dann die Auberginenmasse zu Bällchen formen.

4 Nun die Zutaten auf 8–12 Barbecuespieße aufreihen. Dabei abwechselnd Tofuwürfel, Auberginenbällchen, Kirschtomaten und rote bzw. grüne Paprikastückchen aneinanderreihen.

5 Die Spießchen mit Öl einpinseln und auf dem Grill oder im Backofen etwa 15–20 Minuten backen. Dabei 1–2mal wenden.

Sesam-Nudelsalat

350 g Buchweizen- oder Vollkornweizennudeln, evtl. mit Spinat gefärbt
$1^1/_2$ EL frische Ingwerwurzel, feingeraspelt
$1^1/_2$ EL Steckrübe, feingeraspelt
1 EL Tahin
$1^1/_2$ EL Öl aus gerösteten Sesamsamen
$1^1/_2$ EL Erdnußmus mit Stückchen (nach Belieben)
3 EL Tamari
4–5 EL Wasser
$^1/_2$–1 TL Senfpulver
$1^1/_2$ EL Zitronensaft
3 EL Ahornsirup
$^1/_4$ rote oder grüne Paprikaschote, von Stielansatz und Kernen befreit und in feine Streifen geschnitten, zum Garnieren (nach Belieben)

1 Die Nudeln in kochendem Wasser garen, bis sie weich, aber immer noch bißfest sind. Abgießen und mit kaltem Wasser abschrecken. Dann im Kühlschrank mindestens 1 Stunde kühlen.

2 Alle anderen Zutaten in eine Schüssel geben und mit einem Schneebesen durchrühren. Ein paar Minuten lang stehen lassen. Vor dem Servieren die Mischung über die Nudeln gießen und gut unterheben. Garnieren Sie mit Paprikastreifen, wenn Sie dem Gericht einen Farbtupfer verleihen wollen.

Fruchtspießchen

1 EL Ahornsirup oder Datteldicksaft
1 TL Zitronenschale, feingerieben
2 TL Zitronensaft
1 Prise frischgemahlene Muskatnuß
600–700 g Früchte verschiedener Sorten, in große Stücke geschnitten (Ananaswürfel, Nektarinen- oder Pfirsichviertel, Aprikosenhälften, Pflaumenviertel, Apfel- und Birnenwürfel, ganze Erdbeeren)
Nußtraum (S. 115) oder Joghurt zum Servieren (nach Wunsch)

1 Den Grill anheizen und sehr heiß werden lassen. Oder den Backofen auf 230 °C vorheizen (Gas Stufe 8).

2 In einer Schüssel Ahornsirup bzw. Datteldicksaft, Zitronenschale und -saft sowie Muskatnuß verrühren. Beiseite stellen. Die Fruchtstücke auf je 2 Grillspießchen stecken und mit der Sirupmischung einpinseln.

3 2 Minuten lang auf dem heißen Grill garen, dabei nach 1 Minute umdrehen und mit der verbleibenden Sirupmischung einpinseln. Falls Sie den Backofen verwenden, die Spießchen auf ein Backblech legen und ebenfalls 2 Minuten garen. Nach Belieben mit Nußtraum oder Joghurt servieren.

Papaya-Pep

450 g reife Papaya, geschält, entkernt und in große Stücke geschnitten (etwa 1 EL der Samen zum Garnieren zurückbehalten)
2 EL frischer Limonen- oder Zitronensaft
1 Prise Piment
175 ml frischgepreßter Orangensaft
2 TL Honig (nach Belieben)
250 ml Buttermilch oder Sojamilch
Limonen- oder Zitronenscheiben zum Garnieren

1 Alle Zutaten, die nicht zum Garnieren dienen, in einen Mixer oder eine Küchenmaschine geben und glattrühren. Im Kühlschrank kalt stellen.

2 Zum Servieren in Cocktailgläser schütten und mit Limonen- bzw. Zitronenscheiben und ein paar dieser köstlichen, pfeffrigen Papayasamen garnieren.

Südindische Bandhara

Einfacher Basmatireis
Sambar
Aviyal
Poduthuval
Ananas-Pachadi
Pappadams
Zitronenpickles
Naturjoghurt
Paysam
Bananen

Für 4 Personen

Es gibt keinen größeren Segen als den, anderen Menschen Nahrung anbieten zu können. Dieses südindische Festmahl ist ideal für eine Geburtstagsparty oder andere festliche Gelegenheiten, wenn wir mit Familie, Freunden und anderen Gästen etwas ganz Besonderes teilen wollen.

Die Hauptmahlzeit wird zu Mittag gegessen und besteht in erster Linie aus Reis. Über den Reis gießen wir Sambar (links unten). Dieses würzige Linsen-Dal enthält viel Eiweiß. Es ist vergleichsweise flüssig und von erdigem, leicht saurem Geschmack. Für ein leichtes Abendessen oder ein typisch indisches Frühstück kann Sambar auch mit Dosas oder Uppama mit gemischtem Gemüse (S. 28) auf den Tisch gebracht werden.

Oben links – Poduthuval: grün und köstlich.

Mitte links – Aviyal: Gemischtes Gemüse, wie man es in Kerala zubereitet.

Oben rechts – In Südindien werden Festessen traditionell auf Bananenblättern serviert. Dieses Menü schmeckt aber auch auf Tellern köstlich.

Mitte rechts – Ananas-Pachadi: Ananas leicht pikant gewürzt und dazu frischer Joghurt.

Unten rechts – Paysam: Die Legende berichtet, daß der Gott Rama in dem Moment empfangen wurde, als seine Mutter den göttlichen Segen in Form dieses exotischen Reispuddings empfing. Im Süden Indiens kennt man ihn als »Pongal« und süßt ihn mit unraffiniertem, braunem Rohrzucker. Sie finden ihn in Naturkostläden. Alternativ dazu haben wir hier Datteldicksaft ausprobiert.

Sambar

200 g rote Linsen
1,5 l Wasser
2 EL Ghee oder Öl
1 TL schwarze Senfsamen
1 TL Kurkuma
1 TL frische Ingwerwurzel, geraspelt
2 grüne Chilischoten, entkernt und feingehackt
4 EL Sambarpulver oder eine Mischung aus 2 TL gemahlenem Kreuzkümmel, 2 TL gemahlenem Koriander und 1/2 TL Cayennepfeffer
25 g frische Kokosnuß, geraspelt
50 g Blumenkohlröschen
50 g grüne Bohnen, in 2,5 cm lange Stückchen geschnitten
50 g Aubergine, in Würfel geschnitten
50 g Karotten, in Streifen geschnitten
50 g grüner Paprika, ohne Stielansatz und Kerne, feingehackt
50 g Tomaten, kleingeschnitten
2 TL Salz
2 EL Zitronensaft

1 Die Linsen in einem großen Topf mit dem Wasser aufsetzen und zum Kochen bringen. Halb zugedeckt 20–30 Minuten simmern lassen, bis sie weich sind. Die Linsen im Kochwasser beiseite stellen.

2 Ghee oder Öl in einer Pfanne erhitzen, die Senfsamen zugeben und bei starker Hitze rösten, bis sie platzen. Zuerst die restlichen Gewürze, dann die Kokosraspel zugeben und unter ständigem Rühren 5 Minuten anbraten.

3 Das Gemüse zugeben und 5 Minuten sautieren. Die Gemüse-Gewürz-Mischung zu den Linsen gießen und 5–10 Minuten leise köcheln lassen, bis das Gemüse weich ist. Den Zitronensaft unterrühren und heiß servieren.

- Statt der roten Linsen können Sie auch Toor Dal oder Straucherbsen (im indischen Feinkostladen erhältlich) verwenden.

Aviyal

600 g verschiedene Gemüsesorten (Drumsticks, Gemüsebananen, Kartoffeln, Karotten, grüner Paprika), in Julienne (d. h. feinste Streifen) geschnitten
250 ml Wasser
1/2 TL Salz
1 TL Tamarindenkonzentrat
25 g frische oder getrocknete Kokosnußraspel
2 grüne Chilischoten, entkernt
1/2 TL Kreuzkümmelsamen
1 TL Kokosöl
3–4 Curryblätter

1 Das Gemüse mit dem Wasser in einen Topf geben und zum Kochen bringen. Zugedeckt 10 Minuten leise köcheln lassen. Vom Feuer nehmen, das Wasser abgießen und aufheben.

2 Salz, Tamarindenkonzentrat, Kokosraspel, Chilischoten und Kreuzkümmelsamen mit dem Gemüsewasser in einem Mixer oder einer Küchenmaschine fein pürieren. Diese Mischung über die Gemüsestreifen gießen und vorsichtig unterheben, damit das Gemüse von allen Seiten gut bedeckt ist. Zugedeckt über niedriger Flamme 10 Minuten garen. Vom Herd nehmen, mit Curryblättern und Kokosöl würzen. Heiß servieren (wenn nicht sofort serviert wird, zugedeckt lassen). Die Drumstick-Streifen (siehe Glossar) ißt man, indem man das Fleisch von der Schale saugt und diese dann weglegt.

Poduthuval

1 EL Öl
1/2 TL Senfsamen
1/2 TL Urad Dal
1 rote Chilischote, in 2 Hälften gebrochen
1/2 TL Kurkuma
350–400 g gemischte grüne Gemüsesorten (grüne Bohnen, chinesische lange Bohnen, Grünkohl, Spinat), feingeschnitten
1/2 TL Salz
4 EL Wasser

1 Das Öl in einem Topf erhitzen, die Senfsamen zusammen mit dem Dal und der Chilischote hineingeben und bei starker Hitze rösten, bis die Senfsamen platzen und das Dal eine goldbraune Farbe annimmt.

2 Kurkuma, Gemüse, Salz und Wasser zugeben und zugedeckt bei mittlerer Hitze 5–6 Minuten garen, bis das Gemüse etwas weicher ist. Vom Herd nehmen, die Chilihälften herausnehmen, dann zugedeckt weiterkochen, bis das Gemüse gar ist. Sofort servieren.

Ananas-Pachadi

25 g getrocknete Kokosnuß
1 grüne Chilischote, entkernt und feingehackt
1 Prise Senfsamen
1/2 Ananas, geschält, vom Strunk befreit und in kleine Stücke geschnitten
125 ml Naturjoghurt
1/2 TL Ghee
1/2 TL schwarzer Senfsamen
1–2 Curryblätter, zerkleinert
1/4 TL Salz

1 Kokosnuß, Chilischote und 1 Prise Senfsamen in einen Mixer geben und feinmahlen. Das so gewonnene Pulver mit den Ananasstücken und dem Joghurt vermischen.

2 Ghee in einer kleinen Pfanne erhitzen. Die restlichen Senfsamen darin rösten, bis sie platzen. Das geröstete Gewürz über die Ananasmischung geben. Mit Curryblättern und Salz würzen.

Paysam

1 l Milch oder Sojamilch
3 Kardamomkapseln
75 g Basmatireis, gewaschen
2 EL Cashew-Nußstückchen
3 EL Rosinen
125 ml Datteldicksaft oder Honig

1 Die Milch in einem Topf bis kurz vor dem Siedepunkt erhitzen, dann die Hitze zurücknehmen und 15–20 Minuten köcheln lassen. Dabei immer wieder umrühren.

2 Die Kardamomsamen aus den Kapseln nehmen, die Schalen wegwerfen. Die Samen leicht zerdrücken und zur Milch geben. Reis, Cashewstückchen und Rosinen zugeben. Zugedeckt über niedriger Flamme 20–30 Minuten köcheln lassen, bis der Reis weich ist. Vom Feuer nehmen, mit Datteldicksaft oder Honig süßen und servieren.

- Nach Belieben mit dem Reis 1 Prise gemahlenen Safran zugeben. Statt Reis können Sie auch Vermicelli (haarfeine Nudeln) nehmen.

So feiert man im Nahen Osten

Baba Ganoush mit Pittabrot
Falafel mit Tahinsauce
Tabbouleh
Salat aus Gurken, Dill und Joghurt
Duftender Fruchtsalat

Für 4–6 Personen

Im Nahen Osten kommt sehr viel Salat auf den Tisch. Unser höchst aktives Zentrum in Tel Aviv und die vielen libanesischen Mitglieder unseres Zentrums in Montreal haben uns diese Rezepte überlassen. Dieses Menü kann problemlos durch weitere Salate oder andere Gerichte wie z. B. den mediterranen Salat von S. 98 ergänzt werden.

Oben links – Baba Ganoush ist ein kaltes Auberginengericht mit einem exotisch rauchigen Geschmack. Wir servieren es mit heißem Pittabrot.

Mitte links – Falafel mit Tahinsauce wird im Nahen Osten am liebsten im Sandwich verzehrt. Sie können statt der Tahin- auch Joghurtsauce servieren.

Unten links – Tabbouleh ist ein leckerer Getreidesalat mit viel frischer Petersilie und Minze. Er kann zu anderen Gerichten gereicht werden. Im Sommer gibt er – für sich allein serviert – auch ein leichtes Abendessen ab.

Mitte rechts – Gurken, Dill und Joghurt beleben den Gaumen.

Unten rechts – Duftender Fruchtsalat: ein köstlich erfrischender Salat aus Orangen, Grapefruit, Kumquats und Datteln – mit Orangenblütenwasser veredelt.

Baba Ganoush

1 große Aubergine
2 EL Tahin
2 EL Olivenöl
Saft einer Zitrone
Salz und Pfeffer zum Abschmecken
Gewürzpaprika
2–3 Minze- oder Petersilienblättchen, grobgehackt
Pittabrot zum Servieren (nach Belieben)

1 Den Backofen auf 190 °C (Gas Stufe 5) vorheizen. Die Aubergine einstechen, damit die Haut nicht platzt. In eine feuerfeste Form geben und 45–60 Minuten backen, bis das Fleisch sehr weich ist.

2 Die Aubergine abkühlen lassen, dann schälen. Das Fruchtfleisch in einem Sieb ein paar Minuten ruhen lassen, damit der überschüssige Saft abfließen kann. Dann das Fleisch in eine Schüssel geben. Tahin, Olivenöl und Zitronensaft miteinander verrühren und in das Auberginenpüree geben. Gut durchmischen. Mit Salz und Pfeffer würzen.

3 Die Oberfläche des Pürees mit Gewürzpaprika und Minze- bzw. Petersilienblättchen garnieren. Mit Pittabrot als Dip servieren.

- Sie können das Tahin weglassen und statt dessen die doppelte Menge Olivenöl nehmen. (Oder umgekehrt.)
- Als Grundlage eine andere Gemüsesorte wie z.B. Kürbis nehmen. Damit verliert das Gericht allerdings seinen typisch nahöstlichen Charakter.

Falafel mit Tahinsauce

225 g getrocknete Kichererbsen, eingeweicht
225 g getrocknete dicke Bohnen, eingeweicht
8 EL feingehackte frische Petersilie
8 EL feingehackter frischer Koriander
8 EL feingehackte frische Minze
1/2 TL Pfeffer
1 TL Piment
1 TL Salz
1 TL Weinsteinbackpulver
Öl zum Frittieren

Für die Tahinsauce:
250 ml Tahin
250 ml Wasser
Saft einer Zitrone
1 TL Salz

Zur Dekoration:
feingeschnittener Kopf- oder Eissalat
feingehackte Tomaten und Gurken
Zitronenschnitze
Korianderblättchen

1 Für die Falafel die Bohnen und die Kichererbsen abgießen. Zusammen mit den Kräutern, Gewürzen und Salz in einen Mixer geben und pürieren, bis die Masse die Konsistenz von feinem Bulgur hat. Backpulver zugeben und mindestens 1 Stunde ruhen lassen.

2 In der Zwischenzeit die Sauce zubereiten. Dafür alle Zutaten in einer Schüssel verrühren.

3 Das Öl in einer tiefen Pfanne erhitzen. Aus der Kichererbsenmischung kleine Bällchen formen und mit den Handflächen etwas flachdrücken. Immer 5–6 auf einmal im heißen Öl ca. 3 Minuten ausbacken, bis sie goldbraun sind. Auf Papiertüchern ablaufen lassen.

4 Falafel zusammen mit feingeschnittenem, grünem Salat, feingehackten Gurken und Tomaten sowie der Tahinsauce servieren. Mit Zitronenschnitzen und Korianderblättchen garnieren.

Tabbouleh

150 g Bulgurweizen
125 ml kochendes Wasser
100 g frische Petersilie, feingehackt
100 g frische Minze, feingehackt
Saft von 2 Zitronen
150 ml Olivenöl
Meersalz und Pfeffer zum Abschmecken
1 TL gemahlener Zimt
Kopfsalatblätter zum Servieren
Zitronenschnitze zum Garnieren

1 Bulgur in eine große Schüssel geben, mit kochendem Wasser übergießen und bei fest verschlossenem Deckel 35–40 Minuten stehenlassen, bis das Getreide das ganze Wasser aufgesogen hat und weich und körnig ist.

2 Alle restlichen Zutaten bis auf Salatblätter und Zitronenschnitze darunterheben. Den Bulgur auf einem Bett aus Salatblätter mit Zitronenschnitzen garniert servieren.

- Lassen Sie den Zimt weg, und rühren Sie statt dessen geschälte, in Stifte geschnittene Gurke unter.

Salat aus Gurken, Dill und Joghurt

1 TL Kreuzkümmelsamen
2 EL Zitronensaft
1 EL frischer, ersatzweise 1 TL getrockneter Dill
500 ml Naturjoghurt
1 Prise Cayennepfeffer
1/2 TL Salz
300 g Gurke, geschält und in dünne Scheiben geschnitten
2 Kartoffeln, gekocht und in Würfel geschnitten (nach Wunsch)
frische Minzeblättchen zum Garnieren

1 Die Kreuzkümmelsamen in einer heißen Pfanne ohne Öl bei starker Hitze anrösten, bis ihr Aroma sich entfaltet. Vom Herd nehmen und die Samen mit einem Nudelholz ein wenig aufbrechen.

2 Die Samen mit Zitronensaft, Dill, Joghurt, Cayennepfeffer und Salz in einer großen Schüssel vermischen. Gurkenscheiben und – nach Wunsch – Kartoffelwürfel zugeben. Gut durchmischen und mit Minzeblättern garniert servieren.

- **Joghurtsauce** Gurken und Kartoffeln weglassen.
- **Gurkenraita** Minze und Dill weglassen. Statt dessen mit einem Bund Korianderblättchen würzen. Zu indischen Gerichten reichen.

Duftender Fruchtsalat

2 Orangen
1/2 TL Orangenblütenwasser
1–2 EL Honig oder Datteldicksaft (nach Belieben)
1 rosa Grapefruit
8 halbierte Kumquats oder 16 Kirschen
100 g frische Datteln oder Feigen, der Länge nach halbiert
Granatapfelkerne

1 Den Saft einer Orange auspressen und mit dem Orangenblütenwasser sowie – wahlweise – dem Honig bzw. Datteldicksaft verrühren, um einen Sirup herzustellen. Die andere Orange und die Grapefruit filetieren, dabei sorgfältig alle weißen Hautteile entfernen.

2 Die Früchte in einer Schüssel hübsch anordnen und den Sirup darübergießen. Mit Granatapfelsamen bestreuen und vor dem Servieren kühlstellen.

- Sollten Sie keine frischen Feigen und Datteln bekommen, nehmen Sie getrocknete und weichen Sie sie vorher etwa 1/2 Stunde in kaltem Wasser ein.

Ein Winterfest

Selleriesuppe mit Cashew-Nüssen
Grüner Salat mit Joghurtdressing und Kümmel
Kastanienkuchen mit dicker, brauner Sauce und Preiselbeersauce
Gedämpfter Rosenkohl und/oder Brokkoli
Süßkartoffeln mit Ananas
Glasierte Karotten- und Pastinakenjulienne
Plumpudding
Winterpunsch
Üppiger Tofu-Früchte-Kuchen

Für 6–8 Personen

Natürlich gibt es nicht nur im Winter Gelegenheit zum Feiern, aber das Sivananda Yoga Zentrum in New York hat sich besondere Mühe gegeben, die traditionellen Festessen zu Thanksgiving und Weihnachten vegetarisch zu gestalten.

Oben links – Selleriesuppe mit Cashew-Nüssen (S. 121) gefolgt von einem grünen Salat, serviert mit Joghurtdressing und garniert mit Sesamsamen und Kümmel (Bild S. 121)

Mitte links – Der Kastanienkuchen mit seinem üppigen, festen Biß ist ein veganes Meisterstück. Hier ist er mit Preiselbeersauce abgebildet (S. 125), doch wir reichen dazu noch die dicke, braune Sauce von S. 122.

Unten links – Süßkartoffeln mit Ananas: hier nicht als Dessert, sondern als traditioneller Bestandteil des Festmahls zum amerikanischen Thanksgiving. Wir servieren mit Julienne von Karotten und Pastinaken (abgebildet) sowie gedämpftem Rosenkohl und/oder Brokkoli (nicht abgebildet).

Mitte rechts – Plumpudding: hier eine aromatische und gesunde Version des üblichen Festtagsgerichts mit viel mehr Früchten und Nüssen wie ein gekaufter Kuchen.

Unten rechts – Winterpunsch: ein köstliches, wärmendes Getränk, das man am Anfang der Mahlzeit quasi zum Anwärmen serviert oder mit dem üppigen Tofu-Früchte-Kuchen von S. 114 als Dessert reicht.

Kastanienkuchen

450 g frische Eßkastanien
300 g gemischte Nüsse (am besten ungesalzene Mandeln und Paranüsse)
200 g Hirse
650 ml Wasser
2 EL Öl
2 Karotten, geraspelt
1/2 Weißkohl, in feine Scheiben geschnitten
2 Stangen Staudensellerie, geschnitten
250 g Brokkoli (in Röschen zerteilt, den Strunk kleinschneiden)
3 EL Tomatenmark
2 EL Tamari
1/4 TL Pfeffer
1 EL gemischte, getrocknete Kräuter
Mandelblättchen, Kürbiskerne und Petersilienblättchen zum Garnieren
Dicke braune Sauce (S. 122) und Preiselbeersauce (S. 125)

1 Den Ofen auf 190 °C vorheizen (Gas Stufe 5). Zum Schälen die Kastanien am spitzen Ende kreuzweise einschneiden. Die Kastanien in einen Topf geben, mit kochendem Wasser übergießen und 5 Minuten stehenlassen. Die Kastanien nacheinander aus dem Wasser holen und die dicke äußere und innere Schale abziehen, solange sie noch warm sind. Die geschälten Kastanien in kochendem Wasser ca. 30 Minuten garen, bis sie weich sind. Beiseite stellen und die Kochflüssigkeit aufbewahren.

2 In der Zwischenzeit die Nüsse auf ein Backblech geben und im Ofen 10 Minuten anrösten, bis sie leicht gebräunt sind. Von Zeit zu Zeit umrühren. Die Nüsse grobhacken und beiseite stellen. Die Hirse im Wasser kochen (S. 46) und ebenfalls zur Seite stellen.

3 Öl in einem Topf erhitzen. Karotten, Weißkohl und Staudensellerie darin anbraten. Zugedeckt bei mittlerer Hitze ein paar Minuten kochen lassen, dann den Brokkoli zugeben und weitere 1–2 Minuten garen. Nacheinander Tomatenpüree, Tamari, Pfeffer, gemischte Kräuter, Wasserkastanien, Nüsse und die gekochte Hirse zugeben. Von der Kochflüssigkeit gerade so viel zugeben, daß die Masse bindet.

4 Die Masse in eine eingefettete 900-g-Brotform geben und 45 Minuten backen. Mit Mandelblättchen, Kürbiskernen und Petersilie garnieren und mit den beiden Saucen zu Tisch bringen.

Süßkartoffeln mit Ananas

5 große Süßkartoffeln, insgesamt etwa 1,3 kg
25 g Butter oder Margarine
1 sehr reife Ananas, etwa 1 kg
150 ml Orangensaft
1 EL gemahlener Kardamom
1/2 TL Salz

1 Den Ofen auf 190 °C vorheizen (Gas Stufe 5). Die Süßkartoffeln mit der Gemüsebürste putzen und 1–1 1/2 Stunden backen, bis sie weich sind. Am besten ins Rohr schieben, während Sie den Kastanienkuchen zubereiten.

2 Die Süßkartoffeln aus dem Ofen nehmen und die Temperatur auf 140 °C zurücknehmen (Gas Stufe 1). Die Süßkartoffeln ein wenig abkühlen lassen und schälen. Mit Butter oder Margarine zerstampfen. Die Ananas mit einem scharfen Messer schälen und vom Strunk befreien. In kleine Stücke schneiden. Dann den Süßkartoffelbrei, die Ananasstückchen und alle anderen Zutaten verrühren. In eine Backform füllen und etwa 40 Minuten backen. Heiß servieren.

Glasierte Karotten- und Pastinakenjulienne

450 g Karotten, in ganz feine Stifte geschnitten
450 g Pastinaken, in ganz feine Stifte geschnitten
75 ml Orangensaft
75 ml Wasser
25 g Butter oder 2 EL Öl
1 EL Zitronensaft
1/4 TL gemahlener Ingwer
1 TL frische Muskatnuß, gerieben
1 Prise Salz
Pfeffer
2 EL Ahornsirup
Petersilienblättchen zum Garnieren

Alle Zutaten bis auf den Ahornsirup und die Petersilienblättchen in einen Topf geben. Über niedriger Flamme 15 Minuten leise köcheln lassen. Auf dem Herd lassen und den Ahornsirup einrühren. Dabei vorsichtig umrühren, bis alle Gemüsestreifen glasiert sind. Mit Petersilie bestreuen und heiß servieren.

Plumpudding

200 g Datteln, feingehackt
200 g Rosinen
200 g Korinthen
200 g Sultaninen
100 g Backpflaumen, feingehackt
100 g Zitronat und Orangeat, feingehackt
225 g brauner Zucker (ersatzweise Datteldicksaft oder Gerstenmalz)
1/4 TL frische Muskatnuß, gerieben
1/2 TL Lebkuchengewürz
175 g Krumen von Vollkornweizenbrot
50 g gehackte Mandeln
225 g Pflanzenfett
50 g Vollkornweizenmehl
285 ml Orangensaft; falls nötig, ein wenig mehr
Tofusahnetraum oder Nußtraum (S. 115) zum Servieren

1 Die Trockenfrüchte waschen und in eine Rührschüssel geben. Alle trockenen Zutaten zugeben und gut verrühren. Dann den Orangensaft unterrühren. Zugedeckt über Nacht stehenlassen.

2 Am nächsten Tag die Masse gut durchrühren. Sie sollte weich sein, aber nicht zu flüssig. Falls sie zu fest wird, etwas mehr Orangensaft zugeben. Die Masse in eine gefettete Puddingform von 1,2 l Fassungsvermögen füllen. Die Oberfläche mit 2 Lagen Pergamentpapier oder einem Deckel abdecken und das Ganze mit einem Bindfaden zubinden.

3 Die Puddingform in einen größeren Topf mit kochendem Wasser stellen. Das Wasser sollte etwa 7,5–10 cm hoch im Topf stehen. Den Topf gut zudecken und den Pudding auf niedriger Flamme etwa 2 Stunden garen. Dabei ab und an etwas Wasser nachfüllen, damit die Form ständig im Wasser steht. Am Ende der Garzeit den Pudding stürzen und nach Belieben mit Tofusahnetraum oder Nußtraum servieren.

Winterpunsch

1 l Preiselbeersaft
1 l Apfelsaft
5–6 Streifen Zitronenschale
2,5–5 cm frische Ingwerwurzel, geschält und grobgeraspelt
2 große Zimtstangen, in Stücke gebrochen
10–12 Gewürznelken
500 ml frischgepreßter Orangensaft
2 knackige Äpfel, in Scheiben geschnitten
2 Orangen oder Satsumas, in Stücke geschnitten oder in Filets zerteilt
Honig zum Abschmecken

Preiselbeer- und Apfelsaft miteinander verrühren. In einen schweren Topf geben und die Zitronenschale sowie die Gewürze einrühren. Erhitzen, bis der Siedepunkt fast erreicht ist, dann die Hitze zurücknehmen und 10–15 Minuten leise köcheln lassen. Orangensaft, Früchte und – wahlweise – ein wenig Honig einrühren und sofort servieren.

Fasten

*»Yoga ist weder für den,
der allzuviel ißt, noch für jenen,
der über das Maß hinaus fastet.
Er ist nicht für den, der allzu-
viel schläft, noch für jenen,
der übertrieben viel wacht.«*

Bhagavadgita, VI.16

Fasten ist eines der besten Heilmittel der Natur. Oft gibt es uns unsere Gesundheit zurück, wenn wirklich jedes andere Mittel versagt hat. Beim Fasten ruht das gesamte System. Wir geben dem Körper Zeit, sich selbst gründlich zu reinigen, so daß er sich von mitunter jahrelang angesammelten Giftstoffen befreien kann.

Wenn Sie Körper und Geist ununterbrochen überanstrengen, ohne sich genügend Ruhe zu gönnen, riskieren Sie einen Zusammenbruch. Und auch das Verdauungssystem braucht einmal Ferien. Fasten bedeutet Urlaub vom Essen.

Viele Beschwerden verschwinden relativ schnell, wenn man fastet. Das gesamte Verdauungssystem kann sich erholen, während der Körper sich von Giftstoffen befreit. Nach dieser Reinigung verfügen wir wieder über mehr Energie. Schon ein einziger Fasttag hilft uns weiter. Unser Körper fühlt sich leichter an. Und die Energie, die wir gewöhnlich zum Verdauen der Speisen brauchen, steht uns für die »Wartung« und Heilung des Körpers zur Verfügung.

»Yogis plädieren ferner für gelegentliche Fasttage, um dem Magen eine Ruhepause zu gönnen; besonders während einer Krankheit. Die dabei gewonnene Energie kann dazu beitragen, Toxine und Giftstoffe, die die Krankheit verursacht haben, auszuscheiden. Auch bei Tieren kann man diese natürliche Gesundungsmethode beobachten; während Tiere krank sind, liegen sie meist und essen nichts; erst wenn sie wieder wohlauf sind, gehen sie wieder auf Nahrungssuche.«

Swami Vishnu-devananda
Das Große Illustrierte Yoga-Buch

»Fasten und Feste – beide sind für die Menschheit von Segen. Doch ein Fest gibt uns nur kurzfristige Befriedigung, die nach ein paar Stunden wieder abklingt und in uns das Verlangen nach mehr weckt. Fasten hingegen schenkt uns eine völlig andersgeartete Freude, die weit länger anhält als die über ein Fest.«

Swami Sivananda
Health and Diet, Science of Yoga, Band 7

Man sollte Fasten niemals mit Hungern verwechseln. Fasten ist ein Akt der Mäßigung, den wir zur Erfüllung eines bestimmten Zwecks freiwillig unternehmen. Gewöhnlich wollen wir damit den Körper reinigen, die Gesundheit wiedererlangen oder zu mehr geistiger Klarheit kommen. Fasten ist etwas Einfaches und doch Schönes. Es stärkt die Willenskraft und den Geist. Denn genau wie wir die Muskeln trainieren können, indem wir ihnen allmählich immer mehr zu tun geben, so können wir den Geist stärken, indem wir ihm immer schwierigere Aufgaben zuweisen. Auf diese Weise verhilft das Fasten uns zu mehr Konzentration und geistiger Stärke.

Denken Sie nur an all die Zeit und Energie, die Sie für die Zubereitung und das Verzehren einer Mahlzeit aufwenden. Während des Fastens steht uns diese Energie für andere Zwecke zur Verfügung. Wenn Körper und Geist nicht dreimal täglich von den Schwingungen der Nahrung beansprucht werden, können sie sich besser auf spirituelle Dinge konzentrieren. Fasten hilft uns, innere Einsicht zu erlangen. Alle Religionen empfehlen Fasttage (auch in der Andacht durchwachte Nächte) zur Stärkung des Gebets. Denken wir doch an Christus, der in die Wüste ging, um dort 40 Tage lang zu fasten und zu beten.

Viele Yogis fasten zweimal pro Monat, nämlich an Ekadasi. Ekadasi ist immer der elfte Tag eines halben Mondzyklus, d.h. der elfte Tag nach Vollmond bzw. Neumond. Traditionell gelten diese Tage als besonders glückverheißend für Fasten und Meditationspraxis. Dieser Glaube beruht auf den Beobachtungen der Einflüsse, die der Mond auf Geist und Körper ausübt.

Wir kennen den Einfluß des Mondes auf die Gezeiten. Da der menschliche Körper zu 75 Prozent aus Wasser besteht, wirkt der Mond auch auf uns. Machen wir uns diesen Einfluß nicht bewußt, haben wir unser Leben in vielerlei Hinsicht nicht mehr unter Kontrolle, und die Naturgewalten bestimmen über uns. Ein Mensch hingegen, der diese Einflüsse bewußt wahrnimmt und sie positiv in sein Leben einbezieht, praktiziert tatsächlich Yoga. Denn mehr noch als unser Körper unterliegt unser Geist dem Einfluß des zu- und abnehmenden Gestirns. Und dieser Einfluß ist so stark, daß der Mond als beherrschende Gottheit des Geistes gilt.

Grundsätzlich ist es gut für die Meditation, wenn wir den Körper nicht mit Nahrung beschweren und den Magen leer lassen. Dieser Akt der Mäßigung (tapas) hilft uns, Kontrolle über unseren Geist zu erlangen und unsere Willenskraft zu stärken. Fasten vermittelt uns ein Gefühl von Leichtigkeit und Schweben. Wenn Sie es nicht schaffen, am »Ekadasi«-Tag zu fasten, sollten Sie wenigstens nur leichte Nahrung zu sich nehmen. Vermeiden Sie Getreidegerichte, da diese schwerer zu verdauen sind als Obst oder Gemüse.

Wichtig!

Obwohl Fasten ein ausgezeichnetes Heilmittel ist, können Sie nicht erwarten, daß es Wunder vollbringt. Krankheiten, die von dauerhafter Fehl- bzw. Mangelernährung herrühren oder angeboren sind, lassen sich durch Fasten nicht kurieren. Außerdem sollten Sie nicht fasten, wenn Sie schwanger sind, unter Anämie oder Diabetes leiden oder wenn bei Ihnen eine Eßstörung diagnostiziert wurde. Wenn Sie nicht sicher sind, fragen Sie Ihren Arzt.

Fasten – aber wie?

Totalfasten bedeutet, daß Sie keinerlei feste oder flüssige Nahrung zu sich nehmen. Wasser hingegen zählt nicht zu den Nahrungsmitteln, da es den Appetit nicht anregt und nicht verdaut werden muß. Während Sie fasten, sollten Sie soviel wie möglich trinken, da Wasser die Selbstreinigung Ihres Körper unterstützt und hilft, Giftstoffe auszuschwemmen.

Denken Sie nicht ans Essen, wenn Sie fasten. Wenn sich in Ihrem Geist alles ums Essen dreht, werden Sie kaum den vollen Nutzen aus Ihren Fastentagen ziehen können. Fasten ist eine wunderbare Gelegenheit, Ihren Geist Gott zuzuwenden. Hegen Sie daher »göttliche«, d. h. positive Gedanken.

Widmen Sie sich während des Fastens friedvollen Tätigkeiten. Sie können Yoga-Übungen machen oder Pranayama praktizieren. Das unterstützt die Ausscheidung der Giftstoffe. Sie werden erstaunt sein, wieviel geschmeidiger Ihr Körper ist, wenn Sie nichts essen.

Entspannen Sie sich. Ruhen Sie sich aus – soviel wie möglich. Versuchen Sie, Ihre innere Stille zu finden. Bleiben Sie so oft wie irgend möglich für sich.

Heißer Pfefferminztee ist ein wundervolles Gegenmittel, wenn es während des Fastens zu Kopfschmerzen oder Übelkeit kommt.

Mögliche Nebenwirkungen

- Während des Fastens fühlt sich die Zunge leicht pelzig an. Viele Yogis reinigen ihre Zunge, um sie von den Toxinen zu befreien, die der Körper über die Zunge ausscheidet. Häufig die Zähne zu putzen oder den Mund auszuspülen ist ebenfalls von großem Nutzen.
- Ein paar Fasttage sind eine ausgezeichnete Gelegenheit, *kriyas*, d. h. spezielle Reinigungstechniken für Yoga-Praktizierende, zu lernen oder zu praktizieren. Sie sind ganz einfach. Trotzdem sollten wir sie besser direkt von einem Lehrer lernen.
- Wenn Sie zum ersten Mal fasten, kann es sein, daß Sie einige Nebenwirkungen verspüren. Wenn Sie Kopfschmerzen haben oder Ihnen übel wird, können Sie ein wenig heißen Pfefferminztee trinken. Trinken Sie bitte keinen schwarzen Tee bzw. Kaffee.
- Nach dem dritten Tag verschwindet das Hungergefühl. Auch der Dünndarm stellt seine peristaltischen Bewegungen ganz oder teilweise ein.
- Mitunter kommt es während des Fastens zu Verstopfungserscheinungen. Aus diesem Grund sollte während des Fastens und 1 oder 2 Tage nach Abbruch täglich 1 Einlauf vorgenommen werden.
- Vielleicht frieren Sie ein wenig, da der Körper ja nicht seine regelmäßige Zufuhr an Brennstoff, d. h. Kalorien, erhält. Außerdem wird während des Verdauunsprozesses – wie bei allen Bewegungen und Aktivitäten des Körpers – ganz automatisch Wärme produziert. Viele Menschen frieren, wenn sie fasten und sich nicht bewegen. Achten Sie darauf, sich gut warmzuhalten.
- Unter Umständen sind Sie während des Fastens auch seelisch ausgesprochen empfindlich und reagieren sehr emotional. Da Fasten nicht nur körperlich, sondern auch seelisch reinigt, ist das völlig normal. Nehmen Sie es zur Kenntnis, aber lassen Sie sich von diesen Gefühlsschwankungen nicht aus der Ruhe bringen.

Saftfasten

Manche Menschen fasten lieber mit rohen Obst- bzw. Gemüsesäften – ein guter Weg, den Körper zu entgiften.

Manche Menschen bevorzugen es, mit rohen Obst- oder Gemüsesäften zu fasten. Obwohl dies rein technisch gesehen kein richtiges Fasten ist, wird der Körper auch durch Saftfasten entgiftet. Auch hierbei werden Willenskraft und Geist gestärkt.

Saftfasten hat Vor- und Nachteile. Einerseits bewahren Säfte Sie vor dem Streß und den Anforderungen der Außenwelt. Sie nähren den Körper und schenken uns Energie. Karottensaft, der beliebteste Saft für das Saftfasten, ist eine wahre Energiequelle. Sie können ihn pur genießen, aber auch mit anderen Frucht- bzw. Gemüsesäften mixen, wenn Sie sich eine kleine Stärkung gönnen wollen (siehe den Ingwer-Karotten-Saft auf S. 22). Andererseits hat Saftfasten den Nachteil, daß dadurch ständig die Verdauung angeregt wird und Sie mehr Hunger verspüren. Da Säfte außerdem die Ausscheidung von Giftstoffen beschleunigen, kommt es beim Saftfasten häufiger zu Kopfschmerzen und anderen unangenehmen Begleiterscheinungen. Trotzdem ist auch für Anfänger ein eintägiges Saftfasten pro Woche eine tolle Sache.

»Wer an chronischen Krankheiten leidet, soll rohe, frisch gepreßte Gemüse- und Fruchtsäfte zu sich nehmen. Es ist zwar ein Irrglaube, daß solche Säfte wie Medikamente wirken und Krankheiten heilen; doch sie tragen am wirksamsten zum Gesundungs- und Erholungsprozeß des Körpers bei, da er aus ihnen die wirksamsten Aufbaustoffe entnimmt. Rohes Gemüse und rohe Früchte sind geradezu Vorratskammern natürlicher Energiequellen, aus denen sich die hungernden Körperzellen ernähren. Entschließt sich jemand, ein oder zwei Wochen nichts als frisch gepreßte Säfte zu sich zu nehmen, genügen einige Gläser Saft pro Tag. Oft tritt bei solcher Diät zunächst ein mißbehagliches Gefühl ein, und zwar meist während der Phase, in der die Natur danach trachtet, im Körper angesammelte Giftstoffe abzubauen und auszuscheiden. Bald nach dieser Phase kehren Wohlbefinden, Kraft und Energie ein.«

Swami Vishnu-devananda, *Das Große Illustrierte Yoga-Buch*

Wann und wie lange soll ich fasten?

- Wenn Sie zum ersten Mal fasten, sollten Sie mit einem kürzeren Zeitraum beginnen. Sind Sie noch minderjährig, sollten Sie dieses Thema mit Ihren Eltern besprechen.
- Regelmäßiges Fasten hält Geist und Körper fit.
- Auch Anfänger können 2–3 Tage fasten, ohne einen Experten zuzuziehen. Suchen Sie sich einen Zeitraum aus, in dem Sie Ruhe haben, ein Wochenende vielleicht. Sie können ganz allein fasten oder zusammen mit anderen Menschen, was uns meist in unserem Entschluß bestärkt.
- 1 Fasttag pro Woche hält Sie gesund und stärkt Ihre Entschlußkraft.
- Mehrmals pro Jahr wird ein Wochenendfasten empfohlen, was sich besonders dann positiv auswirkt, wenn die Jahreszeiten wechseln.
- Lange Fastenzeiten von einer Woche und mehr verhelfen Ihnen zu großer geistiger Stärke. Üblicherweise verschwindet der Hunger nach dem dritten Tag. Fasten Sie nun, bis Ihr normaler Hunger zurückkehrt.

Ein Wochenendfasten

Viele Sivananda Yoga Zentren bieten Fastenwochenenden an. Wir raten den Teilnehmern normalerweise, am Freitag nur ein leichtes Mittagessen zu sich zu nehmen und auf das Abendessen ganz zu verzichten. Samstags und sonntags nehmen sie dann nur Wasser und Kräutertee zu sich. Am Sonntagabend nach der Gruppenmeditation (Satsang) machen wir dann ein gemeinsames Fastenbrechen – eine gemeinsame Mahlzeit, die alle sehr genießen. Meist erklären uns die Teilnehmer dann, daß sie noch nie so etwas Leckeres gegessen haben wie die gedämpften Äpfel, die wir zu dieser Mahlzeit servieren. Wir geben ihnen dann genaue Ratschläge, wie sie ihren Körper langsam wieder an Nahrung gewöhnen können, und laden sie am Freitag darauf – dem ersten Tag, an dem sie wieder »normal«, d.h. hoffentlich gesund, essen können – nochmals ein, miteinander zu essen.

Das Wie und Wann des Fastenbrechens

Viele Menschen glauben, daß eine korrekte Beendigung des Fastens wichtiger und schwieriger ist als das Fasten selbst. Gerade in dieser Zeit entwickelt unser Geist manchmal sehr seltsame Vorlieben für bestimmte Nahrungsmittel. Diesen Impulsen sollten Sie unbedingt widerstehen. Und achten Sie darauf, langsam zu essen. Nehmen Sie nicht zuviel üppige, schwere Nahrung auf einmal zu sich. Die Natur braucht ihre Zeit und geht ihre eigenen Wege, um Ihren Körper zu erneuern und zu stärken.

Saftige frische oder gedämpfte Früchte sind ideal zum Fastenbrechen.

Erster Tag: Essen Sie nur frische, geschälte Früchte – roh oder gedämpft. Saftiges Obst wie Äpfel oder Weintrauben sind leicht verdaulich und tragen dazu bei, die Peristaltik neu anzuregen. Vermeiden Sie stärkehaltige Nahrungsmittel wie Bananen oder ölhaltige wie Kokosnüsse. Kauen Sie sehr langsam und gründlich. Sie werden dabei eine absolute Ruhe und ein unbeschreibliches Glücksgefühl empfinden.

Zweiter Tag: Essen Sie zusätzlich einen Rohkostsalat. Er wird wie ein Besen alle Giftstoffe, die sich in Ihrem Darm angesiedelt haben, einfach hinausfegen.

Dritter Tag: Zusätzlich zu den Früchten und dem Rohkostsalat nehmen Sie nun gedämpftes Gemüse zu sich. Noch würzen Sie weder mit Salz noch mit anderen Würzmitteln.

Vierter Tag: Nun können Sie wieder Getreide essen.

Fünfter Tag: Mit diesem Tag kehren Sie wieder zu »normaler«, gut ausgewogener Mischkost zurück. Versuchen Sie, Ihre ungesunden Ernährungsgewohnheiten (Kaffee, Tee, Alkohol und Fleisch) nicht wieder aufzunehmen.

Wenn Sie Ihre Fasttage nicht richtig abgeschlossen und Ihren Magen durch zuviel und zu schwere Nahrung überladen haben, kann es zu Blähungen kommen. Das beste Heilmittel dagegen ist ein erneutes Fasten. Nehmen Sie heiße Bäder, und machen Sie 1–2 Einläufe täglich. Sobald die Schwellung wieder verschwindet, können Sie das Fasten beenden. Achten Sie dieses Mal darauf, dabei langsam und behutsam vorzugehen.

Glossar

Agar Agar: Auch als Agar oder Kanten bekannt. Ein pflanzliches Geliermittel, das in Flocken- oder Pulverform erhältlich ist. Sie bekommen es in Reformhäusern, Naturkostläden oder asiatischen Feinkostgeschäften.

Ahimsa: Eines der Grundprinzipien des Yoga. Alles Lebendige wird verehrt und jegliche Handlung, die einem lebenden Wesen schaden könnte, gemieden.

Ake-Miso: Rotes Miso aus Sojabohnen und Gerstenkörnern. Besitzt ein reiches, würziges Aroma.

Al dente: Weich, aber noch bißfest.

Annamaya kosha: Der materielle Körper oder die »Nahrungshülle«. Nach der Yogalehre hat jeder Mensch einen Astral- oder feinstofflichen Körper und einen Kausalkörper, in dem unser Karma gespeichert ist.

Arame-Algen: Ein mild schmeckendes Meeresgemüse (Algen bzw. Seetang), das vor dem Verzehr nicht gekocht werden muß. Sie können es in Wasser einweichen und in Salaten verwenden. Gekochtem Gemüse oder Getreide verleiht es größeren Nährwert und mehr Geschmack. Arame gibt es in Naturkostläden, Reformhäusern oder in asiatischen Feinkostläden.

Asana: Yoga-Körperübung, welche die Gesundheit und die Kontrolle über unseren Geist fördern soll. Im Sanskrit, der Sprache des alten Indien, bedeutet das Wort einfach »Haltung« bzw. »Stellung«.

Ashram: Ein ruhiger Ort (z. B. ein Yoga- oder Meditationszentrum).

Ayurveda: Die traditionelle indische Medizin. Beruht auf dem Ausgleich feinstofflicher Energien.

Bhagavadgita: Wohl die berühmteste aller Yoga-Schriften.

Blanchieren: Kurz mit heißem Wasser überbrühen.

Brauner Zucker: Von aller Flüssigkeit befreiter, getrockneter Zuckerrohrsaft, der voller Mineralstoffe ist. Achten Sie darauf, daß Sie keinen gefärbten weißen Zucker kaufen, der häufig in Supermärkten als brauner Zucker angeboten wird. In Naturkostläden oder Reformhäusern erhalten Sie braunen Zucker in mehr oder weniger kristalliner Form.

Carob: Ein kakaoähnliches Pulver aus dem Fleisch der Johannisbrotfrucht. Es enthält viel natürlichen Zucker, viel Calcium und andere Mineralstoffe.

Dal: Der indische Ausdruck für getrocknete Hülsenfrüchte. Bezieht sich ebenso auf die damit zubereiteten Gerichte.

Drumsticks: Unreife Samenschoten eines kleinen, nur in Indien vorkommenden Baumes. Sie sehen aus wie lange und gestreifte grüne Bohnen. Zum Verzehr kochen und dann das Fleisch von der Schale saugen oder abschaben.

Dulse-Algen: Meeresgemüse, das ungewöhnlich viel Jod und Mangan enthält. Wird in Suppen und als Gewürz verwendet.

Ekadasi: Der elfte Tag eines halben Mondzyklus, d. h. nach Vollmond bzw. Neumond. Im Yoga gilt dieser Tag als besonders förderlich zum Fasten.

Fermentierte schwarze Bohnen: kleine schwarze Sojabohnen, die in Salz konserviert werden. In chinesischen Feinkostgeschäften erhältlich. Die Bohnen haben einen intensiven Geschmack und werden in erster Linie zum Würzen verwendet.

Garam Masala: Aromatische Gewürzmischung, die in geringen Mengen in der indischen Küche verwendet wird. Sie können statt dessen Currypulver verwenden, doch ändert sich dann der Geschmack. In asiatischen Feinkostläden erhältlich.

Gerstenmalz: Wird aus Gerstensprossen gewonnen. Ein natürlicher Süßstoff, der etwa 80 Prozent der Süße von normalem Honig besitzt. In Reformhäusern oder Naturkostläden erhältlich. Süßmittel aus Getreide gibt es auch als Reis- oder Maismalz.

Ghee: Geklärte Butter. Die Butter wird erhitzt und von ihren festen Bestandteilen befreit, so daß nur noch das reine Butteröl übrigbleibt. In gut sortierten Supermärkten und in indischen Feinkostgeschäften erhältlich, besser selbstgemacht.

Gomasio: Sesamsalz. Ein Würzmittel, das sehr viel Calcium, Eisen, Vitamin A und Vitamine der B-Gruppe enthält. Wird anstelle von Salz zum Abschmecken verwendet.

Gunas: Die drei wesentlichen Qualitäten der Natur: Sattva, Rajas und Tamas. Nach der Yogalehre besteht die Welt aus verschiedenen Kombinationen dieser drei Qualitäten.

Hatcho-Miso: Stark aromatisches, dunkelbraunes Miso aus Sojabohnen.

Hefeflocken: Nicht mit Trockenhefe zu verwechseln. Hefeflocken enthalten viel Vitamin B und haben einen nussigen, käseähnlichen Geschmack. Sie können sie über alle möglichen Gerichte streuen, um deren Nährwert zu erhöhen. Hefeflocken sind ein wunderbarer Ersatz für geriebenen Käse. Sie erhalten sie in Reformhäusern und Naturkostläden.

Hiziki-Algen: Schwarze Algen mit intensivem Geschmack. Liefern dem Körper Calcium, Eisen und Jod.

Karma: Die wörtliche Übersetzung dieses Sanskritwortes ist »Handlung«. Dieses Wort bezieht sich auf Aktion und Reaktion gleichermaßen.

Kombu-Algen: Gehört zu den Seetang-Sorten. Von gelb-brauner Farbe, erhöhen Kombu-Algen den Nährwert jedes Gerichts ganz beträchtlich.

Kome-Miso: Eine weiße Misosorte, die aus Reis hergestellt wird.

Kriyas: Yoga-Reinigungstechniken. Viele Menschen empfinden sie vor allem während eines Fastens als sehr wohltuend.

Kuzu: Eine zu Pulver vermahlene Knolle, die auch als Kudzu bekannt ist. Wird zum Andicken von Saucen und Eintöpfen verwendet. Beruhigt die Verdauung.

Lakto-Vegetarier: Menschen, die weder Fleisch, Fisch noch Eier essen, aber auf Milchprodukte nicht verzichten wollen. Die hier beschriebene yogische Ernährung ist grundsätzlich lakto-vegetabil.

Lezithin: Ein wichtiger Zellbaustoff, der gewöhnlich aus Sojabohnen gewonnen wird. Lezithin hilft uns, den Cholesteringehalt unserer Nahrung zu verringern. Als natürliches Bindemittel kann es beim Backen und für Salatdressings eingesetzt werden.

Mantra: Silben, Wörter oder Sätze in Sanskrit, die während des Meditierens ständig wiederholt werden, um den Meditierenden auf eine höhere Bewußtseinsstufe zu bringen.

Meersalz: Wird durch Verdampfen aus Meerwasser gewonnen. Enthält mehr Mineralstoffe (z. B. Calcium) als gewöhnliches Tafelsalz.

Melasse: Der vitalstoffreiche Teil des Zuckerrohrs, der nach der Gewinnung des weißen Zuckers übrigbleibt. Sie läßt sich sehr gut als Süßmittel beim Backen verwenden. Sie erhalten Melasse in Reformhäusern und Naturkostläden. Achten Sie darauf, keine geschwefelte Melasse zu kaufen. Schwarze Melasse enthält überdurchschnittlich viel Eisen und beugt daher Blutarmut vor.

Miso: Eine fermentierte Paste aus Sojabohnen. Enthält viel Eiweiß und Vitamin B12. Miso ist sehr salzig und würzig. Die Paste kann außerdem mit verschiedenen Getreidesorten wie Weizen, Gerste oder Reis hergestellt werden. Wir verrühren es mit Wasser und machen daraus Suppe oder nutzen es als Würzmittel für andere Gerichte. Die dicke Paste hält im Kühlschrank monatelang. Miso darf nicht gekocht werden, weil es sonst seine Vitamine verliert.

Mugi-Miso: Rotes Miso, hergestellt aus Sojabohnen und Gerste.

Nori-Algen: Dunkelgrünes Meeresgemüse mit hohem Proteingehalt und viel Vitamin A und B1. Wir kaufen Nori in dünnen Blättern, die wir einfach so verwenden oder über niedriger Flamme rösten und dann über Suppen, Eintöpfe oder Salate streuen können.

OM: Die Keimsilbe OM (siehe S. 8) ist ein heiliges Symbol im Yoga. Sie gilt als das ursprünglichste aller Mantras, als Wurzel aller Töne und Buchstaben, und somit des Denkens und der Sprache. Um dieses Mantra zu singen, müssen Sie nur das »O« tief im Körper vibrieren und den Ton dann langsam in den Kopfbereich aufsteigen lassen, wo er in das M übergeht.

Pappadams: Dünne, runde, waffelähnliche Fladen aus Linsen- oder anderen Mehlsorten. Normalerweise werden Sie frittiert oder über offenem Feuer gebacken und als knusprige Beilage zu indischen Mahlzeiten serviert. In indischen Feinkostläden erhältlich.

Pfeilwurzelmehl: Ein geschmackloses, weißes Pulver, das zum Andicken von Saucen oder Pudding- und Cremespeisen benutzt wird. Hoher Calciumgehalt. Das Pfeilwurzelmehl mit etwas kaltem Wasser verrühren, bevor Sie es in heiße Speisen rühren. Sie erhalten es in Naturkostläden, Reformhäusern oder asiatischen Feinkostgeschäften.

Pochieren: Kurz in kochendes Wasser halten.

Prana: Vitalenergie des Lebens.

Pranayama: Yoga-Atmung. Atemübungen, mit denen wir unser Prana kontrollieren können.

Prasad: Geweihte Speise, die gewöhnlich am Ende eines Satsangs verzehrt wird.

Rajas: Eine der drei Guna-Qualitäten. Rajas steht für Überaktivität und Leidenschaft. Nahrung in Rajas-Qualität wird von Yogis gemieden.

Sadhana: Spirituelle Praxis.

Sadhus: Menschen, die ihr Leben der spirituellen Praxis widmen.

Satsang: Wörtlich »Gemeinschaft der Weisen«, wird das Wort meist als Synonym für »Gruppenmeditation« verwendet.

Sattva: Eine der drei Guna-Qualitäten. Sattva steht für Reinheit und Leichtigkeit. Yogis ernähren sich vor allem von Nahrungsmitteln in Sattva-Qualität.

Sautieren: In Fett bei starker Hitze braten.

Sivananda: Lehrer von Swami Vishnudevananda. Seine Lehre steht als Inspiration hinter den Internationalen Sivananda Yoga Vedanta Zentren.

Simmern: Auf kleiner Flamme köcheln lassen.

Swami Vishnu-devananda: Gründer und Lehrer der Internationalen Sivananda Yoga Vedanta Zentren.

Swami: Ein Mensch, der spirituelle Gelübde abgelegt hat, die denen eines Mönchs bzw. einer Nonne sehr ähnlich sind.

Tahin: Sesampaste, die viel Vitamin E und Mineralstoffe enthält. Tahin ist sehr würzig und kann daher auf verschiedenste Weise eingesetzt werden. Sie erhalten es in Reformhäusern oder Naturkostläden. Im Notfall läßt es sich durch Erdnußmus ersetzen.

Tamari: Natürlich gewonnene Form der (normalerweise chemisch bereiteten) Sojasauce. Es wird auf dieselbe Weise hergestellt wie Joghurt und enthält eine Menge Mineralstoffe. Da es sehr viel Salz enthält (wenn auch weniger als konventionelle Sojasauce), sollte es nur sparsam verwendet werden. Wenn Sie kein Tamari bekommen können, nehmen Sie statt dessen gewöhnliche Sojasauce.

Tamas: Eine der drei Guna-Qualitäten. Sie steht für Trägheit, Dunkelheit und Faulheit. Yogis meiden Nahrungsmittel in Tamas-Qualität ebenso wie Situationen und Lebensumstände, die von Tamas geprägt sind.

Tapas: Sanskrit-Wort für »Mäßigung« als Mittel zur Stärkung des Geistes. Viele Yogis fasten oder setzen sich anderen Einschränkungen in ihrer Ernährung aus, um mehr Willenskraft zu entwickeln.

Tempeh: Ein aus Sojabohnen hergestelltes Nahrungsmittel, dem mitunter auch Weizen, Reis, Hirse, Erdnüsse oder Kokosnuß beigefügt sind. Es enthält ungeheuer viel Vitamin B12. Sie sollten Tempeh nicht roh, sondern nur gut gegart genießen.

Tofu: Sojabohnenquark. Gramm für Gramm wertvollere Proteine als jene, die aus tierischen Quellen stammen – und fast ohne Kalorien bzw. Cholesterin. Frischer Tofu kann im Kühlschrank bis zu einer Woche aufbewahrt werden, wenn er in frischem Wasser liegt, das täglich gewechselt wird. Tofu gibt es auch getrocknet. In dieser Form unterscheidet er sich geschmacklich von frischem Tofu. Getrockneter Tofu muß vor der Weiterverarbeitung eingeweicht werden. Wenn Sie Tofu roh verwenden wollen, sollten Sie ihn vorher 2–3 Minuten dämpfen, um ihn von eventuellen Bakterien zu befreien.

Veganer: Menschen, die keinerlei Produkte tierischen Ursprungs zu sich nehmen, also auch keine Milchprodukte und keinen Honig.

Vegetarischer Käse: Käse, der statt mit tierisch gewonnenem Lab mit pflanzlichem Gerinnungsmittel fermentiert wird. Gibt es als Hart- und Weichkäse. Für Veganer gibt es auch Käse aus Sojabohnen.

Wakame-Algen: Das beliebteste Meeresgemüse Japans. Es enthält viele Spurenelemente und dient dazu, harte Faserstoffe anderer Gemüsesorten weicher zu machen. Gewässerte Wakame sehen aus wie glitschiger Spinat. Sie werden häufig in Misosuppe serviert. Doch auch mit Nudeln, Reis, Gerste und anderen Gemüsen schmecken Wakame-Algen lecker.

Weinsteinbackpulver: Doppeltkohlensaures Natron. Anders als konventionelles Backpulver zerfällt es während des Backvorgangs nur in CO_2 und H_2O.

Yogi: Ein Mensch, der versucht Kontrolle über Geist und Körper zu erlangen, um die Individualseele mit dem Absoluten zu vereinigen.

International Sivananda Yoga Seminarhaus

Das International Sivananda Yoga Seminarhaus ist eine Oase des Friedens an einem Südhang in den malerischen Kitzbüheler Alpen. Wer durch Yoga inneren Frieden finden und neue Kraft schöpfen möchte, ist hier am richtigen Ort. Verschiedene Räume laden zur Yogapraxis ein: der großzügige Meditationsraum, die helle Yogahalle und die Yogaplattform im Freien mit herrlichem Blick auf die Berge. Das Sivananda Yoga Seminarhaus ist ganzjährig geöffnet. Anreise ist jederzeit möglich,

---

Yogaferien

Nach über 30 Jahren Yogaarbeit in Europa haben wir viel Erfahrung in der Anwendung der integralen Yogatechniken als praktische Bereicherung für den Alltag. Im Rahmen der Yogaferien können Sie aus einer Vielfalt von Seminaren zu Asanas und Pranayama, Gesundheit, Stressbewältigung, Spiritualität, Ayurveda, Ernährung und Sport mit internationalen Gastsprechern und -künstlern wählen..

Die Internationale Sivananda Yogalehrer-Ausbildung

- Die erste Yogalehrer-Ausbildung im Westen (seit 1969)
- Jährlich 1000 neue Absolventen weltweit
- Gründliche theoretische und praktische Ausbildung in allen Aspekten des Yoga
- International anerkanntes Zertifikat

Fortgeschrittene Sivananda Yogalehrerausbildung

- Tiefergehendes Studium der vier Yogawege anhand von Yogaschriften
- Einführung ins Sanskrit
- Intensive Asana- und Pranayamapraxis

Yoga und Persönlichkeitsentwicklung

Diese Intensivkurse bieten eine Vertiefung der persönlichen Praxis mit der Möglichkeit, diese Erfahrungen wirksam im persönlichen und beruflichen Umfeld einzubringen.

- Yoga und Stressbewältigung
- Erfolg im Leben und Selbstverwirklichung

Sie erhalten Bonus-Punkte in Universitätsprogrammen der „Open International University." (www.iiihs.com)

Ausbildung zum Ayurveda-Ernährungsberater

Die über 5000 Jahre alte Tradition des Ayurveda gilt als das älteste medizinische System der Welt. Dabei wird der täglichen Ernährung als Krankheitsvorbeugung und heilender Kraft besonderer Stellenwert eingeräumt. Abschlußprüfung mit internationalem Zertifikat

International Sivananda Yoga Seminarhaus
Gründer: Swami Vishnu-devananda

Am Bichlachweg 40
A- 6370 Reith bei Kitzbühel
Tirol, Österreich

Tel. + 43 (0) 5356/67 404
Fax +43 (0) 5356/67 404-4

e-mail: tyrol@sivananda.net
web: www.sivananda.org/tyrol

Stichwortverzeichnis